REGRESYON TERAPİSİNE DAİR
İLERİ ANLAYIŞLAR

EBEDİ RUHU
DÖNÜŞTÜRMEK

DÜZENLEME: ANDY TOMLINSON

**RUHSAL REGRESYON DERNEĞİ
ÜYELERİNİN KATKILARIYLA**

Heart Press tarafından basım:
İlk basım 2011
İkinci basım 2013
Türkçe basım 2015
Website: www.fromtheheartpress.com

Kitabın telif hakkı: Andy Tomlinson
ISBN: 978-0-9929248-2-9

Tüm hakları korunmuştur. Eleştiri veya değerlendirme yazılarındaki kısa alıntılar dışında, bu kitabın hiç bir kısmı, hiç bir şekilde yayımcının ön izni olmaksızın kopyalanamaz.

Editör olarak Andy Tomlinson'ın hakları, 1988 tarihli Copyright, Designs and Patents sözleşmesi ile korunmaktadır.

Bu kitapla ilgili baskı katalog kayıtları İngiliz Kütüphanesi'nde bulunmaktadır.

Tasarım: Ashleigh Hanson, Email: hansonashleigh@hotmail.com

Çeviri: Nermin Uyar, Email: nerminuyar@yahoo.com

Bu kitabı yazan terapistler hakkında daha fazla bilgi edinmek için www.regressionassociation.com sayfasını ziyaret ediniz.

Andy Tomlinson ve regresyon terapisi eğitimleri hakkında daha fazla bilgi için www.regressionacademy.com sayfasını ziyaret ediniz.

İÇİNDEKİLER

ÖNSÖZ 1

GİRİŞ 3

1. ENTEGRASYON VE İLERLEME 7
Reena Kumarasingham

İçsel gücümüzle yeniden bağlantı kurma; Örnek olaylar; İlahi benliğimize bağlanma; Danışana ilerlemesi için yardımcı olmak (hedef belirleme, koku ve yağ özleriyle çıpalama, geleceğe uyarlama, şükran); Şifalanma için entegre bir yaklaşım.

2. KARANLIK ENERJİYLE ÇALIŞMAK 31
Andy Tomlinson

Karanlık enerji nedir? Örnek olaylar;Bağımsız sezgisel kontrol; Danışandan karanlık enerjinin temizlenmesi (izinler, kontroller, terapist için korunma, Enerji Kapılarının ve Enerji Bağlantılarının oluşturulması, karanlık enerjinin temizliği, son kontroller ve kapanış); Uzaktan karanlık enerji temizliği; Danışanın enerji blokajının temizliği.

3. İÇSEL ÇOCUĞUN RUHSAL ŞİFALANMASI 57
Hazel Newton

Temel ilkeler; İçsel çocuk arketipleri (temel kavram); Geleneksel içsel çocuk şifası; Örnek olaylar; Ruhsal perspektif; Ruhsal içsel çocuğun şifalanmasında teknikler; (kaynak konuya gerileme, dönüşüm, entegrasyon); İçsel bebeğin şifalanması.

4. TIPTA REGRESYON TERAPİSİ UYGULAMASI 91
Peter Mack

Benim yolculuğum; Bütüncül şifalanma;Örnek olaylar (ağrılı mide problemleri, huzursuz bağırsak sendromu, vertigo, egzema ve aşırı terleme).

5. ZORLAYICI DANIŞANLARLA ÇALIŞMA   113
Tatjana Küchler

Soğuk ve ulaşılması zor danışanlar; Dirençli danışanlar; Hipnoz ve regresyonun açıklanması; Duyarlılık testleri (limon, kitap ve balon, sabit göz kapakları, manyetik parmaklar); Hızlı indüksiyon; Ani indüksiyon (alına parmak, kısaltılmış sayma); Bloke edilmiş duygular (duygusal köprü, şimdiki yaşam karakteriyle yüzleşme, duygu bize ne anlatıyor); Açık gözlerle regresyon.

6. KRİSTALLERİN REGRESYON TERAPİSİNDE   135
KULLANIMI - Christine McBride

Danışan gelmeden önceki hazırlıklar (terapistin titreşimini yükseltmek, terapi odasının titreşimini yükseltmek, danışana hazırlanmak); Terapi seansı için kristal teknikleri; (ön görüşme sırasında danışanı sakinleştirmek, ilk gevşeme, topraklanma, çakra temizliği, sarkaçla tarama, daha yüksek bilgi, geri dönüş ve merkezlenme, yatıştırma ve yumuşatma); Çıkış görüşmesi; Seans sonrası (terapi odasının temizliği, kristallerin temizlenmesi); Terapist kristal teknikleri (dengeleme, temizleme, hafifleme, çakra temizliği).

7. DANIŞANI YETKİN KILMAK   159
Chris Hanson

Güçlü trans çıpaları yaratmak; Örnek olaylar; Duyguların boşalıp sakinlemesi (tapping out); Pozitif kaynaklarla bütünleşme (tapping in).

8. RUHSAL ACİL DURUMLARIN ÜSTESİNDEN   179
GELMEK - Janet Treloar

Çağlar boyunca ruhsal acil durum karşısındaki tutumlar; Ruhsal acil durum sebepleri; Mistisizm ve psikoz; Ruhsal acil durumıntanımlanması; kendi ruhsal acil durumım; Örnek olaylar;Teknikler ve stratejiler (deneyimin normalleştirilmesi, ruhsal uygulamaya ara vermek, davetsiz enerjinin temizliği, açılış ve kapanış, topraklanma, farkındalık, güvenli alan oluşturmak, terapi uygulama zamanı); Sonra neler oluyor?.

ÖNERİLEN OKUMA LİSTESİ   **233**

İNDEKS   **241**

ÖNSÖZ

Andy ile 2003 sonlarında, özgün *Ruhun Kitabı* için araştırmamın bir parçası olarak geçmiş yaşam regresyonunu ilk kez denediğim zaman tanıştım. Engizisyon zamanında el tırnaklarımın çekildiği bir geçmiş yaşam regresyon seansını sakince yöneten bu muazzam yetenekli terapistin, bana hayatımın tamamıyla yeni görüntülerini açacak hem yakın bir arkadaş hem de meslektaş olacağını asla tahmin etmemiştim. Çeşitli kitaplarda işbirliği yapmaya devam ettik ve sonradan açıkça anlaşıldığı gibi her ikimiz de bunu ruhsal düzeyde planlamıştık.

Bununla beraber, kendimin de bir regresyon terapisti olma ihtimaline açılmam bir süre aldı. Gücümün mantıklı sol beynimden gelen araştırma ve analizlere dayandığını düşünüyordum. Fakat Andy ve *Geçmiş Yaşam Regresyon Akademisi*'nde çalışan harika meslektaşları gözlerimi sadece beyinden değil, kalpten gelenden de öğrenebileceğim ve teorik aklın birebir uygulama yardımıyla harmanlanabileceği gerçeğine açtı. Şimdi, hepimizin dünya deneyiminin bir parçası olarak içinden geçmekte mutabık kaldığımız sayısız travmaların şifalanmasına ihtiyaç duyanlar için, bu kadar güçlü bir araç seti ile çalışabilen bir terapist olarak onur duyuyorum.

Ancak herhangi bir terapi eğitiminde olması gerektiği gibi, *Akademi*'nin temel kuralı "önce kendini iyileştirmek"tir. *Geçmiş Yaşam Regresyon Akademisi*'nin eğitiminin kişisel gelişim açısından bu kadar ödüllendirici bir deneyim olmasını sağlayan da, kendimizin "daha düşük" ya da daha az gelişmiş taraflarıyla yüzleşmemizle gelen kendini gerçekleştirme ve büyümedir. Buna ek olarak biz tüm mezunlar, bu süreç sayesinde hayatımızın en olağanüstü arkadaşlarımızdan bazılarıyla tanıştık. Bütün bunlar Andy ve eğitmenlerinin mükemmel profesyonellik ile sevgi dolu

EBEDİ RUHU DÖNÜŞTÜRMEK

ve besleyici bir ortam yaratma arasında kurdukları mükemmel dengeye dayanıyor. Zahmete değer her şey gibi onlarla eğitime katılmak da ağır bir iş ama bir yandan da çok eğlenceli.

Bu sürecin bir mezunu olarak, ilerlemeye devam etmenin ve yeni teknikler öğrenmenin ne kadar önemli olduğunu deneyimlerimden biliyorum. Andy'nin *Ebedi Ruhu Şifalandırmak* kitabında sözünü ettiği gibi regresyon terapisinde bazı temel yapı taşları bulunmakla birlikte, Andy ve Bilge Varlıklar, açıkça bunu dinamik, birçok diğer şifa yaklaşımının aşılanabileceği merkezi bir platform olarak görmekteler. Dolayısıyla bu kitap hem bazı ilave teknikleri hem de *Akademi* mezunlarından bazılarının bu teknikleri regresyon çalışmalarına nasıl entegre ettiklerini açıklamak üzere tasarlanmıştır. Onların katkıları hem bu kitaba hem de bu kitabın cezbedeceği harika yetenekli insanlara büyük bir armağandır.

Ian Lawton
Mart 2011

GİRİŞ

Andy Tomlinson

Bir sevinç, bir sıkıntı, bir ihtiras,
bazı anlık bilişler
beklenmedik bir ziyaretçi gibi gelirler.
Kim gelirse gelsin minnettar ol.
Çünkü her biri bir rehber olarak
Ötelerden gönderilmiştir.

Celaleddin Rumi, 13. yy. Sufi

2005 yılında *Ebedi Ruhu Şifalandırmak*adlı kitabı yayınladığımda, regresyon terapisinde yaygın şekilde kullanılan birçok tekniği, terapistlerin kolayca anlayabilmelerini sağlayacak şekilde bir araya getirmeye çalıştım. Bunun başarısı, eğitim programlarımda kitabı referans malzemesi olarak kullanan regresyon terapistlerinin yeteneklerindeki şaşırtıcı hızlı gelişme olmuştur. Fark ettiğim bir başka şey de, eğitimlerimi yürütürken verilen rehberliğin ve kitap için ilhamın *Bilgeler* olarak tanımladığım bir grup ileri ruh tarafından yönlendirildiydi. Onların ilişkisi bu terapinin ruhsal doğası nedeniyleydi. Regresyon terapisi, sezgileri ve ruhsal farkındalığı kullanarak rahatsızlık belirtilerini halletmenin ötesine geçer, hâlihazırda ruhsal boyutlar tarafından yönlendirilen en önemli ruhsal aktivite olan, danışanın ruhuna uyanmasını sağlar.

2006'da *Earth Regresyon Terapisi Derneği*'nin kuruluşundameslektaşlarımla birlikte çalıştım. Bu, regresyon terapisi eğitimi veren okullar için standartların oluşturulması için harika bir fırsat sundu. O zamandan bu yana dernek uluslararası oldu ve tıp ve psikoloji eğitimliler de dâhil olmak üzere tüm terapistleri ve regresyon okullarını kendine çekti.

Benim eğitimlerimden mezun olan regresyon terapistlerinin sayısı arttıkça, bu mezunların regresyon terapisini kullanırken uyguladıkları değişik teknikleri paylaşmalarına fırsat yaratmak üzere toplantılar organize etmeye başladım. Bunlardan ilki 2009 yılındaydı ve çok başarılıydı. Aynı zamanda onların ne kadar harika yeteneklere sahip olduklarını fark etmemisağladı. İşte bu zamandı ki *Bilge Varlıklar* bu enerjinin canlı tutulması, inşası ve beslenmesi için bir dernek kurulmasını önerdiler. Böylece *Ruhsal Regresyon Terapisi Derneği*kuruldu. Derneğin*Bilge Varlıklar* tarafından ilham edilen etik kodları, *Geçmiş Yaşam regresyon Akademisi*'nden eğitim alan terapistlerin tam bir listesi ile birlikte www.regressionassociaton.com adresinden görülebilir.

Aynı zamanda *Bilge Varlıklar* regresyon terapisini daha ileriye taşıyacak yeni bir kitap önerisinde bulundular. Bu, regresyon terapistlerinin yeni ve değişik teknikleri kapsayan ve *Ebedi Ruhun Şifalanması* kitabının devamı niteliğinde bir kitap olacaktı. Elinizdekiişte bu kitap – *Ebedi Ruhun Dönüşümü*. Benim rolüm, katılımcılara esin kaynağı olmak ve tekniklerin faydalı ve geçerliliği kanıtlanmış olduklarının kontrolü için düzenleyici olmaktı. Ayrıcakitap, terapist okuyucunun bilgiyi kolayca kullanabilmesine izin verecek şekilde olduğu kadar, genel okuyucunun da ilgisini çekecek şekilde yazılmıştır.

Birinci bölüm Reena Kumarasingham tarafından yazıldı ve okuyucuya, terapistlerin tam olarak değerlendiremediği bir alanı tanıtıyor ki; bunlar terapi seansının danışanın şimdiki yaşamına tam olarak entegre edilmesine yardımcı olacak tekniklerdir. Ayrıca örnek olaylarla, tek bir terapinin tüm cevaplara sahip bir ada olmadığının önemini anlatıyor. Kronik ve daha derin sorunların çözümünde regresyon terapisi harikadır ancak diğer iyileştirici yaklaşımlar da şifalanma sürecinin farklı noktalarında çoğu zaman ilave yardımcılardır.

İkinci bölümü kendim yazdım. 2010 başlarında tanıttığımdan

Giriş

beri danışanlarımda şaşırtıcı derecede hızlı ve etkin olduğu kanıtlanmış, *Bilge Varlıklar* tarafından aktarılan tekniği anlatıyor. Karanlık enerji olarak adlandırdığım yoğun davetsiz enerjilerin ve ruhsal eklentilerin tamamının çok hızlı bir şekilde danışandan temizlenmesini sağlıyor. Bu teknik ayrıca danışana uzaktan uygulamada da eşit derecede iyi sonuç veriyor.

Üçüncü bölüm ruhsal içsel çocuk regresyonunu kapsıyor. Hazel Newton regresyon çalışmalarında içsel çocuk terapisini geliştirmek için bir kaç yıldır tutku duymaktaydı. Dolayısıyla mevcut teknikleri alıp kullanıyor ve daha derin bir iyileşme süreci sağlamak üzere ruhsal yönü deentegre ediyor.Hazel,bu bölümde tekniklerini paylaşıyor ve bir danışanın ruh düzeyinde yaptığı anlaşmasının keşfine yardımcı olmanın, içsel çocuğa nasıl yenibir anlayış ve dönüşüm fırsatı verdiğini açıklıyor.

Dördüncü bölüm açık fikirli bir tıp doktoru olan, regresyon terapisini keşfettikten sonra çalıştığı hastanede bu yöntemi tıbbi uygulamaya nasıl entegre ettiğini anlatan Peter Mack tarafından yazıldı. Geleneksel tıbbi yaklaşımların cevapsız kaldığı tıbbi hastalarının tıbbi koşullarının geçmiş yaşam ve regresyon çalışmaları ile nasıl dönüşüme uğradığını bazı örnek olaylarla anlatıyor.

Beşinci bölümde İsviçre'de yerleşik bir regresyon terapisti olan Tatjana Radovanovic Küchler, zorlayıcı danışanlarla çalışmanın bilgi ve tekniğini anlatıyor. Bu bölüm püf noktaları ve önerilerle dolu.

Altıncı bölüm kristallerin regresyon terapisi ile birlikte kullanımını kapsıyor. Kristallerle sezgisel çalışan ve uzman bir uygulamacı olan Christine McBride, fiziksel dünyamızda sadece düşük titreşimleri görebilmemize rağmen yüksek titreşimlerin de dikkate alınması gerektiğini açıklıyor. Kristallerin yüksek titreşimlerinden yararlanmanın basit, kullanışlı tekniklerini ana hatlarıyla veriyor ve bunların regresyon sürecinde değişik aşamalarda nasıl kullanılabileceğini açıklıyor.

EBEDİ RUHU DÖNÜŞTÜRMEK

Terapistler, bir danışanın mevcut problemini dönüştürmenin yanı sıra, danışanın kendi kendine uygulayabileceği teknikleri onlara öğreterek de danışanlarını güçlendirebilirler. Yedinci bölümde Chris Hanson tutkusunu bu alanda kullanıyor ve bazılarını kendisinin geliştirdiği ve etkili bulduğu teknikleri paylaşıyor.

Sekizinci bölüm danışanların ruhsal acil durum durumlarına yardımcı olmaya ayrıldı. Bu, zihin karışıklığı ve psikotik tip belirtiler yaratabilen bunaltıcı, sezgisel bir aşırı yüklenmedir.Janet Treloar, böylesi ruhsal acil durum durumlarında yardımcı olacak öncü teknikleri yıllardır bu alanda uygulayarak danışanlarıyla regresyon çalışması yapmaktadır. Bu bölümde bu bilgiyi paylaşıyor.

Bu önsöz için son sözlerim ise teşekkürler: Bu kitaba zamanını veren ve en değerli bilgilerini paylaşan harika regresyon terapistlerine; düzeltme ve basım sürecindeki yardımları için Ian Lawton'a; en büyük ve en önemli teşekkürlerim ise hem bana hem de kitaba katkıda bulunanlara verdikleri ilham, fikir ve bilgelik için *Bilge Varlıklara...*

Örnek olaylarda adı geçen tüm hasta ve danışanların isimleri kimliklerini korumak amacıyla değiştirilmiştir.

1

ENTEGRASYON VE İLERLEME

REENA KUMARASINGHAM

Bütün canlı şeyler gibi, sen de kendi bütünlüğünü fark etmek için buradasın. İçindeki uçsuz bucaksız ruhu doğurmak için ölümü bekleme. Zaten ölüm, yüzünü güzelleştiren teninden daha fazlasını değiştirmez.

Hajjar Gibran

GİRİŞ

Regresyon terapisi, geçmiş yaşam ya da şimdiki yaşam olsun, sadece bloke olmuş veya engelleyici enerjilerin temizlenmesinde değil, danışana yeni iç görüler ve perspektifler kazandırmada da güçlü bir yöntemdir. Zorlayıcı bir ilişkinin, travmatik bir olayın ya da hayatın bazı zorluklarının ruhsal perspektiften görülmesi, normal olarak danışanı umutla ve yenilenmiş bir enerji ile doldurur– fakat etkisi nereye kadardır?

Herhangi bir şifa yönteminde en önemli taraf danışandır ve

terapistin önceliği danışanların şifalanması için en iyi özeni göstermektir.

Şifanın anlamı tam olarak nedir? Danışanlarımızın ne yapmalarına yardımcı oluyoruz?

Temelde danışanların yardım aramasının nedeni tıkandıklarını hissetmeleridir. Bir döngüde tıkanmış hissedebilirler, negatif bir döngü – örneğin korku döngüsü, kaygı döngüsü, bağımlılık döngüsü, hatta sürekli temizlik yapma döngüsü. Regresyon terapisi bu duygusal döngülerin kaynağını açığa çıkarmak ve temizlemek için harika bir araçtır. Terapi, danışana durumuna ilişkin yeni olumlu iç görüler sağladığı için de değerlidir.

Sorum şu – peki ne oluyor? Kanımca, blokajların temizlenmesi ve yeni iç görüler edinmesi, danışan ilerlemeyi seçtiği için fiziksel, duygusal, zihinsel ve ruhsal anlamda etki gösteriyor. Bu ilerleme eylemi, iyileşme sürecinin en önemli bileşenini oluşturuyor.

Enerjilerden arınmış olmak ve çemberler içinde dolanıp durmak, değişen durumların içinde biraz kafa karışıklığı ya da ilerlemeye dair herhangi bir geniş görüşlülük olmaksızın sürekli arınmaya devam etmek bireysel değişime yardımcı olmuyor. Danışanların Yeni seçimine, dönüşmüş yeni bir hayata – yeni kalıplar, yeni davranış - ilerlemek için bağların çözülmesi ve yetkinleşmek tamamen başka bir şey. Güç, bu kararın alınması ve değişim için harekete geçilmesinde bulunuyor.

Ginger, bazı endişe verici haberleri daha henüz almıştı. Önceki kalp rahatsızlığından tamamen iyileşmişken, kardiyolog her iki şah damarının da tıkalı olduğunu bildirmişti – sol taraf %33 ve sağ taraf ta %50 den fazla tıkalıydı. Seçenekleri ameliyat ya da ilaçla tedaviydi. Ameliyatın en önemli üç komplikasyonu ölüm, kalp krizi ve inmeydi. Batılı tıbbi yaklaşımı nazikçe reddetti ve onu önceki sağlıklı haline götüren holistik yolu seçti. Sol tarafın %33 tıkalı olduğunu hatırladı – 33 bir üstatlık sayısıdır– ve bunu farklı bir şekilde çözebileceğine dair bir işaret olduğuna inandı. Bu bilgi onu güçlendirdi; kendini iyileştirmeye yönelik yeteneklerine dair tam bir güven verdi. Uzmanlara ulaştı ve meyvesini en azından altı ay içinde alabileceğini düşündüğü bir plan oluşturdu. Doktorları, ailesi ve eşi gönülsüzce kabul ettiler.

Sonra hayatındaki belli başlı sağlık sorunlarını araştırıp bunları yerli yerine koyacak bir plan geliştiren bir doğal tıp uzmanına gitti. Bağışıklık sistemini güçlendirme, damarlarda dolaşımı genişletme, karaciğerin desteklenmesi ve hücreden hücreye daha özlü bir iletişimin teşvik edilmesine odaklandılar. Ayrıca 3 yağ özleri uzmanı günlük olarak hem ciltten hem de ağızdan yağ kullanmasını tavsiye etmişti. Yağlar bedendeki travmayı teskin edecek ve damarları genişletecekti. Her gün günde 4 kez olmak üzere 20 dakikalık özel bir meditasyon tasarladı. Hücre blokajların kalktığını imgeledi. Her bir hücrenin tüm bedeni boyunca nazikçe ve temizlenmiş şekilde dolaştığını hayal etti. Ayrıca kadim Jin Shin Jyut Su sanatını onurlandırarak her hafta hem ona hem de harika bir Bedenle Konuşma uygulamacısına gitti. Hepsinin üzerine de artık taşıması gerekmeyen her şeyin temizlenmesi için kendini açtığı regresyon terapisini koydu.

Regresyon seansı sırasında geriye doğru sayılırken Ginger kendisini baş aşağı asılmış vaziyette gördü. Elleri arkasında bağlanmıştı. Baskı ve sonrasında boynunun her iki yanında şah damarlarına yakın yerlerde keskin bir acı hissetti. Başının çelik gibi bir şeyin içinde hapsolduğunu hissetti – hareket edemiyor, bağıramıyor, ağlayamıyordu. Sesi çıkmıyordu. Sonra sanki burgu benzeri bir işkence aletine doğru önce başından olmak üzere aşağıya doğru indirildiğini hissetti. Diğerlerinin önünde örnek olarak kullanılıyordu. Daha sonra işkence görmüş bedeninin S21 olarak bilinen Kamboçya hapishanesinde asıldığını gördü – S21; Kamboçya'daki 20.000 erkek, kadın,

EBEDİ RUHU DÖNÜŞTÜRMEK

çocuk ve bebeğin 1975 ve 1979 arasında Kızıl Kmerler tarafından infaz edildiği en büyük tutuklama ve işkence merkezidir. Daha sonra Ruh halinde Işığa gitti. Bunu yaparken sessizleşti ve komutlara karşı tepkisizdi. Sonrasında kendisini hapishanedeki diğer ruhlarla birlikte yükselirken gördüğünü anlattı. Işıkta bulunduğu sırada Işık Varlıklarla derin bir enerjetik deneyimi oldu.

Bu seans onun şifalanmasına nasıl yardımcı oldu? Ginger'a göre şöyle oldu: 'Zihnimin kıvrımlarını açtım, şimdiyi ve geçmişi, hiç bir sebebe dayanmayan susturulmakla, kıstırılmakla ve işkence edilmekle ilgili korkularımdan kurtuldum'.

Regresyon seansı tutunduğu ve çözmesi gereken bir travmatik deneyimin olduğuna dair bilinç ve farkındalık getirdi. Regresyonun ikinci önemli unsuru onun için 33 rakamıydı. Geçmişte ve bazen şimdiki yaşamında sesini zapt etmeye zorlandığını fark etti. Haksızlığa karşı konuşamadığını, kendi fikrini söyleyemediğini, kısıtlandığını anladı. Bu, çığlık atmasına engel olan, yüzü ve çenesinin karşısında duran metal çubukla temsil ediliyordu. Regresyon seansı onun açılmasını ve bu andan itibaren kendi gerçeğini konuşmasını sağladı. Boğazı, gerçek kendi özgünlüğü, açılmak zorundaydı! Ardından Kamboçya'ya gitti ve şimdi müze olan S21'de hem kendisi hem de diğer herkes için bir şifa meditasyonu gerçekleştirdi.

Tekrar tıbbi kontrole gittiğinde bu entegre şifa planında üç ay geçmişti. CT taraması her iki şah damarının da %100 temiz olduğunu teyit etti! Doktorlar damarlardaki kireçlenmeyi test etmekte ısrar ettiler – tıkanıklıkların erken uyarısı – ve sonuç yine mükemmel bir sıfırdı! Doktorları ilk taramaları yeniden kontrol ettiler ve gerçekten üç ay önce orada tıkanıklıkların bulunduğunu yeniden teyit ettiler. Şifası gerçek ve tamdı ve en önemli iki tıp merkezindeki en iyi kalp uzmanlarınca tanık olunmuştu.

Bu değerli bir ilham verici örnek olay çünkü terapistlerin öğrenip danışanlarına yardımcı olmak üzere kendi uygulamalarında kullanabilecekleri pek çok yönü anlatıyor. Bizim amaçlarımız açısından burada özellikle üç ilginç konu var. Birincisi, Ginger'ın kendi gücüyle tamamen bağlantıda olması ve kendini iyileştirebileceğine yönelik tam güvenidir. İkincisi açık ve tanımlanmış bir hedefi olan zihinsel, bedensel ve ruhsal olarak entegre ve bütüncül bir yaklaşım kullanmasıdır. Üçüncüsü, bu süreçte sağlık durumunu koruyabilmek adına tüm hayatında olumlu değişiklikler yapmasıdır.

İlerledikçe;

- Danışanın kendi gücünün kaynağını kabul etmesi ve yeniden bağlantıya geçmesine yardımcı olmak,

- Danışanların ilerlemesi ve hayatlarında olumlu değişiklikler – fiziksel, zihinsel, duygusal ve ruhsal olarak – yapmalarına rehberlik etmek,

- Danışanların kendilerini şifalandırmalarına doğru entegre bir yaklaşıma rehberlik etmek

için kullandığım bazı yöntemleri anlatmaya çalışacağım.

Bu hiç bir şekilde yorucu bir liste değil – aslında yorucu olmaktan gayet uzak. Bunlar sadece benim deneyimlerime dayanıyorlar ve danışanlar için ileriye dönük terapinin yararlarını göstermek üzere buradalar.

İÇSEL GÜÇLERLE YENİDEN BAĞLANTI KURMAK

Bir birey kendisini güçsüz kılan bir döngüde takılıp kaldığında veya şiddetli bir meydan okuyucu durumla yüz yüze geldiğinde, kendine ait benlik duygusunu, sahip oldukları kendi güçlerine dair duyularını kaybetmeleri muhtemeldir. Aslında bu durumdaki pek çok insanın en derin inancı şudur "yeterince iyi değilim". Genellikle bunu "istediğim gibi sağlıklı, mutlu bir hayatı yönetebilecek kadar iyi değilim" şeklinde çevirebiliriz – ki bu sonrasında korku, suçluluk ve öfke gibi güçten düşüren duygulara yol açar. Bu da daha sonra tatmin edici olmayan hayat tarzı seçimleri ve negatif davranış döngüleri kalıplarını oluşturur. Bu da bireyi adamakıllı güçsüzleştirir. Neredeyse benlik duygularını yitirirler.

Gücünü yitirmiş bir kişinin kendini iyileştirmeye, onarmaya ve ilerlemeye dair gücü kendinde bulması çok zordur. Terapistler olarak iyileşmenin temel unsurunun kişilerin kendisi olduğunu biliyoruz – daha iyi olma arzuları ve daha iyi olacaklarını bilmeye dair doğal güvenleri. "Yapamayacağına inanırsan, haklısındır" eski deyişi geçerlidir. Dolayısıyla bir terapistin ilk yapması gereken şey, danışanın kendini şifalandırma yeteneklerine olan güvenine dokunmasına, kendi hayatlarını değiştirebilecekleri içsel güçleriyle yeniden bağlantı kurmalarına yardımcı olmaktır. Regresyon terapisi ağırlıklı olarak negatif anıları pozitif düşünceler ve yeni bağlantılarla değiştirmekle uğraşır. Fakat regresyon ayrıca kişinin kendisiyle ilgili pozitif unsurlarının bilinçli farkındalığına varması ve geliştirmesiyle de ilgili kullanılabilir. Hatta budaha güçlü gerçekleşir çünkü kişiler bunu kendiliklerinden deneyimler – onlara bu söylenmez ya da bunu yapmaları için zorlanmazlar – farkındalık onların kendi içinden gelir, böylece onları daha da yetkin kılar. Bu gerçekten onların güvenini destekler ve kendi şifa yolculuklarına hazırlar.

Bunu yapmak için en favori yöntemim, ilk adım olarak kişiyi güçlü pozitif deneyimler yaşadığı – çok fazla miktarda sevgi veya güven veya güç deneyimlediği – gerçekte güçlendirici her hangi bir duygu yaşadığı bir ana (geçmiş veya şimdiki yaşam) geri götürmektir. İkinci olarak kişinin dikkati bu duyguya getiriliyor ki böylece bu duygunun iyice farkında olsunlar. Sorulara şunlar da eklenebilir:

Bu nasıl bir duygu?

İyi mi hissettiriyor?

Bu duyguyu nerede hissediyorsun?

Üçüncü olarak, doğrudan telkinle kişi duyguyu büyütüp gerçekten güçlendirmeye ve bu duyguya tam olarak dalmaya teşvik ediliyor. Yönergelerden bazıları şöyle:

Sadece bu duygunun büyüdüğünü hisset. Kalbinden (ya da duygunun fark edildiği ilk yerden) doğruca bedenine akmasına izin ver.

Bu duygunun tüm bedenini doldurduğunu hisset.

Kendini tamamen bu duygunun içine bırak.

Sonra bu pozitif duygu en tepe noktasındayken, dördüncü adım bunu çıpalamak. Bu pozitif duygu bir kez kişinin zihnine iyice yerleştiğinde, sorunlarıyla baş etmeleri kolaylaşıyor. Onları travmatik bir anıya götürürken, zorlu durumla karşılaşmadan önce pozitif duyguyu uyandırmak, onların normal olarak sorunla daha güvenle yüzleşmelerine yardımcı oluyor. Kişinin bir sorunla baş etmek için kendi pozitif kaynaklarını kullanması, dönüşüm sürecini kolaylaştırıyor. Onları daha ileriye götürüyor ve daha fazla güven veriyor. Dolayısıyla bu tekniği kullanabilir ve bir adım daha ileriye gidebiliriz.

İLAHİ ÖZÜMÜZE BAĞLANMAK

Hepimiz ilahi varlıklarız. Hepimizin içinde Kaynağın veçheleri var, çünkü özümüz Kaynaktan geliyor. Beden, duygular ve anılar bizim bu planda öğrenmemizi kolaylaştırmak için hayata geçirdiğimiz ziller ve ıslıklar. Büyümemize ve öğrenmemize

EBEDİ RUHU DÖNÜŞTÜRMEK

yardımcı olan meydan okuyucu deneyimlerle uğraşırken, özgün ve sonsuz özümüzü unutmak ta kolaylaşıyor.

Regresyon bizim İlahi yanımızı hatırlamamız ve yeniden bağlanmamız için bizi geri götürebilir. Sadece yukarıdaki süreci üçüncü adıma kadar izleyin. Kişi bir kez bu pozitif deneyime daldığında, onlara bilinçli farkındalıklarını kalplerine odaklamalarını söyleyin. Sonra kalplerini açmalarını ve bu duyguyu kalplerine kadar izlemelerini isteyin. Kullanılacak telkinlerden bazıları şöyle:

Doğruca kalbine git – tam olarak kalbinin en dip derinliklerine.

Tam olarak kalbinin özüne git.

Deneyiminin farkında ol.

Tam olarak duygunun kaynağına git ve bu deneyimle birleş.

Tam olarak bu duygunun kaynağına git. (sadece eğer bu duygu kalpten doğuyorsa)

Ne fark ediyorsun?

Bu tekniği hemen hemen tüm danışanlarımda kullanıyorum. Doğru şekilde yönlendirildiklerinde, hepsi yoğun bir pozitif duygu dalgası deneyimlemekteler. Bazıları bunu derin bir sevgi, bazıları dingin bir huzur, bazıları keyifli bir mutluluk olarak deneyimliyor. Bazıları mükemmelliğin görüntülerinin farkına varıyor – altın, mükemmel pürüzsüz dönen çakıl taşı, en güzel çiçekler ya da gün ışığı patlaması.

Daha sonra onlara bu görüntü ya da duyguların neyi temsil ettiğini bilip bilmediklerini sorun. Benim deneyimlerimde, danışanlarımın çoğu bunu kendileri, kendilerinin merkezi olarak tanımladı. Diğerleriyle biraz tatlı dil dökmek gerekti. Bu sana tanıdık geliyor mu? Tanıdık gelirse ne olur? O sana neyi

Entegrasyon ve ilerleme

hatırlatıyor? Hepsi, bu deneyimi kendi özlerine gitme ve özleriyle tanışmak olarak tanımladı. Sonra bu tespiti yeniden onaylayın ve kişinin tüm dikkatini deneyime çekin. Örnek kalıplar şöyle:

Evet – Bu sensin, senin varlığının özü, senin saf ruhun, senin İlahi Özün.

Sadece saf ruhunun nasıl hissettiğini deneyimle.

Sadece sen olmanın mükemmelliğini, sen olmanın güzelliğini deneyimle.

Doğrudan telkinle kişi duyguyu büyütmek, güçlendirmek ve tamamen içine dalmak için cesaretlendirilir. Daha sonra, farkındalık en tepe noktasındayken, ikinci adım bunu çıpalamaktır.

Travers, bazı ilişki sorunları hakkında çalışmaya niyetliydi. Koçluk seansı sırasında üzerinde çalıştığı hayat dersinin altında yatanın öz-sevgi olduğu ortaya çıkmıştı. Regresyon sırasında göğsünde bir acı olduğunu söyledi ve bu acıyla geçmişe gitmek zordu. İdeomotor işaretler aracılığıyla anlaşıldı ki bu enerji blokajı, onun babasından aldığı öz-yargı düşünce kalıbıydı. Düşünce kalıbı renk terapisi kullanılarak temizlendi. Bu düşünce kalıbının özüne gitmesi istendi. Üç rengi – sevgi için kırmızı, huzur için turuncu ve mutluluk için sarı – merkezden bu enerjiyi ortadan kaldırmak üzere getirdi. Renkler düşünce kalıbını zayıflattıkça, deneyimlediği fiziksel acı azaldı, ta ki geçmiş hayat regresyonuyla temizlenecek bir parça kalana kadar. Kalp alanı temizdi.

İdeomotor işaretler aracılığıyla kendi İlahi Kaynağıyla bağlanma ihtiyacı olduğu saptandı. Yukarıda anlatılan teknik kullanılarak şimdi temiz olan kalbinin özüne gitmesi için yönlendirildi. İşte kendi sözcükleriyle Travers deneyimini anlatıyor: 'Kalbime doğru derine ve daha derine doğru gittiğimde, başlangıçta sanki sonsuz siyah bir boşluğa aşağıya

EBEDİ RUHU DÖNÜŞTÜRMEK

doğru uçuyormuşum gibi hissettim. Sonra ansızın tamamen yeni ve olağan dışı bir yerdeydim, neredeyse kör edecek kadar parlak beyaz ışıkla tamamen çevrelenmiş bir halde. Bu kutsal yerin merkezinde bir adam vardı, dua için birleşmiş elleriyle diz çökmüştü ve ben ondan yayılan huzur ve bilgeliğin aurası yanında güçlü bir insancıl ve samimi bağ da hissettim. Ona doğru süzülüp onunla birleşirken 'O sensin' dedi ses, 'git ve onunla bir ol!' Şaşırtıcı şekilde o diz çökmüş, dua eden figür ben oldum. Onun beden pozisyonunu taklit etmek için fiziksel olarak bacaklarımı ve ellerimi hareket ettirme dürtüsü karşı konulamayacak durumdaydı, bu yüzden bedenimi bunu yapması için tamamen serbest bıraktım'.

Bu noktada Travers'in İlahi Öz'üyle buluşması yeniden teyit edildi. Duygularını ve deneyimini keşfetmek kadar bu duyguyu büyütmek ve içine dalmak konusunda da cesaretlendirildi. Kendi sözcükleriyle deneyimini tekrar anlatıyor 'Bundan sonraki duygular ancak gerçekçi bir abartıyla tanımlanabilir. Kalbimde muazzam bir enerji patlaması vardı, bedenimden her yöne doğru, özellikle ellerimden ve parmaklarımdan akıyor ve parlıyordu. Sanki elektrik gibiydi fakat enerji, ısı, ışık ve sevginin bir oluşuyla milyon kere daha güçlüydü. Parlak beyaz ışıkla bir oldum ve bu dünyada hissettiğim en güzel duygu olduğundan, sevinç gözyaşlarıyla ağlamaktan kendimi alamadım. Beyaz ışık çevremdeydi, içimdeydi, benim her şeyimdi ve aynı zamanda ben tüm evrendim. Tam ve kesin bir mükemmellikti, öylesine güzel ve yalın, yine de öylesine muhteşem ve alçakgönüllüydü ki, orada kalıp sadece bu deneyimi bağrıma basmak ve içime çekmek istedim. Bir ışık varlık olarak tamamen ait olduğum Yuva 'ya bu hayatım boyunca ilk kez yeniden gittiğimi, hiç kuşkuya yer bırakmayacak şekilde biliyordum. Benden akıp giden enerji, evrenin özel dokusunu şekillendirebilecek kadar güçlüydü.'

Duygularının en tepe noktasında, Travers bu duyarlılıkları baş ve orta parmağını kullanarak çıpaladı. Saf Özünde istediği kadar kaldıktan sonra, bilinçli farkındalığa geri gelmesi istendi. Kendi sözcükleriyle: 'Benden akıp giden enerji yavaşça durdu ve bedenime yeniden döndüğümde sanki her yerim hala uyuşuk gibiydi. Bu deneyimin yankıları sanki bir kamera flaşının gözlerinizin önünde patlaması ve çekim sonrası yavaşça kaybolup gitmesi gibiydi. Yine de bütün bedenim karıncalanıyordu, özellikle parmak uçlarımdan çıkan o beyaz ışığı hala parmak uçlarımda duyumsayabiliyordum. Seanstan sonra, bildiğimiz dünyevi 'gerçeğe'dönmek, gezegenimizin etrafında kolayca uçabileceğimi hissederken eve giden otobüsü yakalamak konusunda endişelenmek zorunda kalmak zordu. Bununla birlikte kalbimde biliyordum ki, gelecekte hayatım boyunca ihtiyacım olan her zaman bu enerjiyi ziyaret edebilecektim ve bu inanılmaz rahatlatıcı bir düşünceydi. İçimdeki bu Evrensel Enerjiye dair yeni bilinci, sadece iyilik için ve hem kendimin hem de başkalarının hayat derslerini öğrenip dünyasal ve ruhsal amaçlarına ulaşmalarına yardım etmeye kullanmak için dua ettim.'

Sonraki bölüm, bu pozitif deneyimlerin çıpalanması için gerekli bazı adımları anlatacak. Saf Özümüzle, İlahi Yanımızla yeniden bağlantı kurmanın dönüşümsel gücü, fark ettiğimizden çok daha fazla. Bu özellikle seans sonunda yapılmışsa, kişi onun ilerlemesini daha kolaylaştıracak bir sarmalanmışlık hissiyle ayrılıyor.

DANIŞANIN İLERLEMESİNE YARDIMCI OLMAK

Zihin bir at gibidir. Atın üç bacağı bilinçaltı zihni temsil eder. Bir bacağı bilinçli zihni temsil eder. Atın ilerlemesi için, dört bacağın aynı yöne doğru aynı şekilde hareket etmesi gerekir. Aynı şekilde bir danışanın ahenkle ilerlemesi için, hem bilinçaltı zihnin hem de bilinçli zihnin, aynı zamanda ve aynı yöne doğru hareket etmek için birlikte çalışmaları gerekir.

Regresyon terapisi, bilinçaltı anılarıyla çalışmak ve dönüştürmek için en hızlı ve en elverişli yollardan biridir. Danışanların şifalanmasını tam olarak maksimize edebilmek için, bilinçli zihin üzerinde de çalışılmalıdır.

Danışanın bilinçli zihniyle çalışmanın yararlarından bir diğeri, onları şifalanmalarıyla ilgili dürüstçe sorumluluk almaları için güçlendirmesidir. İşi gerçekten kendileri yapmışlar gibi hissederler, bu nedenle sonuçları gördüklerinde şifa daha verimli hale gelir.

HEDEF BELİRLEME

En önemli uygulamalardan biri, bir danışanın bilinçli dikkatini seanslarından elde etmek istediği belirli hedeflere getirmektir. Ölçülebilir belirtileri almak bunun yollarından biridir. Diğeri, daha niteliksel yolu, şu anda içinde bulunduğu durumun açıkça tanımlanması ve ulaşmak istediği durumun belirlenmesidir. Bu onları kendi gelişim yolunda tutmasına yardımcı olduğu kadar, seanstan ne elde etmek istediklerini de açıkça gösterir.

Bu aşamada dikkatli olmamız gereken, onların beklentilerini düzene koymak ve gerçekçi olmasını sağlamaktır. Onlara, mucizelerin azim ve sıkı çalışmanın ardından gerçekleştiğini hatırlatmayı sürdürün.

Entegrasyon ve ilerleme

Koku ve Uçucu Yağların Çıpalama İçin Kullanımı

Çıpalama, bilinçaltı ve bilinçli zihinle bağlantılı çalışmanın bir başka yoludur. Özel bir durumu çıpalamanın en etkili yollarından biri olarak gördüğüm, uçucu yağlar aracılığıyla kokuyu kullanmaktır. İlaç olma etkisi yanı sıra, kokuların insan zihnini etkileyen güçlü yanı anlam kazandırıcı mekanizmalar olmasıdır. Koku, en ilkel duyularımızdandır. Diğer duyularımızın aksine, koku doğrudan beynin duygusal merkezine, limbik sisteme geçer. Duyguların genel merkezine bu hızlı geçiş, güçlü duygusal anıları açığa çıkarır. *Psikodinamik Koku Etkisi ve Mekanizmaları* adlı kitabında J.S.Jellinek'e göre, kokular yaşam koşulları bağlamında deneyimlenir.[1] Eğer bir kokunun deneyimi duygusal olarak çok yüklü bir durumda gerçekleşirse, deneyimlenen duygular hafızada bu koku deneyimi ile birlikte depolanır. Daha sonraki bir zamanda bu koku duyulduğunda, hafıza kaydına duygusal etkisiyle birlikte yeniden erişilir.

Anlamsal mekanizma ilkelerini kullanarak, duygusal bir durumun uçucu yağların kullanımıyla çıpalanması, pozitif hafıza kaydının ve bilinçaltına yerleşen pozitif algının kişinin bilinçli farkındalığına getirilerek yeniden aktif hale gelmesine olanak sağlar.

Bu hedefe varmak için farklı yağlar kullanılabilir. Kişisel favorim, yağların enerjetik ve farmakolojik unsurlarını anlam çerçevesinde bir arayagetirmek. Yani birisi ilişki sorunu üzerinde çalışıyorsa, bu kişinin taşıdığı üzüntüyü iyileştirmek için bir karışım kullanıyorum. Eğer birisi öz-değer üzerinde çalışıyorsa, onun kendi muhteşemliğini fark etmesi için bir yağ karışımı kullanıyorum. Yağlar birbirinden farklı seviyelerde – hem zihin, hem beden, hem de ruhta – etken hale geldikleri ve böylece daha da etkili oldukları için bu durum çift taraflı bir tılsım etkisi yaratır.

EBEDİ RUHU DÖNÜŞTÜRMEK

Regresyon seansı sırasında pozitif duygunun en tepe noktasında olduğunda, kokunun pozitif deneyime eşlik etmesi için doğrudan önermeler kullanılır. Bu yapıldığında, deneyimin çıpalanması için ikincil yöntem olarak olumlamalar kullanılır.

Seans bitiminde değerlendirme aşamasında, danışana üç hafta boyunca kullanacağı ve aralıksız her sabah tekrar edeceği bu yağ ve olumlamalar verilir. Bu yöntem etkilidir çünkü bilinçaltında dönüştürülmüş anıları tekrar açığa çıkartıp danışanın bilinçli farkındalığına getirir. Bu yolla, hem bilinçaltı hem de bilinç danışanın yeni, olumlu ve gelişmiş durumunu güçlendirmek için birbirine bağlı olarak çalışır.

Farmakolojik etkilerle birleştirilen bu anlamsal mekanizma, danışanda pozitif bir durumu çıpalamak için uçucu yağları özellikle güçlü bir araç haline getirir.

Geleceğe Uyarlama

Geleceğe uyarlama, dönüşümün danışanın hayatını örneğin 6 ila 12 ay içerisinde nasıl etkileyeceğini gözünde canlandırmasını sağlamaya yönelik bir hipnoz ve NLP (Beyin dili programlama) tekniğidir. Lütfen dikkat edin, bu ne bir geleceğe regresyon ne de tahmindir – sadece yaratıcı imgelemenin güçlü bir şeklidir.

Pozitif duygu kişinin zihnine bir kez tamamen çıpalandığında, ikinci adım onu gelecekte 6 ay sonrasına götürmek ve o zaman hayatının nasıl olabileceğini deneyimlemelerine izin vermektir. Çıpalama ve dönüşüm öncesindeki zorlayıcı olan durumları deneyimlemelerine rehberlik edin. Kullanılabilecek kalıplar ve sorulara örnekler şöyle:

Gelecekte 6 ay sonrasına git ve neleri fark ettiğini bana anlat.

Patronunla yaptığın buluşmaya git (ya da herhangi bir diğer

zorlayıcı durum). **Neler oluyor bana söyle.**
Gelecekte 12 ay sonrasına git ve neleri fark ediyorsun bana anlat.

Geleceğe uyarlama, kişinin bilinçli farkındalığını ilerlemeye yönelik yapacağı pozitif değişiklikler için daha da güçlendirecek, dönüşmüş bir geleceğin olma ihtimaline getirir. Bilinçaltıyla çalıştığımız için, deneyim gerçekmiş gibi algılanır ve hissedilen duygu gerçektir. Bu, danışana güven telkin eder ve ilerlemek için marşa basmasını sağlar. Bunu seansın sonunda yapmak, danışanın seansla ve deneyimleriyle ilgili güvenli hissetmelerini ve olumlu bir deneyimle ayrılmalarını sağlar.

Bu deneyimi hem bilinçaltında hem de bilinçli halinde güçlendirmek için danışan bir devam seansına, 'hayal tablosuna' gelebilir. Danışandan hayallerini temsil eden resimleri, deyişleri, herhangi bir şeyi getirmelerini istemek, zihinlerinde ve ruhlarında bu hedeflerine ulaşmaya olan güvenlerini güçlendirecek olan geleceğe olumlamanın enerjisini o hafta için canlı tutmaya yarar. Sonra bütün bunları hayal tablosuna yaratıcı, düzen içinde toparlamak onların güvenini geliştirir ve bu neyi elde edebileceklerine ve ne için çalıştıklarına dair güçlü bir görsel hatırlatıcıdır. Bu, bir danışanın kendi yaratma gücüne inanmasını güçlendiren temel adımdır.

Şükran

Şükran, bir kişinin hissedebileceği en önemli duygudur. Şükran, kişinin sahip olduğunun ne olduğunu görmesine ve sahip olmadıklarının tersine kendilerinin bolluk ve bereketleri için sevinç duymalarına yardımcı olur.

İnsanın kendisi için minnet duyması da önemlidir. Çoğu insan kendi yetenek ve imkânlarına yeterince değer vermez. Bu, olumsuz davranış kalıplarına katkıda bulunan düşük öz-saygı ve öz-değersizlik duygularını artırır.

Bilinçli kendini kabul bu kalıbın değişmesinde, hatta daha ötesi kişiyi güçlendirmede anahtardır. Bir danışana bu konuda rehberlik etmek için bulduğum en etkili yollardan biri şükran günlüğü kullanmaktır. Sarah Ban Breathnach, *Yalın Bolluk* adlı kitabında, hayattaki basit şeylerin kıymetini bilmek ve şükran duymak hakkında konuşuyor.[2] Bireylerin bilinçli olarak bolluğunun değerini bilme ve kabul etmesi için günlük şükran güncesi yoluyla basit fakat güçlü bir yöntem geliştirmiş.

Onun düşüncesi, insanların gece yatmadan önce şükran duydukları en az beş şeyi yazmaları. Bu günlük basit hareket, insanların uyumadan önce nimetlerinin farkında olmalarını ve dikkate almalarını sağlıyor. Bunu uyumadan önce yapmak önemli çünkü yatağa gitmeden önce pozitif düşüncelerle dolu oluyorlar. Bu sonra bilinçaltına yayılıyor ve gece boyunca bu pozitif enerji korunuyor. Hiç değilse en azından kişiye huzurlu bir gece uykusu sağlıyor.

Bu parlak fikrin hafif değişik bir şeklini uyguluyorum. Danışanlarım her gece kendileri için şükran duydukları en az beş şeyi listeliyorlar – bu yaptıkları bir şey ya da hissettikleri bir şey olabilir, büyük şeyler için veya sadece basit şeyler için de olabilir. Hatta danışanlarımdan biri dişlerine baktığı için kendisine teşekkür etmişti. Genellikle doğal karşıladığımız en basit şey, önemlidir. Bu süreç dikkati çekmeyen bu tür davranışların kıymetini bilmeye dair bilinçli farkındalık sağlar. Danışanlarıma kullanmalarını önerdiğim cümle kalıpları şöyle:

Kendime…için teşekkür ediyorum…

Kendime…için aferin diyorum…

Bu eylem ve düşünceler yazıldığında elle tutulur hale geliyorlar. 30 gün sonra, insanlar sayfaları çevirdiğinde kendilerini takdir etmeleri için 150 sebep ve kendilerine minnettarlık duyabilecekleri 150 şey görebiliyorlar. Bunları okumak onlar için inanılmaz güçlendirici. En önemli şey bunun gerçek olması, kişinin kendisi tarafından yazılmış ve kabul edilmiş olması. Yani onları daha da güçlü kılan şey, kendileri hakkında söylediklerini kabul etmelerinin daha kolay olmasıdır.

Jake, 40lı yaşlarında seks işçileri ile seks yapma bağımlılığıyla mücadele eden bir adamdı. Bağımlılığı hakkında iki ayrı danışmana görünmüş, sonuç alınamamıştı. Terapiye geldiğinde karısından bir yıldır ayrıydı ve kız arkadaşıyla, ilerlemesini zorlaştıran acı verici bir ayrılıkla uğraşıyordu. Terapiye gelmekteki amacı neden bu seks bağımlılığına sahip olduğu ve eski karısı ve kız arkadaşı ile olan ilişkisinin öneminin ne olduğunu anlamaktı.

Öykünün alınmasından sonra yapılması gereken ilk şey, bağımlılığının temel sebebini belirlemek için Jake'e bağımlılığın mekaniğini açıklamaktı. Bu mekanizmalar ona ilk kez açıklanıyordu. NLP kullanarak seks takıntısı olmasının nedeni belirlendi; çünkü sonrasında yaşadığı mahremiyet, dokunma, sarılma ve özeni şiddetle arzuluyordu. Biraz daha derinleşmek, Jake'in daha genç yaşlarındayken annesinden istediği sevgi ve bakımı görmediğini ortaya çıkarttı.

Anne ilgisinden mahrumiyet duygusu o kadar yoğundu ki, bir savunma mekanizması olarak bu ihtiyacını parçalara ayırmış ve gizlemişti. Sevgi dolu ilgi ihtiyacının bilinçli olarak farkında olmasa bile, bilinçaltında bu boşluğu doldurmak için başka bir şey arama dürtüsü yaratmıştı - bu durumda bu ona ancak cinsel deneyimin verebileceği özel bir mahremiyet duygusuydu. Bu yüzden seansın hedefini, bu temel sebebe odaklanarak bağımlılığını en aza indirmek olarak belirledik.

Gerilediğinde, beş yaşında bir ağaçtan açık bir su kanalına düştüğü ana gitti. Yaralanmış ve sarsılmıştı fakat ihtiyacı olan sarılınıp rahatlatılmak yerine, annesi tarafından azarlanmıştı. Daha sonra sekiz yaşında kuzeninin evinde Çin Yeni Yılını

EBEDİ RUHU DÖNÜŞTÜRMEK

kutladıkları ana geri gitti. Heyecanlıydı çünkü annesi gece yarısına doğru kuzenine Ang Pow (Parayla dolu kırmızı keseler – bir Çin geleneği) dağıtmasına izin vermişti. Zaman geldiğinde mutlu bir şekilde Ang Pow dağıttı fakat sonra annesi beklenmedik şekilde üstüne gitti ve kuzeninin önünde ona çıkıştı. Bu onu muazzam şekilde alt-üst etti. Buna benzer deneyimler yüzünden annesinin ilgisinden mahrum kalmıştı.

Anıları dönüştürme girişimi sırasında ilginç bir şey oldu. Jake ansızın korktu ve 'geliyor, ondan korkuyorum, o geliyor' dedi. Daha sonra bütün duruşu, yüz ifadesi ve ses tonu değişti. Vücudu gerildi ve genişledi, ses tonu kabalaştı ve ifadesi sertleşti. Biraz teşvik edince bu yeni tarafın, Jake'i incinmekten korumak için ve ona yakın olan insanlarla sağlıklı, sevgi dolu ilişkiler geliştirmesine engel olan Öfkeli Jake (ÖJ) olduğu belirlendi. Klasik bir, kendini korumak için ilişkilerle kendini-sabote etme vakasıydı.

Sonra Sevgi dolu Jake'in (SJ) nerede olduğunu ve onunla konuşup konuşamayacağımı sordum. SJ Küçük, utangaç ve fısıldar bir tonda ortaya çıktı. ÖJ'i SJ'in büyümesine izin vermesi için ikna etmek biraz zaman aldı fakat sonunda, göz kulak olabildiği sürece olmak kaydıyla mutabık kaldı. İçsel çocuk regresyonuyla sorunun kaynağına (beş yaşında olduğu zaman) gidildi, SJ'yi güçlendirmek için inanç, güven duygusu ve korunma niteliklerini kapsayan renkli balonlar verildi ve böylece o büyüyebildi. Farklı yaşlar boyunca ilerledikçe pek çok yerde durdu ve onu güçlendirmek için daha çok balon verilmek zorunda kalındı, ta ki şimdiki yaşıyla tamamen bütünleşmek üzere büyüyünceye kadar.

Bu sürecin orta yerinde ÖJ ortaya çıktı ve SJ'nin büyümesine izin vermek istemedi. ÖJ, Jake'in kendisini zayıflattığını ve SJ'in onu koruyamayacağına inanıyordu. Bu yüzden SJ ile güçlendikten sonraki ÖJ sohbet edebildiler. Epeyce bir direnç gösterdikten sonra sonunda ÖJ gevşedi ve

Entegrasyon ve ilerleme

SJ'nin kendisine üstün gelmesine izin verdi. En sonunda SJ'nin büyümesine ve Jake'in bedenini tümüyle doldurması mümkün oldu. Sevgi duygusu en tepe noktasındayken, bu durum yağlar ve olumlamalarla çıpalandı. Seans sonrasında olumlamalarla birlikte yağlar da, bir ay boyunca her sabah kullanma talimatlarıyla birlikte Jake'e verildi. Ayrıca öz-değerini fark etmesi amacıyla her gün şükran güncesine yazması istendi. Dört saatlik seanstan altı ay sonrasında hala seks için bir kadına gitmemişti. Kendi sözleriyle: 'bazen bu dürtüyü hissediyorum fakat yağı koklayıp olumlamayı tekrar ettiğim zaman sakinliyor ve daha rahat hissediyorum. Ayrıca normalde beni öfkelendirip güç duruma düşürecek hallerde duruyor, karışık duygularımı düzene sokmaya çalışarak soruyorum, 'SJ ne istiyor?' ve SJ'in yapacağı seçimleri yapıyorum ve bu benim için genellikle çok daha iyi'.

Bu seans, o saatler içerisinde pek çok farklı şey gerçekleştiği için eski karısı ve eski kız arkadaşıyla ilişkilerine dair daha derin anlayışı henüz sağlamamıştı. Bununla beraber, bu cevaplar bir sonraki hayatlar arası regresyon seansında gelecekti.

İlerlemek, danışanın dönüşümünde anahtardır. Bu örnek vaka, regresyonun, rol terapisinin ve içsel-çocuk regresyonunun bilinçaltı zihni nasıl dönüştürdüğünü ve hedef belirleme, olumlamalar, yağlar ve şükran güncesinin danışanın bağımlılığının üstesinden gelmesinde bilinçli zihnin nasıl bağlantılı çalıştığını açıkça gösteriyor. Jake seanstan bir kaç ay sonra hala bazı dürtüler hissediyordu fakat arzularının yoğunluğu daha azdı ve bunlara karşı tepkilerini bilinçli olarak idare edebiliyordu. Dolayısıyla nefsine göre davranmıyor, bu da onun öz-sevgi ve muktedir olma duygusunu güçlendiriyordu.

Yine bunun kesinlikle yorucu bir liste olmadığını vurgulamak isterim. Bilinçli zihinle çalışmanın pek çok yolu var. Bunlar sadece benim uyguladığım ve etkili oldukları kanıtlanmış bazı teknikler. İşin birdiğer keyifli yanı da danışanlara yardımcı olacak yeni teknikler keşfetmektir.

Şifa İçin Entegre Bir Yaklaşım

Kadim ezoterik bilgi, şifalanmayla ilgili entegre, bütüncül yaklaşıma oldukça önem vermiştir. Örneğin Geleneksel Çin Tıbbı ve Ayurveda, toplam sağlık ve esenlik durumunun bir göstergesi olarak kişinin tüm enerji akışına – birlikte ortaklaşa çalışan zihin, beden ve ruhsal akışa – bakar. Zihin, beden ve ruh öylesine birbirine bağlıdır ki, bunlardan birinde veya hepsinde enerji blokajı olarak izi bulunabilecek bir sorun veya rahatsızlık, bütün sistemi etkileyecektir.

Ana fikrim şu ki; tamamlayıcı terapi için de, kişiyi bütüncül bir bakış açısıyla ele almak önemlidir. Zihinde, bedende ve ruhta temiz, özgür bir enerji akışı kişilerin sağlık ve esenliğini güvenceye alır. Danışanın daha sonra sağlık ve esenlik açısından daha iyiye dönüşümünü sağlayacak olan rahatsızlığın temel nedenini belirlemek için bütün bağlantılara bakılmalıdır. Gerber, *Vibrational Medicine (Titreşimsel Tıp)* adlı kitabında şöyle der:[3]

> Enerji ve titreşimin, organizmanın dengesi ile moleküler yapısının birbirini karşılıklı nasıl etkilediğinin anlaşılmasına yönelik ve yavaş yavaş gelişen tıp alanı, titreşimsel tıp olarak tanınmaktadır. Hala nitelik olarak Newtonyen olan günümüz sağlık bilimi, fizik ve benzeri diğer bilimler dünyasından yeni iç görülerle güncellenmelidir. Bu yüksek titreşimli enerji sistemlerini kabul etmemiz ezoterik bilgiyle modern bilimsel kanıtlar arasında birleşmeye yol açacaktır. Eninde sonunda bütüncül tıp, bizim sağlığı yaşamamız için şifacıları bunu kabul etmeye doğru yöneltecek ise, zihin ve beden arasındaki

bütünsel ilişkiden zevk almalıyız.

Birinci örnek vakada Ginger zihnini, bedenini ve ruhunu iyileştirmek için bütüncül bir yaklaşımı seçmişti. Homeopati, Jin Shin Jyut Su, uçucu yağlar ve regresyon terapisi iki ülkedeki tıp uzmanlarını şaşkına çeviren mucizevi sonuçlar yaratmıştı. Danışanı entegre bir yaklaşıma yönlendirmeye yardımcı olacak bir başka yol da ideomotor işaretleridir. Regresyon sonrasında terapist, danışanın sorununa yardımcı olacak farklı bir terapi yöntemine ihtiyacı olup olmadığını ve ne tür bir terapiye ihtiyaç duyulduğunu bilinçaltı aracılığıyla sorgulayabilir. Tek bir terapist danışanlarına sunabileceği bütüncül yaklaşımların tüm farklı yöntemlerini bilmek zorunda değil. Bu bir iş birliği çalışması olabilir. Singapur'da uygulamaya ilk başladığım zaman, etrafım Tanrıça Kardeşlerim olarak adlandırdığım inanılmaz akıllı, sezgisel, sevgi dolu ve yetenekli bir grup terapist tarafından çevrilmiş ve desteklenmekteydim. Grubun her bir üyesi kendi yolunda şaşırtıcı birer şifacıydı. Diplomamı almaya çalışırken terapi koltuğumda denek olarak uzanmak için her birinin cesaret ve güveni vardı. Birbirimizin terapilerini, uygulamalarını ve becerilerini deneyimleyerek, bize gelen danışanlara en iyi bakımı sağlayabileceğimiz kendi bireysel bilgi ve becerilerimiz oluştu. En önemlisi, danışanlarımızın yaralanacağı kişisel yöntemlere yönlendirmek için bir topluluğumuz oluşmuştu. Bu da onların sorunları için en bütüncül yaklaşıma sahip olmalarını sağlıyordu.

Kendi tecrübeme göre bir terapist topluluğu kurmak veya bir gruba katılmak, uygulamacı olmanın önemli unsurlarından biridir. Harika bir kişisel destek grubu olması yanı sıra, bilgi, beceri ve danışanları yönlendirmek, bir terapist olarak gelişmeme ve danışanlarıma olabilecek en iyi özeni göstermeme yardım etti.

ÖZET

Temel amacım bir danışanı ilerlemeye sevk etmenin önemini vurgulamaktır. Enerjileri açığa çıkarmak ve serbest bırakmak şifalanma sürecine giden sadece ilk adımdır. Entegre etmek ve ileriye doğru adım atmak ise diğer can alıcı aşamadır.

Bunu yapması için kişinin kendine güvenmesi ve gerekli değişiklikleri yapabileceğine inanması gerekmektedir. Şimdiden içinde bulunduğumuz Yeni Dünya'da bir bireyin kendi gerçeğini yaratabileceği enerjiler böyledir. Terapistler olarak, kişinin blokajlarının temizlenmesine yardım etmek ve temel sebebi belirlemek kadar, danışanlarımızı kendilerini iyileştirme gücünü ellerine almaları ve içlerinde olan kendilerine olan güvenlerini geliştirmeleri için güçlendirmek de bir o kadar önemlidir.

Zihinle çalışırken, bir hedefe varmak için hem bilincin hem de bilinçaltının birlikte uyum içinde hareket etmesi önemlidir. Bu yüzden hedefin açıkça belirlenmiş olması gerekmektedir. Kendi şifalanma sürecine aktif olarak katılması için danışanın güçlendirilmesi, bu hedeflere ulaşmak için daha ciddi olarak güdülenmelerini de sağlar. Bu; olumlamaları, çıpaların yeniden harekete geçirilmesini ve şükran duyulmasını da içeren bilinçli zihin aktivitesiyle gerçekleştirilebilir. Bu, değişimi sağlayacak daha güçlü, daha etkili mekanizmayı yaratarak, bilincin nöral yollarını bilinçaltına yeniden uyum içinde bağlar.

Bilinçli zihni bilinçaltı zihinle entegre etmek kadar kişinin şifalanma yolculuğunu geliştirmek için tedavi şekillerinin değişik yöntemlerini de entegre etmek önemlidir. Zihin, beden ve ruh, kişinin en iyi enerji akışına ulaşması için ortak bir birim olarak çalışır ve bu enerji akışının açık, temiz ve sağlıklı olabilmesi için entegre bir şifa yaklaşımı gerekmektedir. Farklı yöntemlerin birlikte kullanılması kesinlikle mucizeler ortaya çıkartabilir.

Bu bölümün özünü, vizyoner bir karikatürist ve şair olan Michael Leunig'in yazdığı bu şiir, en uygun şekilde yansıtıyor:

Entegrasyon ve ilerleme

Mücadele ederiz, bıkarız, usanırız
Yorgunuz, kederliyiz, umutsuzuz
Vazgeçeriz, yıkılırız, bırakırız
Ağlarız
Boşalırız, sakinleşiriz, hazırız
Sessizce bekleriz
Utangaç küçük bir gerçek gelir
Dışımızdan ve içimizden gelir
Gelir ve doğar
Yalın, kararlı, açık
Bir ayna gibi, bir çan gibi, bir alev gibi
Yaz mevsiminde yağmur gibi
Nadide bir gerçek gelir ve içimizde doğar
Boşluğumuzun içerisinde
Onu kabul ederiz, onu gözleriz, onu içimize alırız
Basit gerçeğimize teslim oluruz
Büyümüşüzdür, değişmişizdir
Kutsanmışızdır
Ayağa kalkarız
Bunun için teşekkürlerimizi sunarız.

Yazar Hakkında

Reena KumarasinghamBA (psy), MBA, Dip RT

Reena psikoloji bölümü mezunu, NLP uygulamacısı, uluslararası düzeyde Hayatlar arası ve regresyon terapisti. İnsanların kendi özgün varoluşlarını kucaklama ve onurlandırma yolculuğunda onları bütünüyle güçlendirme vizyonu taşıyan *Divine Aspect*'in yöneticisidir. Reena ayrıca duygusal ve enerjetik iyileşme için dönüşüm yaratan yağlar alanında *Divine Essence*'in yaratıcısıdır. *Society forMedical Advance and Research with Regression Therapy*'nin kurucu üyesi ve *Past Life Regression*

Academy'nin sertifikalı eğitmenidir. Daha fazla bilgi için *www.divineaspect.com* sayfasını ziyaret edin veya *reena@divineaspect.com* adresine e-posta gönderin.

Referanslar

1. Jellinek, J.S.,*Psychodynamic Odor Effects and their Mechanisms*, Cosmet, 1997.
2. Breathnach, S. B.,*Simple Abundance,* Warner Books, 1995.
3. Gerber, R. *Vibrational Medicine,* Inner Traditions, 2001.

2

KARANLIK ENERJİYLE ÇALIŞMAK

Andy Tomlinson

*Senin işin aşkı aramak değil,
sadece kendi içinde aşka karşı inşa ettiğin
tüm engelleri arayıp bulmaktır.*

Celaleddin Rumi, 13.yy tasavvuf düşünürü

Giriş

1995 te danışanlarıma ilk kez regresyon terapisi uygulamaya başladığımda, ruhsal eklentiler ender olarak ortaya çıkıyordu ve o zaman da onları ortadan kaldırmak genel olarak basitti. Bunu yapmanın tekniklerine *Ebedi Ruhu Şifalandırmak* adlı kitabımda yer verilmişti. Yıllar içerisinde artan oranda, ruhsal eklentilerin daha fazla problem olmaya başladığını ve danışanların çoğunun terapi sırasında bunlardan temizlenme ihtiyacında olduklarını fark ettim. Olan; dünyanın titreşiminin hızla değişmesi ve diğer boyutlarla dünyamız arasındaki perdenin incelerek daha geçirgen hale gelmesiymiş gibi görünüyor. Bununla ilgili bazı kanıtlar NASA'dan geliyor. Dünya'nın aurasındaki delik gittikçe büyüyor[1] ve 50 yıldan fazla bir zamandır olan en yoğun güneş fırtınası 2012²'de gerçekleşti. Işık işçilerinin ruhsal faaliyetleri de titreşimlerin bu artışına katkıda bulunuyor. Birçok insan bundan faydalandığı gibi, bedensiz ruhların çözülmemiş problemlerinin yoğun enerjisini de büyütüyor. Bu onları rahatsız ediyor ve kendilerini insanların yüksek titreşimlerine çekilir buluyorlar, hatta bunun 'yuva'ya giden yol olduğunu sanıyorlar. Geceleyin ışığa çekilen pervaneler gibi.

2010 yılından beri 'karanlık enerji' olarak adlandırdığım bu enerjilerle giderek artan bir şekilde uğraşıyorum. Bu, basitçe ışıksız bir enerji olarak tanımlanabilir. Ruhsal perspektiften bakıldığında bu iyi veya kötü değil, çünkü her şeyin içinde Kaynağın enerjisi var ve bu büyük resim içinde bir amaca hizmet ediyor. Karanlık enerji, bazılarının atıfta bulunduğu gibi 'cinler tarafından ele geçirilmiş ' olanlarla da karıştırılmamalıdır. Bu konu, Ian Lawton'un *Ruhun Bilgeliği* adlı kitabı için birlikte yaptığımız araştırmada netleştirilmişti. Bu, Dünya'nın ruhsal planının açığa çıkması için yardımcı olan oldukça deneyimli ışık varlık ruhlarının - 'Bilge Varlıklar'- çok çeşitli gruplarından alınan kanallık bilgisine dayanıyordu. Onların görüşü, şeytani güçlerin yalnızca insan zihninde bulunduğuydu. Eğer onlarla karşılaşmayı bekliyorlarsa karşılaşacaklardır. Öte yandan karanlık enerji, çok güçlü enerji kaynağına sahip davetsiz enerjilerden tortulara kadar değişen bir yelpazede temizlenmesi güç ruhsal eklentiler için kullandığım ortak bir deyim.

Bu bölümde kullanılan teknik, Bilge Varlıklar tarafından kanal bilgisi olarak verilmiştir. Bu işi ilk yapmaya başladığım zamanlarda neden bütün işi Bilge Varlıkların yapmadığını merak etmiştim. Fakat anlaşılıyor ki onların bulunduğu yüksek titreşim seviyelerinde Dünya'nın yoğun enerjisine ulaşıp karanlık enerjiyi ortadan kaldırmaları çok zordu. Zaman zaman da 'çıldırdığımı'düşünüyordum. Sezgilerine güvenebileceğim terapistler aracılığı ile bağımsız kontroller ve terapi sonrasında danışanların olumlu geri bildirimi yoluyla, devam ettim. Bir keresinde Ian Lawton yeni kitabı *Ruhun Geleceği* için bir kanal seansını yönetirken benim karanlık enerji temizliği ile ilgili yaptığım işin yaşamsal önemde olduğu mesajı geldi. O sırada orada değildim ama bu, devam etmek için bana yeniden cesaret verdi. Şimdiye kadar bu tekniği hem birebir seanslarda hem de uzaktan çalışarak, yüzlerce danışanda kullandım.

Gerçekten de karanlık enerji temizliği uygulamasının İngiltere, Peru, Singapur, Hindistan, Güney Pasifik, Hawaii, Meksika ve Yeni Zelanda'daki bazı topraklara da – özellikle kadim dini bölgeler ve enerji merkezlerinde – yayılması son derece başarılı oldu. Bu karanlık enerji savaşlar, toplu işkenceler ve hatta Atlantis ve Lemurya gibi kadim uygarlıklardaki enerji denemeleri nedeniyle binlerce yıldır birikme eğilimindeydi. Bununla birlikte, bu bölüm danışanların üzerindeki karanlık enerjinin temizlenmesine odaklanmıştır.

Karanlık Enerji Nedir?

Karanlık enerjiyle bedensiz bir ruh, duygusal enerji veya sadece bir enerji olarak karşılaşılabilir. Genellikle enerji vortekslerinden, enerji kapılarından veya Kaynak'tan aşırı düzeyde yüklenmişlerdir. Bazen bu enerji gezegensel sistemin dışından da gelebilir. Bunun gibi yüksek seviyeli enerjilerin özel süreçler kullanılarak ortadan kaldırılması gerekmektedir. Normal olarak terapist danışana eklenmiş olan bedensiz ruhun ışığa gitmeyi kabul etmesi için onunla iletişim kuracaktır. Karanlık enerjiyle bu iletişimin sağlanması mümkün olmayacağından, onun iradesine karşı çıkarak temizlenmesi gerekmektedir. Bu bazı şeylerin açığa kavuşturulmasını gerektirir. İnsanların veya ruhsal eklentilerin özgür iradelerine normal olarak ruhsal âlemlerce saygı gösterilir çünkü ruhlar olarak bu bizim deneyimleme ve öğrenme şeklimizdir. Bununla birlikte, gezegenin enerjisinin bu özel değişim zamanında, karanlık enerji düpedüz sorun çıkarıyor. Özel durumlarda insanlığın daha yüksek ihtiyaçları kişisel ihtiyaçların önüne geçmektedir. Bütün terapistler bu konunun daha yüksek ruhsal seviyelerde çözülmesi için Bilge Varlıklar'ın iznini aldıklarından emin olmalıdır.

Bir danışanın üzerindeki karanlık enerjinin fiziksel etkileri tükenmiş bir enerji alanı, ani yorgunluk, net ve açık düşünememe, huzursuzluk ve motivasyon eksikliği şeklinde olabilir. Bu etkiye uzun süre maruz kalmak, ciddi sağlık sorunlarına yol açabilir. Eğer bu enerji, danışanın enerji alanında yeterince derine inerse, bir ruhsal eklenti haline gelebilir.

Örnek Olay – Ruhsal Bir Aşığın Tecavüzü

Janet İngiltere'nin güneyinde ruhsal bir toplulukta yaşayan 60 yaşında bir kadındı. Öyküsünün yoğunluğu kendi kendini anlatıyor:

> Hindistan'da toplu tecavüze uğramıştım. Bundan önce on kez hastanede yatmamı gerektiren beş manik-depresif psikotik dönem, elektroşok, anti-psikotik ilaçlar ve bir alternatif tedavi topluluğunda iki yıl geçirmiştim. Belki de en travmatik deneyimim, tam bir psikoz içinde evden fırlayıp yakındaki bir dükkânın camını paramparça ettiğim ve Holloway hapishanesinde sonlanan olmuştur. Psikotik haldeyken tek kişilik bir hücreye deli gömleğiyle konulmuştum. Gördüğüm halüsinasyonlar vahşice ve korkutucuydu –akrepler yerde yavaşça yürüyor ve dev boa yılanları hücrenin etrafında kendilerine yol açıyorlardı. Myra Hindley(*) duvarlardankap-

*Myra Hindley, 1960'lı yıllarda İngiltere'de seri halde çocuk cinayetleri işlemiş ve ömür boyu hapis cezasına çarptırılmıştır.(ÇN)

kara bir dehşet yayarak sızıyordu. Psikotik durumumun ve düpedüz bir dehşetin tamamen gerçek olduğu bir geceydi. Salıverildiğimde Fransa'ya gittim fakat bu dönem, Lille'deki bir akıl hastanesinde uyuşturucudan uzak durmam için göğsümden, el ve ayak bileklerimden yatağa bağlanmış halde son buldu.

1975'te Hindistan'a gidip ruhsal bir üstatla altı yıl geçirdim ve bu dönem, toplu tecavüze uğramama rağmen sevinç ve şifa dolu bir dönemdi. İlk yıllarımda gün batımında nehire gider ve güneşin harikulade, sihirli ışık oyunları oynadığı küçük bir su havuzunun yanında meditasyon yapardım. Sonra bir gün, her zamanki yerime doğru yürürken, türbanlı büyük bir Sih Hintli grup, motosikletleriyle nehir kenarına geldiler. Beni izlediler, tutup hemen oracıkta otların üzerinde arka arkaya tecavüz ettiler – sekiz veya dokuz kişiydiler. Bedenimin dışına çıktım ve kendimi onlara yukarıdan bakar ve affederken buldum. Sonra beni sığ suya sürüklediler ve içlerinden biri bana nehirde tecavüz etti. Suyun yüzümü kapladığını ve ölüme doğru gittiğimi hissettim.

Bana tecavüz eden adamlara merhamet duymam, onları affetmem ve ayrıca ölümle bu kadar yakından karşılaşmanın verdiği derin huzur ve sevincin yaşanması, aşkın bir deneyimdi. Yine de zihnim, bedenim ve duygularım yaralanmıştı ve korku hâkim oldu. Bu, erkeklerden ve ister bana ister bir başkasına yapılan zihinsel, fiziksel, duygusal veya ruhsal kötü muameleye karşı duyulan korkuydu.

Özellikle bu hayatım boyunca yaşadığım zihinsel rahatsızlıkla ilişkisini daha iyi anlayabilmek için ruhsal kontratıma bakmak istedim. Bu kadar çok travma ve olumsuzluk yaşadıktan sonra sanki bir ışık varlığı olduğuma pek de inanamayacakmışım gibiydi. Beni gölgeleyen bir örtü fark ediyordum ve zaman zaman ruhla bağlantıyı hissedemiyordum.

EBEDİ RUHU DÖNÜŞTÜRMEK

İlk seansta, bu anılar hakkında konuşurken enerjilerin üzerimden akıp gittiğinin farkındaydım fakat kendi öyküme o kadar gömülmüştüm ki, neler olup bittiğini gerçekten bilmiyordum. Buna rağmen, bu seansın etkilerini ertesi günü hissettim. İnanılmaz ölçüde daha hafif ve temiz hissediyordum. Yatağıma ve kahvaltıma gittiğimde oradaki kadın bana kapıyı açtı ve hayretle yüzüme baktı. Çok daha genç göründüğüm ve oraya gittiğimde yansıtmadığım bir ışık yaydığımdan, bana neler olduğunu sordu. Meditasyonumda kendimi açılmış ve ruhla yeniden bağlantı kurmuş hissettim. Ayrıca kötü niyetli, istismar edici erkeklere karşı daha az yargılayıcı olmuştum. Şimdi, seansları almamın üzerinden bir yıldan fazla bir zaman geçti. Sanki o beni gölgeleyen perde ortadan kalkmış, geçmiş yaşanıp bitirilmiş, anlaşılmış ve entegre olmuş durumda, kendimi hala daha hafif ve daha temiz hissediyorum.

Janet psikozun, hastaneye yatış sürecinin ve tecavüzün de dâhil olduğu bu hayatının travmatik olayları süresince, birçok çözümlenmemiş anıya bağlı olan hayli yüklü düşünce kalıpları ve duyguların yanı sıra, çok sayıda ruhsal eklenti şeklinde karanlık enerji de biriktirmişti. Bunların bazıları çok sayıda enerji temizliği ve geleneksel regresyon seansı ile ele alınabilirdi. Ancakziyaretlerin tekrarı ve çok sayıda kişisel travmatik hatıranın alışılmış yaklaşım kullanılarak yeniden çerçevelenmesi inanılmaz zaman tüketici olacaktı.

Bu yüzden Bilgeler tarafından rehberlik edilen ilk seans, bazı karanlık enerjilerin hemen vorteks yöntemiyle temizlendiği ve sonrasında tecavüz anısı başta olmak üzere bilinçli anılardan geri kalan karanlık enerjinin bağlantısının kesilmesini içeriyordu.Bu, karanlık enerjinin zayıflatılmasını ve her bir anı keşfedildikçe vorteks yöntemiyle temizlenmesini kapsamaktaydı. Yeni bir ruhsal bakış açısının kazanılması için çok az zaman harcandı çünkü zaten Janet, ona tecavüz eden adamları bağışlamıştı. İlginç olarak, hiç bir beden terapisine ihtiyaç duyulmamıştı çünkü beden hafızasında tutulan enerji, karanlık enerjinin temizliği sırasında serbest bırakılmıştı.

İkinci seansta, hayatlar arası regresyon yöntemini kullanmak, Janet'in şimdiki hayatında geçerli olan ruhsal anlaşmaları anlamasına yardımcı oldu. Janet, psikozun önceden planlandığını, böylece hem kendisinin hem de babasının ruhuyla üzerinde çalışarak birçok hayat boyunca aralarında süregelen güç mücadelesini iyileştirebileceklerini anladı. Babası da manikdepresifti ve onun acısını hissetmek Janet'i babasını sevme noktasına getirdi. Kendi deyişiyle, 'Karşılıklı güçsüzlüğümüzde tüm mücadele koşulsuz sevgiye dönüştü'. Tecavüz, Jane'in böylesi bir toplulukta yaşarken olayları ruhsal bir bakış açısından görebilmesine yardımcı olacak ruhsal uyanışının etkileyici bir yolu olarak planlanmıştı.

Bağımsız Sezgisel Onaylama

Karanlık enerji temizliği için tekniklere geçmeden önce, terapistin ihtiyacı olan evrensel bir yöntem vardır. Bu, danışandan bağımsız olarak sezgisel bir evet-hayır iletişimidir. Eğer terapistsarkaç kullanma konusunda kendinden eminse bu kullanılabilir, fakat kendi kendine ideomotor işaretleşmesi daha hızlıdır. Ben kişisel olarak kendi kendine ideomotor tekniğini kullanıyorum ve regresyon terapisi öğrencilerime de bunu öğretiyorum. Alışılmış terapi sırasında, danışanın ideomotor işaretlerini kontrol etmek açısından bu, inanılmaz yararlıdır. Daha da önemlisi, karanlık enerji danışanın kendi ideomotor cevaplarını bloke edebildiği veya bozabildiği için, terapist kendi işaretlerine güvenmeye ihtiyaç duyar. Bu tekniğe aşina olmayanlar için adımlar şöyledir:

1. Bilinçli zihni sakinleştirin. Düzenli olarak meditasyon veya kendi kendini hipnoz yapanlar, buna daha kolay ulaşır.

2. Yüksek benliğinizin sağ veya sol elinizde bir parmağı 'evet'i göstermek üzere kaldırmasına niyet edin.
3. Bilinçli zihninizin uyku moduna geçmesine izin verin ve bir parmağın kalkmasını bekleyin.
4. Yüksek benliğinizin aynı elde bir başka parmağı 'hayır'ı göstermek üzere kaldırmasına niyet edin.
5. Bilinçli zihninizin uyku moduna geçmesine izin verin ve bir parmağın kalkmasını bekleyin.
6. Bu aynı parmakların gelecekteki tüm iletişimlerde evet-hayır cevaplarını vermesi için niyetinizi kesinleştirin.

Belki de en zor kısmı salıvermektir. Eğer parmak kalkmazsa bu normaldir çünkü bilinçli zihin aktiftir ve analitik taraf sezgisel cevabı bastırmaktadır. Bazen terapistin enerji alanındaki ruhsal bir eklenti, parmak hareketini bloke edebilir.

İşaretlemenin bilinçli zihinden bağımsız olduğuna doğruluğuna güvenilebileceğine dair inanç geliştirmek önemlidir. Bu sadece gerçeğin kontrol edilmesiyle elde edilir. Öğrencilerin cevapları test etmeleri için ikili gruplar halinde çalışmalarını ve sarkaçu rahatlıkla kullananlar için de bununla kontrol etmelerini istiyorum. Bunlar şöyle sorularla yapılabilir: 'Benim enerji korunmam yeterli mi?' veya ' Bana ait olmayan her hangi bir enerji var mı?' ya da 'Şimdiki yaşamıma dair çözümlenmemiş her hangi bir sorun var mı?' gibi. Bu teknik daha fazla uygulandıkça daha doğru sonuçlar verecek ve bilinçli zihnin müdahalelerinden kaçınmak daha da kolaylaşacaktır.

Cevabın sorudan hemen sonra çabucak gelmesi ve hatta daha soru biter bitmez gelmesi, olası bilinçli zihin müdahalesinin daha az yaşanması demektir.

Danışanlardan Karanlık Enerjinin Temizlenmesi

Şimdi danışanlardan karanlık enerjinin beş adımda temizlenmesi sürecine geçiyoruz. Bu süreç danışanla konuşmaksızın, gözleri kapalı gevşemiş olarak yapılıyor ve sadece bir kaç dakika alıyor.

Adım 1 – İzinler ve Kontroller

Karanlık enerji temizliği Bilge Varlıkların, ruhsal rehberlerin veya diğer uzman ışık varlıkların yardımını gerektirmektedir. İlerleyen anlatılarda ben hepsini topluca Bilge Varlıklar olarak adlandıracağım. Hepimizin Bilge Varlıklarla bağlantısı var, en azından hayatlar arası süreçte planlama aşaması boyunca. Bu bağlantı meditasyon, enerji teknikleri veya regresyon ile güçlendirilebiliyor. Ancak, daha önce serbest bırakılmış ruhsal eklentilerin kalıntıları veya karanlık enerji bu bağlantıyı bloke edebilir ve ruhsal boyutların yüksek titreşim alanlarından gelen bilginin doğruluğunu zedeleyebilir. Bu nedenle karanlık enerjiyle uğraşılan bir seans öncesinde her hangi bir sezgisel bağlantının temizlenmesi önemlidir.

Bu çok çabuk yapılabilir ve eğer terapist çok sayıda bu tarz çalışma yapıyorsa, bunu meditasyonlarının bir parçası haline getirebilir:

- Bilgelere sezgisel bir bağlantı hattı kurduğunuzu imgeleyin ve niyetinizi belirterek tüm hat boyunca döne döne aydınlık beyaz bir enerji gönderin. Eğer sezgisel olarak doğru geliyorsa, renkli bir enerji kullanılabilir. Terapist, ideomotor işaretlerinin kodlanmış olduğu parmaklarıyla bağlantının açık olup olmadığını kontrol edebilir.

Danışandan karanlık enerjinin temizlenmesinden önce, terapistin ayrıca Bilge Varlıklardan izin almış olmasına da ihtiyaç vardır:

EBEDİ RUHU DÖNÜŞTÜRMEK

- Bilgelerle bağlantı kurmaya niyet edin ve parmak işaretleriyle, karanlık enerjinin ortadan kaldırılmasına izin verilip verilmediğini kontrol edin.

  Normal olarak karanlık enerji Kaynak enerjisinden ortaya çıkacaktır ve yine oraya dönmeye ihtiyacı olacaktır. Ara sıra bazıları veya tümü gezegensel sistemin dışındaki Kaynağın – Kozmik Kaynak - yüksek titreşimlerinden kaynaklanabilmektedir ve oraya dönme ihtiyacındadır. Parmak işaretiyle kontrol bu durumu netleştirir.

- Karanlık enerjinin Kaynağa mı yoksa Kozmik Kaynağa mı dönmesi gerektiğini parmak işaretleriyle kontrol edin.

  Yukarıda sözü edilen tüm kontroller danışanın gelişinden önce halledilebilir. Ancak öngörüşme sırasında ayrıca danışanın da izin vermesine ihtiyaç vardır.

- Onlara sanki bir giysinin üzerinde toplanan toz gibi enerji biriktirdiklerini ve temizlenmesi gerektiğini anlatıyorum. Bazen bunu karanlık enerji olarak adlandırıyorum ve diğer aile üyelerinde de bulunup bulunmadığını tartışabiliyoruz.

Adım 2 – Terapistin ve Diğerlerinin Korunması

Bütün korunmaların ilkesi, enerjinin düşünceyi izlemesidir. Bir enerji kalkanı oluşturmanın en basit yolu, aura etrafında bir enerji korumasına sahip olmaya niyet etmektir. Koruyucu bir enerji şelalesinin altında durmanın veya beyaz enerjiden oluşmuş bir pelerin giymenin imgelenmesi örnek olarak verilebilir.

Bununla beraber, karanlık enerjiyle çalışırken olağan enerji koruması yeterli olmayabilir. Terapistler için olağan korunmaları her ne ise ona güvenmeleri enerjetik olarak çok tehlikelidir. Terapistin aurasından karanlık enerji temizlense bile, kalan parçalar bile ciddi enerji azalmasına neden olabilir. Dolayısıyla bu problemin gerçekleşmesini önlemek tercih edilir.

Daha güçlü bir enerji kalkanı yaratmanın bir yolu, terapistin enerjiyi tepe çakrası vasıtasıyla doğrudan evrenden almaya ve kendilerini çevrelemek üzere kalplerinden çıkmasına niyet etmesidir. Eğer kendilerine ait bitmemiş işlerinin çoğunu temizlemişlerse bu enerji akışı oldukça etkilidir.

Elbette çözülmemiş sorunların bulunduğu bir insan bedeninde olmak negatif duyguların ortaya çıkmasına sebep olabilir. Bu, aurayı savunmasız hale getirebilir ve bu yüzden daha kusursuz bir enerji koruması kullanılabilecektir. Bu değişik titreşimsel özellikler taşıyan farklı renklerde enerjilerin seçilmesini gerektirir. Böylece koruma auranın farklı kısımlarına tam olarak uyum sağlayabilir. Parmak işaretleri ile buna ihtiyaç duyulup duyulmadığı kontrol edilebilecektir. Bunu yaratmak için adımlar şöyledir:

1. Hafif bir transla ruhsal rehberiniz veya yüksek benliğiniz ile bağlantı kurun. Karanlık enerjinin temizlenmesi konusunda çalışırken kişisel olarak en doğru korunmaya niyet edin.

2. Ruhunuzun en derin içsel özüne odaklanın ve korunma için hangi renge ihtiyaç duyulduğunu sorun. Sezgileriniz vasıtasıyla ya da ruhsal rehberinizin tavsiyesi ile cevap gelecektir. Bu renk enerjinin içsel özünüzü kuşatmak üzere indirilmesine niyet edin.

3. Başka hangi renklere ihtiyaç duyulduğunu sorun ve tek tek diğer renklerin indirilmesi için süreci tekrarlayın.

4. Bir spiral gibi kıvrılan renk enerjileri birlikte ekstra korunma sağlar, bu yüzden buna ihtiyaç duyulup duyulmadığını sorun. Eğer ihtiyaç duyuluyorsa, renkleri hep birlikte kıvrılarak dönüyormuş gibi imgeleyin.

Bu, içsel özün korunmasını tamamlar. Bir sonraki odaklanılması gereken alanlar çakralardır. Ruhsal eklentiler her zaman en zayıf

EBEDİ RUHU DÖNÜŞTÜRMEK

noktaya giderler. Bu genellikle çözümlenmemiş duygusal anıların tutulduğu çakradır ve bunun çevresine ekstra koruma eklemek önemlidir:

5. Tepe çakrası için renk enerjisine ihtiyaç olup olmadığını sorun. Eğer varsa bu çakrayı kuşatmak üzere niyet ederek enerjiyi indirin. Farklı renklere ihtiyaç olup olmadığını kontrol edin ve gerekiyorsa tek tek onları da indirin. Gerekiyorsa ekstra korunma için onları birlikte spiral hale getirin.

6. Diğer altı çakra – üçüncü göz, boğaz, kalp, güneş sinir ağı, sakral ve kök – için bunu tekrar edin.

Bu, çakraların korunmasını tamamlar. Bir sonraki aşama auranın korunması içindir.

7. Aura için hangi renk enerjinin gerektiğini sorun ve aurayı kuşatması niyetiyle onu indirin. Başka renklerin de ihtiyaç duyulması halinde onarı da birer birer indirin. Eğer gerekiyorsa ekstra korunma için onları spiral halde bir araya getirin.

8. Ağır enerji alanlarında veya enerji tüketen insanlarla çalışırken ek olarak renk enerjilerinin gerekip gerekmediğini sorun.

9. Parmak işaretleriyle korunmanın tam olup olmadığını kontrol edin.

Karanlık enerjiye karşı korunma, Bilge Varlıkların son yıllarda zenginleştirdiği bir alan. Katkılarından biri de tepeden başlayarak ilk üç çakra noktasına küçük damlalar halinde uçucu yağların kullanılması veya sulandırılmış yağların enerji alanına sprey gibi sıkılmasıdır. Bunlarterapistin aurasını çabucak kaplayarak enerji kalıntılarının yapışıp kalmasını önleyen bir buhar oluşturur. En iyisi Bilge Varlıkların rehberliğinde sezgisel olarak hazırlanmış özel karışım yağların kullanılmasıdır.³

- Bir terapistin, ne zaman bir karanlık enerjiyle çalışırsa yeterli kişisel enerji korumasının bulunup bulunmadığını parmak işaretleriyle son bir kez kontrol etmesi gerekir.

Korunmanın diğer bir yüzü de hemen yanı başında olan diğer odalarda bulunanların korunması amacıyla güvenli bir yer oluşturulmasıdır:

- Terapi odasının çevresine bir enerji kalkanı oluşturmak için evrenden enerjiyi getirmeye niyet edin.

Son olarak, karanlık enerji kalıntılarının onlara ulaşmaması açısından konuyla ilgisi bulunmayanlarla tüm kişisel bağlantıların kesilmesi gerekmektedir:

- Terapistin yakın ilişkisi bulunan kişilerin her biri için tek tek ve tüm diğerleri için topluca olmak üzere niyet edilerek bağlantı kesme işlem yapılır. Enerji hattının kırmızı enerjisiyle mühürlenmesi, enerji kalıntılarından ekstra korunma sağlar. Bunu yaptıktan sonra temizlik bitinceye kadar bu kişileri düşünmemek önemlidir. Aksi takdirde yeniden bir bağlantı kurulabilir.

Diğer bir korunma ilkesi, kişisel korkunun üstesinden gelinmesidir. Yüzlerce baş meleğin veya dini figürün çağrılmasının gereksiz olduğu ve yardımcı olamayacağının vurgulanması gerekiyor çünkü altta yatan bir korku, ruhsal eklentiler için bir kanca olabiliyor. Daha önce de belirtildiği gibi, ruhsal eklentiler ve karanlık enerjinin her türlü yüzü, sadece ışıksız Kaynak enerjisidir, bu yüzden gerekli özen gösterildiği sürece bu işi yapmakla ilgili endişe duymaya gerek yoktur. Bu biraz sıcak bir tencereyi ocaktan almak gibidir.

Adım 3 – Geçitleri ve Enerji Akım Kanallarını Yaratmak

Bu, doğrudan Kaynağın yüksek enerji titreşimleriyle çalışmayı gerektirir. Bu bağlantıya sahip olup olmadığınızı kendi parmak işaretlerinizle veya sarkaçla kontrol edin ve eğer yoksa Bilge Varlıklardan bu bağlantının kurulmasını isteyin. Eğer kişisel olarak çözümlenmemiş sorunlarınız varsa, onların tümü temizleninceye kadar muhtemelen bu mümkün olmayacaktır.

Geçit sözcüğünü karanlık enerjiyi *danışandan Kaynağa* alıp götürmek için oluşturulan enerji kanalı için kullanıyorum. Terapist danışanın aurasındayken, bu Geçit terapist tarafından Kaynağa doğru kolayca oluşturulur. Enerjinin spiral şekilde buradan aktarılması Geçidin açılmasına ve kullanıma hazırlanmak üzere temizlenmesine yardımcı olacaktır:

Kendimden Kaynağa bir Geçit oluşturmak ve bunu beyaz ışıkla temizlemek istiyorum.

Enerji hattı sözcüklerini, *terapist* aracılığı ile *danışanabir enerji kaynağından* getirilecek olan yeni enerjinin kanalının ismi olarak kullanıyorum. Terapist, çakraları kullanarak yüksek enerji düzeylerini karanlık enerjinin temizlenmesi için gerekli düzeye sezgisel olarak uyumlamak bakımından bir transformatör (dönüştürücü) gibi hareket eder.

İlk enerji hattı *Kaynaktandır.* Bu, önce terapistin tepe çakrasından gelir ve sonra *kalp çakrasından* danışana gider.

Karanlık enerjiyi temizleme niyetiyle *Kaynaktan* tepe çakrama ve *kalp çakramdan* danışanım...(*danışanın ismi*)'a bir enerji hattı oluşturmak istiyorum.

Yüksek doğal Dünya enerjileri, enerji yollarının birbirlerine katıldıkları ve bir anafor yarattıkları yerlerde ortaya çıkarlar. Bunlara *vorteks* (girdap) denir.[4] A.B.D.'deki Sedona ve Peru'daki Machu Pichu bunlara örnektir. Eğer terapist kişisel olarak buraları veya Dünyadaki diğer enerji merkezlerini ziyaret edip bir vorteks deneyimlemişse bu, Enerji Hattını oluştururken bir çıpa sağlar. Alternatif olarak, Bilge Varlıklardan Dünyanın her hangi bir enerji kaynağına bağlanılması istenebilir. Bu enerji terapistlerin kök çakrasından kalp çakralarına ve kalp çakralarından danışana getirilir.

Karanlık enerjiyi temizleme niyetiyle...*dan* (vorteksin adı) kök çakrama ve *kalp çakramdan* danışanım...*'a* (danışanın ismi) bir enerji hattı oluşturmak istiyorum.

Adım 4 – Karanlık Enerji Temizliği

Temizlik sırasında kullanılan enerji düzeyi önemlidir. Karanlık enerjiyi zayıflatmak için yeterince enerji bulunmalı ki ortadan kaldırılabilsin fakat aşırı fazlası danışanın fiziksel bedenini veya karanlık enerji kalıntısını bunaltabilir. Enerji Hattı kullanılarak karanlık enerjinin temizliğine niyet edildiğinden, bu sezgiye dayalı olarak yapılacaktır:

Karanlık enerjiyi ortadan kaldırmak için Enerji hattındaki enerji düzeyini artır.

Karanlık enerji ayrılmaya başladığı zaman, terapist sanki Geçide doğru süpürüyormuşçasına elleriyle yardımcı olabilir. Geçitten Kaynağa doğru karanlık enerjinin bir anafor gibi döne döne ilerlemesi temizliğe yardımcı olacaktır. Aksi takdirde bazı enerjiler takılıp, tortu bırakabilir veya Dünyaya bağlı kalabilir.

EBEDİ RUHU DÖNÜŞTÜRMEK

Bir spiral gibi döndürerek doğruca Kaynağa gönderin.

Bu sırada terapistin başıyla dönme hareketini bu niyetle yapması yararlı olur. Karanlık enerjinin Geçitten Kaynağa doğru gittiğini terapist sezgi yoluyla görebilir veya hissedebilir. Bazen ekstra enerji gerekecektir. Bu sezgisel olarak hissedilir. Muhtemelen daha yüksek bir titreşim düzeyi gerekmektedir, o zaman Kozmik Kaynak kullanılabilir.

Karanlık enerjiyi temizleme niyetiyle *Kozmik Kaynaktan* tepe çakrama ve *kalp çakramdan* danışanım...'*a* (danışanın ismi) bir başka enerji hattı oluşturmak istiyorum.

Bazen ekstra Dünya enerjisi gerekecektir. Bu sezgisel olarak hissedilir.

Karanlık enerjiyi temizleme niyetiyle...*vorteksinden* kök çakrama ve *kalp çakramdan* danışanım...'*a* (danışanın ismi) bir başka enerji hattı oluşturmak istiyorum.

Bütün karanlık enerjinin ortadan kaldırıldığını kendi parmak işaret kontrollerinizle teyit edin.

Adım 5 – Şifalanmanın Sonu, Kontroller ve Kapanış

- Ruhsal temizlik sonrasında, ruhsal şifa veya Reiki kullanarak her zamanki gibi olağan bir şekilde danışanın aurasına doğru evrensel enerjiye kanal olun.
- Geçit ve Enerji hattını niyet ederek kapatın.

- Bilge Varlıklarla sezgisel hattı temizleyin.
- Parmak işaretleriyle terapistin olduğu kadar terapistin tüm yakınlarının da herhangi bir karanlık enerjiye sahip olup olmadığını kontrol edin. Eğer terapiste bulaşan herhangi bir şey varsa, bunun ortadan kaldırılması konusu daha sonra anlatılacaktır.
- Daha önce terapist ve terapistin yakınları arasında kesilen bağlantı şimdi yeniden kurulabilir ve odanın çevresindeki koruma da niyet ederek kaldırılır.

Örnek Olay – İnatçı Ruhsal Eklenti

Rebecca zor bir çocukluk geçirmişti. Annesi alkolikti ve onu sık sık döverdi. Bir keresinde Rebecca'nın boğazına bir et satırı dayamış ve onu öldürmekle tehdit etmişti. Bu örüntü, hem alkolik hem de uyuşturucu kullanıcısı olan bir eşle devam etmişti. İlk regresyon terapisi sırasında çok sayıda ruhsal eklenti temizlenmişti fakat bir tanesinde değişiklik olmamıştı. Rebecca daha sonra bana yönlendirilmişti. Bu onun öyküsü:

Psişikler ve şifacılar olmasaydı, Abe'i tanımayacaktım. Zaman içinde bana yardım etmeyeçalışanlardan gelen tüm bilgiler sanki bulduklarının doğruluğunu desteklemek için bir tür farkındalıklar ve pekiştirmeler listesi oluşturmuştu. Abe ile ilgili olarak bana yardım etmeye çalışan on kişi vardı. Bu insanlar bağlantıyı kesmek ve benimle trans benzeri durumda çalışma için imgeleme, rehberler, bilgili varlıklara kanallık, şamanik uygulamalar, kristaller gibi çok değişik yöntemler kullandılar. Duyarlı bir terapistle seansım sırasında, Abe'in bir anlığına terapisti 'yoklamak' için beni bıraktığı anlaşıldı. Etrafında dolaşırken terapist onun enerjisini hissetti ve sonra Abe terapistin bacağına dokundu. Ona neler olduğunu

EBEDİ RUHU DÖNÜŞTÜRMEK

anlatırkensesinde bir tiksinti ve tecavüze uğramış tonu hissettim. Ancak beşinci şifacı da Abe'i fark ettikten sonra durumu ciddiye almaya başladım. Burma'dan henüz yeni dönmüştüm, sıtma tipi belirtilerle çok kötü durumdaydım fakat doktorlar sorunu teşhis edemiyorlardı. Bir şifacıya görünmeye gittim. Önceki şifacılar gibi bana söyledikleri aynısı değilse de çok benzer şeylerdi ve bazı şeyler gerçek olmalı diye kendi kendime düşündüm. Şifacı kadın kendisinden daha güçlü olduğu için Abe'i çıkaramayacağını ve Abe'i buraya getirenin zamanımızın ötelerinden çok eski bir bilgi olduğunu söyledi. Bu yüzden beni kendi öğretmenine yönlendirdi. Abe'i göndermeye çalışan öğretmenine gittim fakat Abe geri geldi.

Bir keresinde ansızın kendimi tutulmuş hissettiğimde yatağımda dinleniyordum. Bir şey beni boğazlamaya çalışıyordu ve üzerimde ata biner gibi binmiş bir ağırlık hissediyordum. Gözlerim kapalıydı ve açamıyordum ama uyanıktım. Kalkmaya uğraştım. Üst katta üvey annemin şarkı söylediğini duyuyordum. Sonra ansızın durdu. Sonra bir süre gözlerim tavana dikili bir tür şok durumunda yatağımda uzandım. Her meditasyon yaptığımda tıkanıyor ve devam ettiremiyordum. Meditasyon sırasında geri planda devam eden bu tıkanma etkisini ne kadar görmezden gelmeye çalışıp derinleşirsem, düzelmem o kadar zor oluyordu. O zamanlarda nefes alma seanslarımı iptal etmek zorunda kalmıştım.

Abe'i gören veya algılayan bu psişikler, enerji alanımda karanlık dominant bir erkek tarif ediyorlardı. Güçlü, delici gözleri vardı. Onu gördükleri anda yüzlerinde sanki kendi ölümlerini görmüşçesine rahatsız bir ifade beliriyordu.

Andy çalışmasına başladığında meditatif bir duruma girebilmek için çaba harcadım. Bu durumda iken Abe olduğuna inandığımız varlığın vücudumda gezindiğini ve bırakmamak için direncini hissedebildiğimi fark ettim.

Bedenimin rastgele bölgelerinin çaresizce yakalandığını hissediyordum, sanki kontrol edebileceği her ne varsao parçayı tutmaya çalışıyordu. Onun gönderilmesine yardımcı olurken bu duygu daha da güçlüydü. Abe giderken, sırtımın çeşitli yerlerinde onun enerjisini dışarıya doğru iterek gitmesine yardımcı olduğum bazı kalıntılarını hissettim. Seanstan sonra bir tarafım mutlu hissediyordu ve bir tarafım da onun geri gelmesinden korkuyordu. O zamandan beri enerjimde ve düşünce kalıplarımda incelikli değişiklikler fark ediyorum. Abe'in ne kadar çok etkisi olduğunu anladım.Bir kez 'temiz' olduğumda herhangi bir enerji değişikliğini çok çabuk fark edeceğimi söyleyen Andy haklıymış. Seansımızdan kısa bir süre sonra, sessiz bir meditasyon duruşunda, enerji alanıma bir başka enerjinin girdiğini hissettim. Enerjimdeki takip eden değişim daha kolay anlaşılıyordu. Bir regresyon terapistiyle daha sonraki seansta bu temizlendi. Şimdi bu terapistle şimdiki yaşam ve çocukluk konuları, meditasyon blokajları ve değişik korunma imgelemeleri çalışması için bir kaç randevum var. Farkına vardığım en büyük değişikliklerden biri cinsel enerjimde. Abe'in büyük bir cinsel dürtüsü vardı fakat onun gidişinden beri daha huzurluyum diyebilirim ve başıma dert ve bela açan bu önüne gelenle yatan enerji kontrolüm altında.

'Abe enerjisi'nin kesin doğası veya kökü, Rebecca'nın üzerindeki derin etkisinin yanında önemsizdir. Parmak işaretleriyle kontroller bunun karanlık enerji olarak ele alınabileceğini teyit etti ve dolayısıyla az önceanlatılan tekniklerle ortadan kaldırıldı. Sıra dışı olan bu temizlik sırasında Rebecca'nın daha sonra yavaşça azalan kas seğirmeleri ve beden duyarlılıkları deneyimlemesiydi. Parmak işaretleri enerji alanında kalıntılar bulunduğunu teyit etti ve dolayısıyla hepsi temizleninceye kadar süreç tekrar edildi. Bunlar Abe ile ilgili veya Rebecca'nın travmatik geçmişinden de geliyor olabilirdi. Diğer bütün problemleriyle uğraşabilmesi için regresyon terapisinin devam etmesi gerekiyordu.

Terapistten Karanlık Enerjinin Temizlenmesi

Elbette korunma uygulanması ve önerilen adımların dikkatli bir şekilde takip edilmesi, terapistin enerji alanına herhangi bir karanlık enerji bulaşmasından kaçınmak içindir. Fakat hatalar yapılabilir ve eğer bazı karanlık enerjiler eklenmişse, mümkün olduğu kadar hızlı bir şekilde temizlenmesi gerekir. Genel olarak bunlar sadece kalıntılar olacaktır. Bu yüzden danışan odayı terk ettikten sonra basitleştirilmiş sürecin uygulanması en iyisidir:

Adım 1 – İzinler ve Kontroller

- Bilge Varlıklarla sezgisel hatları temizleyin.
- Karanlık enerjinin veya enerji kalıntılarının, enerji alanınızda bulunduğunu teyit edin.

Adım 2 – Başkalarını Koruma

- Sizce bilinen tüm insanlarla enerji bağlarınızı koparıp mühürleyin ve odanın çevresine bir enerji kalkanı yerleştirin.

Adım 3 – Enerji Akış Kanalları

- Kendinizden karanlık enerjiyi temizleme niyetiyle Geçidi ve Enerji Hatlarını daha önce anlatıldığı gibi oluşturun.

Adım 4 – Karanlık Enerjinin Temizliği

- Karanlık enerjinin temizliği sırasında karanlık enerji Geçide doğru gönderildiğinden, sezgisel olarak ellerinizi enerji auranızın üzerine doğru hareket ettirmeye ihtiyacınız olduğunu hissedebilirsiniz. Bu, sizin niyetinize odaklanmanıza yardımcı olacaktır. Karanlık enerji ortadan kalkıncaya kadar enerji akışını artırmaya devam edin.

Adım 5 – Son Şifalanma ve Kontrol

- Bütün karanlık enerjinin temizlendiğine dair son kontroller yapılır. Enerji akışı için kullanılan kanallar kapatılır, yakınlarınızla olan enerjetik bağlantılar yeniden kurulur.

Uzaktan Karanlık Enerji Temizliği

Danışan dünyanın öbür ucunda olsa bile, karanlık enerji temizliği uzaktan da yapılabilir. Ancak, terapistin karanlık enerjinin kalıntılarının kendi enerji alanına bulaşmadığından emin olmak için ekstra özen göstermesi gerekmektedir. Enerji korumaya özgü yağların kullanılması daha da önemlidir.

Adımlar, sadece bir kaç küçük farklılık dışında daha önce anlatılanlarla aynıdır:

- Çalışmanın yapılabilmesi için eğer mümkünse danışanın yalnız ve çalışmaya hazır olduğu bir gün ve saat belirlenmelidir. Bu, karanlık enerji temizlendiğinde danışanın aurasındaki değişikliği fark etmesine de olanak sağlar.

- Geçit, uzaktaki danışandan *terapiste* ve sonra *Kaynağa* olmak üzere oluşturulmalıdır. Enerji Hatları öncekilerle aynıdır.

- Karanlık enerji temizlenirken, terapist sezgisel olarak ellerini enerjiyi danışandan çekmek için kullanabilir. Danışan uzak bir yerde olmasına rağmen, bu terapistin niyetini güçlendirecektir.

- Daha sonra bir telefon konuşması, telefon mesajı veya e-posta ile çalışmanın tamamlandığı teyit edilir ve danışanın geri bildirimi alınır.

Ruhsal Eklentilerin Hızlı Temizliği

Bu teknik diğer tekniklerle de temizlenebilecek olağan ruhsal eklentilerin temizliğinde de kullanılabilir – sadece temizlik işlemini hızlandırır. Danışanın bir ruhsal eklentisi olduğunun belirlenmesinden ve bunu konuşmaksızın temizlemek için izniniz olduktan sonra, bunu temizlemek için Geçit ve Enerji Hatları oluşturulabilir. Karanlık enerji için kullanılan pek çok kontrol ve enerji korumasına ihtiyaç olmayacaktır.

Danışanın Enerji Blokajlarının Temizliği

Danışanın duygusal enerji blokajlarıdabu şekilde temizlenebilir. Niyet, enerji blokajlarının temizlenmesi için belirlenir. Geçit ve Kaynaktan Enerji Hattı gerekecektir. Enerji katmanlarını açıp uzaklaştırmak ve Kaynağa çekilmesi için onları Geçide göndermek, blokajları temizleyecektir. Terapist ellerini blokajın üstünde koparıp atıyormuş gibi hareket ettirirse ve enerjiyi Geçide avuçları yukarıya doğru ittirirse, bu niyetin gerçekleşmesine yardımcı olur. Danışandaki blokajın sebebinin çözülmesi için hala regresyon terapisine ihtiyaç vardır.

Özet

Karanlık enerji gezegenimizin içerisinden ve dışındaki çok çeşitli kaynaklardan gelen oldukça yüklü enerjilerdir. Bir danışandan bunun temizlenmesi özel bir enerji farkındalığı gerektirdiği için, Bilge Varlıkların yardımıyla uzmanlık isteyen bir teknik oluşturulmuştur. Bu, çalışmanın yapılmasından önce ve sonra temizlenmek üzere terapistin Bilge Varlıklarla sezgisel bir kanal oluşturmasını gerektirmektedir. Bu iletişimin hatasız olması yaşamsal öneme sahiptir ki böyleceterapist bütün karanlık enerjinin ve tüm kalıntılarının temizlenmiş olduğunu anlayabilsin. Enerjiizolasyonu yaratılması, terapistin arkadaş ve meslektaşlarının da korunmasını güvenceye alacaktır. Terapist ayrıca uçucu yağ karışımlarını kullanmak da dâhil olmak üzere, ekstra enerji korunmasına gerek duyacaktır.

Bu temizlik tekniği enerjinin düşünceyi izlediği ilkesine dayanır. Karanlık enerji Kaynağa gönderilirken, bu hedefin doğru olup olmadığının kontrol edilmesi gerekir. Karanlık enerjinin silinip süpürülmesi için gereken enerji düzeyinin, sezgisel olarak sağlanması ve uyumlanması gerekmektedir. Kaynaktan ve doğal bir Dünya enerji vorteksinden Enerji Hatları oluşturmaya ihtiyaç vardır. Bütün karanlık enerjinin temizliğinin tamamlandığı ve terapistin üzerinde her hangi bir kalıntı bulunmadığına dair kontroller yapılmalıdır.

Uzaktan temizliğin bir danışanla yan yana yapılan çalışmayla benzerlikleri vardır, fakat Geçit ve Enerji Hatlarının terapistten uzaktaki danışana kadar uzatılmasına ihtiyaç vardır. Bunu yaparken terapistin üzerinde her hangi bir karanlık enerjinin kalması durumunda bir an önce ortadan kaldırılmasına yönelik ekstra özen gösterilmesi gerekmektedir.

Son Kontrol Listesi – Danışanlardan Karanlık Enerjinin Temizlenmesi

Adım 1 – İzinler ve Kontroller

- Bilge Varlıklarla olan sezgisel bağlantıyı temizleyin.
- Bilge Varlıkların iznini ve karanlık enerjiyi temizlemek için yardımını isteyin.
- Karanlık enerjinin gideceği yerin Kaynak olup olmadığını kontrol edin.
- Danışanın iznini alın.

Adım 2 – Terapistin ve Diğerlerinin Korunması

- Kişisel enerji korunmanızı kontrol edin – koruyucu yağlar kullanın.
- Bulunduğunuz odada, diğerlerini korumak için enerji kalkanı oluşturun.
- Konuyla ilgisi olmayan kişisel bağlantıların, karanlık enerjinin kalıntılarının onlara ulaşmaması için kesilmesi gerekmektedir. Hatları mühürlemek bu enerji kalıntılardan korunma sağlayacaktır.
- Bunu yaptıktan sonra bu insanları temizlik sonrasına kadar düşünmemek önemlidir. Aksi takdirde yeniden bir bağlantı oluşabilir.

Adım 3 – Enerji Kanallarını Oluşturun

- *Terapistten Kaynağa* bir enerji Geçidi oluşturun ve enerjiyi bu geçit boyunca helezoni şekilde gönderin.
- Karanlık enerjiyi temizleme niyetiyle *Kaynaktan* tepe

çakrasına ve sonra da *kalp çakrasından* danışana bir Enerji Hattı oluşturun.
* Karanlık enerjiyi temizleme niyetiyle bir *Dünya vorteksinden* kök çakraya, sonra da *kalp çakrasından* danışana bir Enerji Hattı oluşturun.

Adım 4 – Karanlık Enerjiyi Temizleyin

* Karanlık enerji Geçide girinceye kadar bu enerjinin seviyesini giderek artırın.
* Eğer gerekiyorsa tepe çakrası ve kalp çakrası aracılığı ile Kozmik Kaynağa Enerji Hattı oluşturun ve tepe çakrası ile kalp çakrası aracılığı ile bir diğer Dünya Enerji Hattı ekleyin.
* Terapistkaranlık enerjiyi elleriyle danışanın üzerinden kaldırıp Geçide ve niyet ederek bu enerjiyi Kaynağa gönderebilir. Bu sezgisel olarak görülebilir veya hissedilebilir.
* Karanlık enerjinin helezoni şekilde Geçide yönlendirilmesi geçişe yardımcı olacaktır. Aksi takdirde karanlık enerjinin bir kısmı takılıp kalabilir veya tortu bırakabilir. Bu kalıntılar daha sonra tekrar geri gelebilir ve Dünyaya bağlı kalabilir.
* Bütün karanlık enerjinin danışandan temizlendiğini kontrol edin.

Adım 5 – Son Şifa ve Kontroller

* Şifa enerjisinin danışanın aurasına mühürlenmesine kanal olun.
* Niyet ederek Geçidi ve Enerji hatlarını kapatabilirsiniz
* Meslektaşlarınız kadar kendinizin de karanlık enerjiden arınmış olduğunuzu kontrol edin.
* Siz ve meslektaşlarınız ile daha önceden kesilmiş olan enerji bağlantıları şimdi yeniden kurulabilir.

Yazar Hakkında

Andy TomlinsonBSc (psy), Dip RT, Dip HYP

Andy psikoloji bölümü mezunu, diplomalı bir psikoterapist ve 1995'ten bu yana regresyon terapistidir. *Earth Association of Regression Therapy* ve *Spiritual Regression Therapy Association* ile *Society for Medical Advance and Research with Regression Therapy* derneklerinin kurucu üyesidir.*Ebedi Ruhu Şifalandırmak*ve *Ebedi Ruhun Keşfi* kitaplarının yazarıdır. Buna ilave olarak uluslararası eğitimler veren Geçmiş Yaşam Regresyon Akademisi'nin yöneticisidir. Daha fazla bilgiye *www.regressionacademy.com* internet sitesinden ulaşabilirsiniz.

Referanslar

1. Science News, *NASA's AURA Satellite Peers Into Earth's Ozone Hole* (2005), web sitesi: www.sciencedaily.com/releases/2005/12/051207105911.htm.
2. Science News, *NASA Solar Storm Warning* (2006), websitesi: http://science.nasa.gov/science-news/science-at-nasa/2006/10mar_stormwarning.
3. Power of Light, *Divine Aspect,*web sitesinden istenebilir: www.divineaspect.com.
4. Of Spirit and Soul, *Earth Vortices, Ley Lines and Tectonic Plates*, 2004, websitesi:http://www.ofspiritandsoul.com/earth%20vortices/vortice.html.

3

İÇSEL ÇOCUĞUN RUHSAL ŞİFALANMASI

Hazel Newton

Pek çok insan için ruhsal sorgulama, anlam arayışıyla başlar.

Marilyn Ferguson

Giriş

Acı verici çocukluk anılarını yeniden ziyaret etmek ve önceki olaylara yetişkin algımızla tanık olmak, tek kelimeyle dönüştürücü olabiliyor. Bize armağan edilen zamanı, yaşam deneyimlerini ve ardından gelen bilgiyi, bu kez bilgece kullanabilir ve derin bir anlayış, serbest bırakma ve şifalanma fırsatı yaratabiliriz. Deneyimli bir terapistin yardımıyla bir çocuk olarak acı verici görünen olaylar yeniden gözden geçirilebilir, hayat dersleri anlaşılabilir, en derin içsel gerçekler ifade edilebilir ve donup kalmış olan enerji dönüştürülebilir.

EBEDİ RUHU DÖNÜŞTÜRMEK

Birçok tıbbi ve bütüncül şifa tedavileri ile sonuçları hakkında derinlemesine bilgi sahibiyim. Önce profesyonel genel hemşire, sonra bir ilaç firmasında klinik uzman ve şimdi de klinik hipnoterapist, regresyon terapisti ve hayatlar arası regresyon uygulamacısıyım.

Giderek artan bir coşkuyla yıllarca içsel çocuk şifalanmasına yönelik çalışıp uygulama yapan biri olarak, son zamanlarda danışanların çocukluklarındaki olaylara bakışını son derece derin bir şekilde değiştirecek yeni bir ruhsal yaklaşımın entegrasyonuüzerine büyük bir tutku geliştirdim. Danışanlar, ilk kez kendi gerçek ruhsal doğalarını ve pek çok hayatlar boyunca bunun içindeki deneyimi ve anlayışı arayan ruhlarının yolculuğunu anlıyorlar.

Bu bölüm sizlere daha geleneksel ve yerleşik içsel-çocuk şifa tekniklerinin detaylarını sunmanın yanı sıra, bu bölüm sizlere yeni ruhsal teknikleri tanıtacak.rahatsız edici düşüncelerimizin, negatif duygularımızın, hastalık ve uyumsuzluklarımızın özgün sebebinin köklerine genellikle çocuklukta veya bir geçmiş hayattaki eski bir anda ulaşılabildiği gibi, bazen ruhun karmaşık ve bilinçli hayat planında derinlemesine bir araştırma yoluyla da tam olarak dönüştürülebiliyor. İçsel-çocuk çalışmasının bu daha ruhsal olan tarafı, danışanlarla yaptığım hayatlar arası çalışmalardan gelen kişisel deneyimim ve öncülerin, özellikle Michael Newton'ın (akraba değiliz) yoğun çalışmalarından edindiğim bilgilerle gelişti. Bu, terapistler için geleneksel içsel-çocuk şifa tekniği ile ortaklaşa kullanılabilecek veya başlı başına yeni bir teknik sunmaktadır.

Ruhsal içsel-çocuğun şifalanması, bir ruhun derin ve dönüşümsel şifalanmayı yaratan bakış açısının sorgulanarak eskiden yaşanmış durumların daha derinden anlaşılmasıyla sağlanır. Bu tekniği hem danışanlarımda hem de *Past Life Regression Academy* öğrencilerinde uyguluyor ve birçok olumlu anlamda dönüştürücü sonuçları gözlemliyorum.

Temel İlkeler

İçsel-çocuğun şifalanması terimi gerçekte ne anlama gelir? Çocukluğumuz sırasında bir travma yaşayabiliriz – hayatın derin bir şekilde acı verici ve bazen oldukça katlanılmaz bir tarafı. Böylesi anlarda çocuğun hayatta kalabilmesi için ruhsal varlığımızın çok çeşitli koruma ve yardım etme yöntemi vardır. Rahatsızlığa veya tacize katlanırken bilinç geçici olarak bedeni terk edip başka gerçekliklere seyahat edebilir – içinde oynayabileceği bir park ya da oyuncak bebeklerle dolu bir oda. Hatta yakınlarda bulunup acı verici olayı, beden dışı bakış açısıyla gayet uzak ve kopuk şekilde küçümseyerek bakarak gözleyebilir:

> Linda yedi yaşındayken babası tarafından cinsel tacize uğradığı bir ana geriledi. Her seferindebedenini bırakıp dışarıya yatak odasının merdivenlerine gidip oturdu. Hatta büyüdükçe, zihninde bu tacize izin vermiş olan genç haliyle kendini ilişkilendiremediği ya da ilişkilendirmediği için kendi yetişkin halini 'Lynne' diye adlandırdı. Yani gerçekte Linda, Lynne'nin takılıp kalmış içsel-çocuğu haline geldi.

Ruhsal varlığımız travmayı deneyimleyen parçasından kendini ayrı tutarak sadece kendini korumaktadır. Bir çocukluk deneyimi durumunda, kişiliğin kalan kısmı büyümeye devam ederken kurban çocuk olasılıkla o anda donup kalmaktadır. Bazen bu anılar bilinçli farkındalığın altında kalan bir seviyeye gömülürler. Ancak, bu anılar büyüyen kişinin hayatının geri kalan kısmı boyunca bilinçaltı düzeyde genellikle güçlü ve kayda değer biçimde etkili olurlar. Bu durum kendini pek çok yolla açığa vurabilir:

> Linda'nın inançları erkeklere karşı derin bir güvensizlik olarak kendini göstermişti, öyle güçlü inançlar ki erkekler sadece onu bir şekilde taciz etmekle kalmayacakları gibi bu taciz onun

EBEDİ RUHU DÖNÜŞTÜRMEK

sevgiyi deneyimleyebileceği tek yol da olacaktı. Büyürken bu inanç Lynne'in bir parçası olmuştu. Hayatlarımız içsel inançlarımızın bir yansıması olduğundan, bu inanç ta Lynne'in hayatında yerini aldı. Çocukluğu sırasında ve gençlik dönemi boyunca pek çok erkek tarafından defalarca taciz edildi ve hatta onu 25 yıllık evliliği boyunca her gün cinsel olarak taciz eden bir erkekle evlendi. Bu bölümün ilerleyen aşamalarında Lynne'in öyküsünden daha fazla detay yer alacak.

İçsel-çocuk terapisinin temel ilkesi, danışanın kendisinin donup kalmış tarafıyla yeniden buluşmasını sağlamak üzere travmanın kaynağına geri dönmektir. Daha sonra olaylar eski inançları ve bunların yol açtığı davranışları dönüştüren yeni bir bakış açısıyla yeniden çerçevelenir.

John Bradshaw psikoloji ve şifa alanında dünyanın önde gelen şahsiyetlerinden biridir ve içsel-çocuk şifalanmasında başlıca öncülerdendir. Bradshaw, binlerce kişinin çocukluk sırlarını ve travmalarını keşfetmelerine yardımcı olmuştur. İyileşme ve takılıp kalmış çocukla yetişkinin yeniden birleşmesi için harika teknikler geliştirmiştir. *Homecoming*adlı kitabı pratik bilgi ve dönüşüm teknikleri açısından bir servet niteliğindedir ve son çıkan diğer kitaplarının yanı sıra bu kitabı okumanızı da kesinlikle tavsiye ederim.[1]

Kendi uygulamalarımda ayrıca Brandon Bays'in *The Journey*[2] adlı kitabında geliştirdiği fikirleri de birleştirmiş durumdayım. Brandon Bays, travmanın kaynağına geri dönerek durumu çözmek ve dönüştürmek için dikkat çekici teknikler geliştirmiştir. Kapsamlı kitapları ve seminerleri aracılığıyla binlerce kişiyi eğitmiş ve iyileştirmiştir.

Kısa süre önce insana dair utanç ve alt – kişilikler hakkında ilkeler üzerinde odaklanan Debbie Ford'un çalışmalarını birleştirdim. Bunlar, bizim başkalarından ve hatta genellikle kendimizden kendi utanç verici 'gölgelerimizi' gizlemek için yarattığımız maskelerdir. *The Dark Side of the Light Chasers*ve

*Why Good People do Bad Things*⁴ adlı kitapları oldukça aydınlatıcı ve bilgilendiricidir. Bu fikirler hakkında Caroline Myss'in *Sacred Contracts*⁵ adlı kitabından daha fazla bilgi sağlanabilir.

İçsel-Çocuk Arketipleri

İnsanların şimdiki hayatlarında boy gösteren donup kalmış içselçocuklarına aitarketipseldavranış kalıplarının bazıları aşağıdaki gibidir:

- **Memnun edici:** Duygularımı bastırayımki herkes kendini iyi hissetsin. Eğer insanları memnun edersem beni severler ve eğer insanlar kendilerini iyi hissederlerse beni reddetmezler. Daha sonra hayatın içinde kendimi değerli hissetmem. Sakin bir hayat için her şeyi yaparım ve genellikle suçluluk hissederim. Yalnızca herkes istediği her şeyi elde ettiği zaman dinlenebilirim.

- **Başarılı:** Ebeveynlerime sevilmek için yeterince iyi olduğumu kanıtlamak için daha çok ve daha çok çabalarım.Daha sonra hayatın içinde aşırı stresli ve işkolik olurum. Başarı bir ölüm kalım meselesidir. Eğer mükemmel olmazsam, başarısız olur ve sevilmem.

- **Asi:** Ebeveynlerimkontrolcüydü. Dikkati çekmek için tek yol muzır bir şey veya yaygara yapmaktı. Bu da bela demekti ama en azından dikkatleri bana çekiyordu. Daha sonra hayatın içinde vurmayı ve öfkelenmeyi seviyorum. Bunun nedeni genellikle insanların onlara yapmalarını söylediğim şeyleri yapmamaları.

- **Kurban:** Ağladığımda ve anneme birisinin beni incittiğini veya kendimi iyi hissetmediğimi söylediğimde onların dikkatini çekiyorum. Yeterince ağlarsam biraz sevgi alabilirim. Daha sonra hayatın içinde bu, 'hep çevremdekilerin hatası'. Hayatımın sorumluluğunu üstlenemiyorum çünkü eğer böyle yaparsam, kimse benim bakımımı üstlenmeyecek. Hayatımda ne zaman bir şeyler yanlış gitse, bu her zaman başkasının kabahati.

- **Mantıkçı:** Kafamın içinde yaşıyorum çünkü bulunabileceğim en güvenli yer. Ailemin çevresindeki duygular başa çıkılacak gibi değil, bu yüzden duygularımla bağlantıyı koparmak en güvenlisi. Ailem duyguları onaylamaz. Asla ağlamamamı veya öfkelenmemi söylediler, bu yüzden duygularımla nasıl baş edeceğimi bilmiyorum. Daha sonra hayatın içinde en son ne zaman ağladığımı veya üzüldüğümü hatırlayamıyorum.

- **Kurtarıcı:** Ebeveynlerimi memnun etmek, onların beni sevmelerini sağlıyordu. Diğer çocuklar beni 'şeker şey' ya da 'öğretmenin kuzusu' diye çağırırlardı. Genellikle kurban modunda olanlardan hoşlanırım çünkü onların problemlerine göz kulak olabilirim. İnsanları, bana bağımlı olduklarından emin olmak için kurtarırım çünkü bu beni duruma hâkim ve ihtiyaç duyulan biri olarak hissettirir.

İçsel-Çocuğun Şifasında Geleneksel Yöntem

Hipnotik regresyon kullanılarak danışan genellikle bilinçli zihin tarafından bilinmeyen geçmiş zamandaki bir olaya geri gidebilir. Çocukluktan gelen bu olaylar, yetişkinin hayatında epeyce tahribata yol açan yıkıcı, işlevsiz davranış ve inançların sorumlusudur.

Şimdiki yaşam regresyonu sırasında içsel-çocukla buluşmak ve çalışmak, danışanın çocuklukta ve hatta doğumda bir travma sonrası donup kalmış ya da takılı kalmış bir kısmının dönüşümü, şifalanması ve entegre olması için bir fırsat yaratır. Daha önce belirtildiği gibi, bu takılıp kalmış içsel-çocuk genellikle yetişkinin inançlarını, düşüncelerini, davranış ve duygularını kontrol eder ve etkisi altına alır. Danışanı problemin kaynağına doğru geriye yönlendirmek önemli ölçüde özgürleşmeye ve özgün durumla ilgili yeni bir anlayışa imkân sağlar. Danışanın olayı yeni bir bakış açısıyla yeniden keşfetmesine fırsat verildiğinde içsel-çocuğun yetişkin kendisiyle bir araya gelmesi mümkün olabilir.

Bir kez var olanprobleme neden olan çocukluk anıları adamakıllı ortaya çıkarıldıktan ve içsel-çocuğun bunlar hakkındaki düşünceleri anlaşıldıktan sonra, ilgili tüm taraflar arasında sezgisel bir diyalog ortaya çıkar. Yetişkin taraf çocuk tarafla buluşmak üzere geriye götürülür. Böylece birbirleriyle sevgi dolu bir şekilde ilişki kurabilir, birbirlerine yeni ve güçlendirici nitelikler ve destekler verebilirler. Daha sonra ikisi birlikte genellikle anne ya da baba olan zorba ile enerji düzeyinde buluşmaya yönlendirilir. İçsel-çocuk travmatik olayla ilgili olarak güvende olarak kendi gerçeğini dile getirebilir ve bu olayların hayatının geriye kalan kısmındaki yıkıcı etkisinin tam olarak anlaşılmasını sağlayacak şekilde zorba tarafından ilk kez işitilir. Daha sonra içsel-çocuk, durum hakkında ve çocuğun üzerindeki etkisi konusunda yeni bir iç görü ve bakış açısı kazanmış görünen zorbadaki değişimi gözlemleyip hisseder. Zorbadaki bu değişim, içsel çocuğa inanılmaz derecede yardımcı olur.

Diğer yandan içsel-çocuğa zorbayı aslında böyle davranmaya yönelten ne olduğuyla ilgili– belki de kendi çocukluklarında benzer acı dolu olaylara yol açan şeyler - bir değerlendirme yapılır. Bütün taraflar arasındaki bu yeni anlayış son derece güçlüdür ve genellikle kucaklaşmalar, gözyaşları, anlayış ve sevgi ifadeleriyle sonuçlanır. Bu bilgiyle içsel-çocuk olayı serbest bırakmaya ve nihayetinde derin bir şekilde şifalandırıcı olan affetmeye teşvik edilir.

Terapist yetişkin danışanı içsel-çocuğa yardımcı olacak içsel güç, öz sevgi, kendine inanma, güven ve içsel huzur gibi geliştirici nitelikler vermeye ve bunları ruhsal varlıklarında içselleştirmeye yönlendirebilir. Artık içsel-çocuk danışanın içerisinde danışanın şimdiki yaşına kadar büyümekte özgürdür. Enerjide büyük bir değişim ve olağanüstü bir şifalanma gerçekleşir.

Örnek Olay – Babasını Kaybeden Çocuk

Rosie benimle görüşmeye geldiğinde 41 yaşındaydı ve derin bir depresyondaydı. Evliliği kötüye gidiyordu, kocası onu sözlü olarak taciz ediyor ve artık Rosie kocasını ne seviyor ne de saygı duyuyordu. Sadece hayatla yalnız başına başa çıkamayacağından korktuğu için kocasıyla kalıyordu. Çocuğu yoktu ve hayatının bir amacının olmadığını hissediyordu.

Kaygı düzeyini 10/10 olarak derecelendirdi. Günde dört ya da beş kez oluyor, 20 dakika ama bazen bir saat kadar sürüyordu. Ayrıca gönülsüz bir şekilde ona hiç bir şekilde yardımcı olmadığı anlaşılan bir antidepresan alıyordu.

İlk görüşme sonrası Rosie'yi bir kaç hafta önce kendini kaygılı hissettiği en son olay anına kolaylıkla geçirdim. Bu, ofiste patronunun kendisine bazı bilgileri zamanında iletmediği için ona öfkelendiği bir zamandı. Kendisini işe yaramaz, beceriksiz ve çaresiz hissetmişti ve gözyaşları yanaklarından aşağıya doğru yuvarlanmaya başladı.

İçindeki bu duygularla bağlantıya geçmesini ve aynı şekilde hissettiği daha önceki bir ana geri gitmesini istedim. Üçe kadar saydığımda 17 yaşındayken erkek arkadaşının kendisiyle fazla kilolu olduğu, uyumlu ve atletik bir yapıda olmadığı için alay ettiği bir sahnedeydi. Rosie bana o zamanlarda ideal kilodan sadece bir kaç kilo fazlası olduğunu, sporla ilgilenmediğini çünkü kitap okumayı sevdiğini ve özellikle tarihle ilgilendiğini anlattı. Fakat erkek arkadaşının sözleri onu bir bıçak gibi kesmişti ve kendisini değersiz, önemsiz, bir işe yaramaz ve zavallı hissetmişti. Gözyaşları özgürce yüzünden aşağıya akıyordu.

Ona bunun tanıdık bir duygu mu yoksa bir şok mu olduğunu sordum (bu sizin problemin kökenini ortaya çıkarıp çıkarmadığınızı anlamanıza yarar) ve çok tanıdık bir duygu olduğu cevabını verdi. Bunun üzerine tekrar daha önceki belirleyici bir geçmiş ana gerilettim. Kendisini altı yaşındayken bir oyun parkında fark etti. Rosie yeni bir okula başlamıştı ve tüm çocukların zaten arkadaşlıkları vardı. Ona çelme takarak, zalimce ve kötü şeyler söyleyerek sataşmaktan ve kabadayıca davranmaktan çok zevk alıyorlardı. Hiç arkadaşı yoktu ve tamamıyla kimsesiz, çaresiz, değersiz, beceriksiz ve dışlanmış hissediyordu. Okul öğretmeni bile ona kancayı takmış, bilemediği sorular sorarak ve sınıfın geri kalanının önünde onu aşağılayarak soğuk davranıyordu.

Bunun problemin kaynağı olduğunu düşünmüştüm ama o bunun hala tanıdık bir duygu olduğunu hissetti. Dolayısıyla onu daha da geriye yönlendirdim. Kendisini üç yaşındayken babasının evden son kez çıkıp gidişinde annesinin çığlıklar attığı ve babasına bağırdığı bir sahnede buldu. Rosie oturma odasındaydı ve sonrasında annesi babasının gidişinin onun kabahati olduğunu, bir işe yaramaz olduğunu ve onun hiç doğmamış olmasını istediğini bağırarak söyledi. Bu onun için bir şoktu ve o anda annesinin onun hakkında söylediği sözlere – o bir işe yaramayan bir baş belasıydı – inanan tarafı donup kalmıştı. İşte bu noktada bu inanç oluşturulmuş ve onun bilinçaltı zihninde köklenmişti.

Küçük Rosie'ye beklemesini söyledim ve Rosie'nin alnına yavaşça dokunarak yetişkin Rosie ile konuşmak istediğimi söyledim. Büyük Rosie'ye Küçük Rosie'yi kucağına oturtmasını, tıpkı kendi gençliğinde rahatlatılmak istediği gibi kollarıyla onu sarmasını ve onu rahatlatmasını önerdim. Büyük Rosie'ye deneyimi derinleştirmek amacıyla kollarını etrafına sarabileceği bir yastık verdim. Gözyaşları akıyordu ve bütün acısını serbest bırakması için ben onu cesaretlendirirken hüngür hüngür ağlıyordu. Nihayet iç çekmeleri sakinleşti. Büyük Rosie'ye Küçük Rosie'yle konuşmasını söyledim ve onun gözlerine bakıp onu sevdiğini söylediğini hayal etmesi için teşvik ettim. Bunu memnuniyetle yaptı. Küçük Rosie'yi şefkatle okşadığına, onu rahatlattığına, onu ne kadar çok sevdiğini ve gelecekte ona göz kulak olacağını söylediğine tanık olunan harika bir sahneydi. Küçük Rosie'yle konuşarak Büyük Rosie'den neye ihtiyacı olduğunu sordum. Küçük Rosie, neden her şeyin kendi hatası olduğunu anlamadığını söyledi. Neyi yanlış yapmıştı?

Büyük Rosie, yetişkin bilgisi ve duruma bakış açısıyla Küçük Rosie'ye gerçeği anlatabildi. Dikkatle ve sabırla Küçük Rosie'ye kesinlikle onun kabahati olmadığını, annenin çok incindiğini ve en yakınındaki o olduğu için ona çıkıştığını anlattı. Ayrıca, annesinin Rosie'nin babasının terk edişinden sorumlu olduğu gerçeğiyle yüzleşmek istemediğini de. Bunu duymak Küçük Rosie için çok rahatlatıcı oldu ve ikisi arasında kucaklaşmalar da devam etti.

Daha sonra Büyük Rosie'ye bir demet renkli balonu tutmasını ve bunların her birinin Küçük Rosie'nin kendi seçeceği güçlendirici nitelikleri taşıdığını, bunları Küçük Rosie'ye vermesini söyledim. Önce cesaretle dolu kırmızı bir balonda karar kıldı. Küçük Rosie'ye onu almasını ve cesaretin özünü nefesle içine çekip onun bacakları ve bedeni boyunca yukarılarda, kollarda, ellerde ve başında akışını hissetmesini söyledim. Bunun harika hissettirdiğini ve şimdiden güçlü hissettiğini anlattı. Kırmızı renk ayrıca enerjetik olarak da çalışmaktaydı. Renk terapisi ile çalışanlar her bir belirli rengin değerini bilirler. Burada yetişkin danışanın kendi küçüklük haline vereceği nitelikleri kendisinin seçmesi ve terapist tarafından ne verileceğinin söylenmemesinin önemli olduğunu düşünüyorum. Yine de, emin olamadıkları durumlarda bir kaç öneri ve fikirle bazı danışanları teşvik etmek yararlı olabilir.

Büyük Rosie daha sonra küçüğe birbiri ardına hangi niteliklere ihtiyacı varsa onları verdi –koyu pembe balon sevilmeye değer olduğu için, öz-sevgiyle dolu yeşil bir balon, kolayca arkadaş edinebilme yeteneğiyle dolu mor bir balon, bilgelikle ve büyük resmi görebilme yeteneği ile dolu mavi bir balon, eğlenmek için turuncu bir balon ve olduğu gibi mükemmel ve sevilebilir biri olduğuna dair bilgiyle dolu leylak rengi bir balon. Nefes aldı ve Büyük Rosie'nin küçüğün büyümesine yardımcı olacağını hissettiği bu her bir gücün ve niteliğin enerjisini içine çekti. İhtiyacı olabilecek diğer her niteliği içeren gök kuşağı renkli son bir balon önerdim, böylece ihtiyacı olan her ne olursa olsun kendi içinde bulabilecekti.

Küçük Rosie harika hissettiğini ve sezgisel olarak annesiyle buluşmaya hazır olduğunu söyledi. Yeni güçleriyle birlikte, annesine babasının gitmiş olmasından ve çok incinmiş olduğundan ötürü üzgün olduğunu fakat kendi hatası olmayan bir şey için annesi tarafından suçlanmış olmaktan mutsuz olduğunu anlattı. Bu şekilde Küçük Rosie'nin kendi gerçeğini dinlerken, annesi yaptıklarının utancıyla başını eğdi. Rosie onun utancını fark etti ve annesinin kalbine Küçük bir sevgi kıvılcımı gönderdi. Sonrasında annesi defalarca özür diledi ve Küçük Rosie'yi kucakladı. Ayrıca Büyük Rosie de doğrudan annesiyle konuşarak bunun ne kadar adaletsiz olduğu ve hayatında yapmış olduğu etkileri anlattı. Yine annesi utançla başını eğdi ve sözleriyle davranışlarının bu kadar kapsamlı sonuçlara yol açabileceği hakkında hiç bir fikri olmadığını açıkladı. Bağışlanmayı diledi ve Büyük Rosie bunu seve seve yaptı. Küçük Rosie ve annesi bir yastığın destek olarak kullanılmasıyla sarıldılar ve bu her ikisi için de çok şifalandırıcıydı.

Konuşmalar tamamlandığında her iki Rosie de anneyle

EBEDİ RUHU DÖNÜŞTÜRMEK

barışık haldeydiler. Daha sonra Büyük Rosie'ye Küçük Rosie'yi küçülterek avucuna sığabilecek hale getirmesini ve onu kalbine yerleştirmesini söyledim. Böylece orada büyüyebilecek, onun sağlıklı ve tamamen bütünleşmiş bir parçası haline gelecekti. Sonrasında Küçük Rosie büyürken dört, beş ve altı yaşlarına doğru gezintiye çıkarıldı ve yeni okulundaki oyun bahçesinde yaşadığı belirleyici ana yeniden yönlendirildi. Yine Küçük Rosie yeni güçleriyle bağlantıya geçti ve bu kez tüm çocukların onunla arkadaş olmak istediği ilgi odağı olarak algıladı. Farklı bir enerji yaydığı için çocuklar ona sataşma ihtiyacı duymuyorlardı. Kendisini müthiş hissediyordu ve akabinde sınıfta öğretmeninin sorularını kolaylıkla, kendine güvenli ve sevimli şekilde yanıtlarken buldu. Güçten güce gidiyor ve gerçekte çok zeki olduğunu keşfediyordu.

Büyük Rosie'ye küçüğün yeni niteliklerle büyümesini hissetmesini söyledim. 17 yaşındayken erkek arkadaşının ona aşırı kilolu olduğu anda durakladık. Şimdi ona sadece güldü ve 'olduğum halimle muhteşemim ve madem sen bunun kıymetini bilmiyorsun çıkıp gidebilirsin ve ben ne kadar özel biri olduğumu fark edecek daha çekici bir erkek arkadaş bulurum' dedi. Sonrasında ona kendisini çok daha sağlıklı bir ilişkide hayal etmesini söyledim. Çok memnun oldu.

Büyümeye ve evliliğinin çok zorlayıcı olaylarına doğru ilerlemeye devam etti. Her birinde kendi öz-değerini ifade ederek eşinin ona karşı kullandığı kırıcı sözleri umursamadan anıları dönüştürdü. Son olarak patronuyla bir işi tam zamanında tamamladığı bir anı ziyaret etti. Şimdi patronunun yetenekleri konusunda onu övdüğünü deneyimlerken kendine güvenli ve enerjik hissediyordu.

Bu deneyimleri yapılandırarak Rosie'yi sezgisel olarak terfi alacağını deneyimlediği gelecekte bir ay sonraya götürdüm. Daha sonra en iyi kız arkadaşıyla harika bir tatil gerçekleştirdiği altı ay sonrasına götürdüm. En sonunda da annesiyle sevgi dolu bir şekilde Noel sırasında eğlendiğini ve nazik, sevgi dolu, değer bilir bir erkekle harikulade bir ilişkide olduğunu deneyimlediği bir yıl sonrasına.

Rosie'yi şimdiye geri getirdim ve gözlerini açtı. Kocaman bir gülümseme ve inanmakta güçlük çeken bakışı yüzünü kaplamıştı. 'Vay' dedi.'Şimdiden öylesine farklı hissediyorum ki. Çok daha pozitif ve daha güçlü'. Seans üzerinde konuştuk ve bir sonraki görüşmeyi ayarladık.

Bir ay sonra geri geldi ve seansın sonuçları mükemmeldi – kaygı düzeyi sıfırdı! İşinden zevk alıyordu, doktorunun onayıyla antidepresan kullanmayı bırakmıştı ve kocasından boşanmaya karar vermişti. Dostça ayrılıyorlardı ve hayat ve ona bir prenses muamelesi yapacak biriyle tanışma ihtimali hakkında heyecanlıydı!

Devam seansında tırnaklarını yeme alışkanlığı üzerinde çalıştık. Altı ay sonra Rosie'den şunları anlatan bir e-posta aldım:

Merhaba Hazel, bu yılın başlarında yaptığımız seansı sana nasıl geri ödeyebileceğimi bilmiyorum, çünkü hayatımı tamamen değiştirdi. Seninle yaptığımız seans öncesinde depresyondaydım, kaygılıydım ve kendim için hiç bir gelecek görmüyordum. Hayatım seninle yaptığımız ilk seanstan bu yana %100 daha iyi. Tamamen farklı, daha özgür ve daha güvenli biri olarak hissediyorum. Şimdi annemle çok tatlı bir ilişkim var – hızla iyileşip gelişti ve onunla olmaktan şimdi keyif alıyorum. Ayrıca harika bir adamla tanıştım. Beş ve altı yaşlarında harika iki küçük çocuğu olan dul bir adam. Kesinlikle çok mutluyum! Birbirimizi çok seviyoruz, onunla kendi gerçeğimi konuşabiliyorum ve daha önce hiç deneyimlemediğim şekilde bana değer veriyor! Tahmin et ne oldu, tam olarak seansta gördüğümüz gibi terfi aldım. Ayrıca daha fazla ücret alıyorum – oldukça fazla! Ayrıca şimdi içimdeki bütün bu yaşam değiştirici nitelikleri bana hatırlatması için o güzel balonların bir resmini yaptım. Bu mucize için sana yeterince nasıl teşekkür edeceğimi bilmiyorum. Seni tüm arkadaşlarıma öneriyorum.

Bu gerçekten tipik bir örnek olay ve çocukluklarında benzeri yıkıcı hayat deneyimlerinden acı çekmiş birçok danışanım bulunmakta – tacizler, sataşmalar, terk edilme, kötü muamele ve benzerleri. Bütün danışanlar tek bir seansta cevap vermez ve bazıları problemin çeşitli taraflarıyla çalışmak gerektiği için üç veya daha fazla seansa ihtiyaç duyarlar. Bazı danışanlar geçmiş yaşam regresyonuyla birlikte içsel-çocuk şifalandırma kullanıldığında daha iyi cevap verir. Karmaşık veya zorlayıcı bir problemin kökü çözümlenmemiş bir geçmiş yaşam travmasında yatıyor olabilir ve ruh, üzerinde çalışarak dönüştürmek ve çözümlenmemiş duyguları serbest bırakmak üzere şimdiki hayata bunu getirmiştir.

İçsel-çocuk çalışması danışanların çoğu için işe yaramayan inançların çabucak dönüştürülmesi ve donup kalmış çocuk benliklerinin yeniden entegre olabilmesi için inanılmaz hızlı bir yöntemdir. Geriye kalan hayatlarından keyif almaları için onları özgürleştirir.

Ruhsal Perspektif

Ruhsal içsel-çocuk çalışmasında sizinle paylaşmak istediğim en önemli kısım, ruhumuzun gerçek amacının anlayışıyla geleneksel yaklaşımın birleştirilmesidir. Michael Newton, *Journey of Souls*(Ruhların Yolculuğu) ve *Destiny of Souls*(Ruhların Kaderi)adlı öncü kitaplarında binlerce insanı ruhun her bir hayata yeniden doğuşu arasında gittiği ruhsal boyutlardaki yere – hayatlar arası boyuta[6,7]- nasıl gerilettiğini tarif eder. İnsan hayatının zorluklarını deneyimlemek üzere daha yoğun Dünya titreşimlerine girdiğimiz bu ruhsal boyut bizim gerçek yuvamızdır.

Bu hayatlar arası boyutta denekler nasıl şifa aldıklarını, ruhsal rehberleriyle buluşmalarını, son geçmiş hayatlarını gözden geçirdiklerini, bir sonraki hayat için çeşitli seçeneklere baktıklarını ve seçtikleri hayat hakkında plan yaparken bir Bilge Varlıklar Konseyi tarafından rehberlik aldıklarını anlatmaktadırlar. Bu seanslardaki keşifleri onlara yeni ruhsal iç görüler kazandırmakta ve hayatlarına yeni, daha derin bir anlam katmaktadır. Genellikle bu onların sağlıklarında, davranışlarında, ilişkilerinde ve inançlarında bir dönüşüme yol açmaktadır.

Newton hem de onların her bir insan hayatlarının her yönünden ruhun gerçekten nasıl sorumlu olduğunu anlatır. Ruhlar öğrenmek ve gelişmek istedikleri hayat derslerini seçmektedir. Ruhun belki de pek çok hayat boyunca üzerinde çalıştığı hayat dersleriylebirlikte genellikle ruh gruplarından arkadaşlarla paylaşılan bir tema bulunmaktadır. Yani örneğin kontrol konusunda çalışan bir ruh, daha önceki bir hayatında kontrolcü tarafı yaşamış biri olarak şimdi kontrol edileceği bir hayatı seçebilir. İstediğimiz yaşantıları deneyimlememize yardımcı olmak üzere, bir yandan kendi yaşam derslerinin sürecini tamamlayan diğer ruhlar ya seçilir ya da gönüllü olurlar; onlarla yaptığımız bu anlaşmalara Ruh Kontratları denmektedir.

Acı ve cefanın dünyadaki birçok hayat deneyiminin gerekli bir parçası olduğunu görmek oldukça zorlayıcıdır. Yine de nasıl görünürlerse görünsünler, tıpkı bir filmdeki aktörler gibi sadece kendi hayat planlarını icra eden bir ruh olduklarını anlayarak herkese minnet duyarız. Ruhlar büyümek ve tekâmül etmek için insan hayatının tüm taraflarını keşfetmek üzere her rolü oynarlar. Hatta özellikle zorlayıcı hayatlar genelde çok cesur veya deneyimli ruhlar tarafından seçilmektedir.

A Soul's Journey'de (Bir Ruhun Yolculuğu)yer alan bu isimsiz alıntı, ruh kontratlarının özünü yansıtmaktadır:

EBEDİ RUHU DÖNÜŞTÜRMEK

İnsan olarak doğma zamanı gelen bir ruh vardı ve bu yüzden bütün böyle ruhların gittiği sonsuz boşluktaki o büyük mağaraya gitti. Mağarada her biri küçük mavi bir alev gibi görünen yüz binlerce ruh bulunmaktaydı.

Ve ruh konuştu ve dedi ki; 'Dünyada eğer bunların hepsinin en büyük derslerini, alçak gönüllülüğün dersleri, kışkırtmaya karşı dayanıklılık ve benden nefret edenleri sevmek derslerini öğreneceksem, düşmanlara ihtiyacım olacak. Benden nefret edecek, bana kötü davranacak, bana karşı şiddet uygulayacak insanlara ihtiyacım var. Kim bunu benim için yapacak? Kim dünyada benim düşmanlarım olacak?'

Mağarada uzun bir sessizlik oldu, ta ki küçük bir grup öne çıkıp konuşana kadar; 'Biz senin ruh grubunuz. Sonsuz zamanlardan beri seni tanıyor ve seni seviyoruz ve senin gelişmen ve öğrenmen bizim için kendimizinki kadar azizdir. Bu, görevlerin en nazik ve en zorudur. Eğer incitilecek ve taciz edileceksen, bunun seni seven dostların tarafından yapılması daha iyidir. Biz dünyada senin düşmanların oluruz.'

Yani hepimiz şimdiki yaşamımızdan önce diğerleriyle böyle anlaşmalar yaptık mı? Ben böyle olduğuna inanıyorum. Biz ruhlarımıza öğrenme ve gelişme fırsatı veren derslerle ve durumlarla kendimize meydan okuyoruz. Aynı zamanda diğer ruhların da kendi hayat dersleriyle ilgili yardım ediyoruz.

Şimdi bu ruhsal yaklaşımın içsel-çocuk şifalanmasına nasıl entegre edileceğini görelim.

Örnek Olay – Arkadaşları Görünmez Olan Çocuk

Ruhsal içsel-çocuk şifa çalışması danışanların hızlı bir şekilde hayatlarındaki olaylara dair yeni, daha yüksek bir bakış açısı edinmelerine imkân sağlar. İçsel-çocuk seansında danışan derin hipnozdayken, onları ruhsal boyutlara ve hayatlar arası deneyimlerine geri götürmek mümkün olur. Kontratlarının oluşturulduğu ana gidebilirler. Bu kontratın kimin fikri olduğuna ve her katılımcının bundan öğrenmek ve deneyimlemek istediğinin ne olduğuna dair bir anlayış kazanabilirler.

Brian kısa süre önce terapist olarak çalışmaya başlamış, otuzlu yaşlarının sonlarında bir adamdı ve ayrıca yetenekli bir duru görücüydü. Çocukken önceleri kendisinin diğer çocuklardan ve ebeveynlerinden farklı olduğunu anlamaksızın sık sık ruhları görürdü. Ne var ki, babası tıpkı birinci Harry Potter kitabının ilk sahnelerindekine benzer bir çocukluğa onu sıkıştırmış ve yabancılaştırmıştı. Brian'a sık sık çenesini kapaması söylenir ve ebeveynleri onu anlamadıkları için uzaklaştırılırdı. Söylediği şeyler ve diğer insanların onun hakkında ne kadar kötü düşünecekleri hakkında korku doluydu. Hatta bir rahip ondan şeytan çıkarmaya bile geldi. Babasının sözlü tacizi karşısında dehşete kapılmıştı. Onu ziyaret eden ve iletişim kuran ruhlar ve hayaletlerle çevresinde tanık olduğu şeyler onu korkutuyor ve kafası karışıyordu. Sezgisel olarak bunun gerçek olduğunu biliyordu. Fakat ona inanılıp kabul edilmiyor, bunun yerine görünmez arkadaşları hakkında konuştuğunda alay ediliyordu.

Babasıyla ilişkisi hayatı boyunca çok zorlayıcı olmuştu ve çok az baba sevgisi ve şefkati gösterilmişti. Ruhları görüp onlarla iletişim kuran tarafını saklayarak, daha normal görünmek için okulu bıraktığında şehirde geleneksel bir iş seçmişti. Aslında daha fazla alay edilmekten ve acı çekmekten korktuğundan kendisinin bu yanını kapatıp gizleme konusunda oldukça hevesliydi. Fakat onunla tanıştığım sırada babası öldü ve Brian kendisini gizleme duygusundan bıkmıştı.

Birinci içsel-çocuk seansımız sırasında onun için bir 'şok' olan ilk olaya kadar birçok acı verici olay boyunca

EBEDİ RUHU DÖNÜŞTÜRMEK

yönlendirildi. Onun arkadaşları olan ruhlarla yüksek sesle konuştuğu için altı yaşındayken odasına kilitleniyordu. Ona bu yaşamında kısa süre sonra babası olacak kişiyle kontratı oluşturduğu ruhsal boyuttaki yere gitmesi talimatını verdim. Brian kendisini tapınak gibi harika bir odada babasının ruhu ve daha önce pek çok kez karşılaştığı ruhsal rehberiyle birlikte buldu.

Neler olduğunu sordum ve o derin bir ruhsal uyanış yaşayacağı ama aynı zamanda kontrol de edileceği, kendi gerçeğini dile getirecek cesareti ve gücü kendi içinde buluncaya kadar sıkıştırılıp ezileceği şimdiki hayatına hazırlandığını anlattı. Bunu yaptığında, bu gerçek birçok insan üzerinde önemli ve pozitif etki yapacaktı. Bu amacı gerçekleştirmesine yardımcı olması için hayatının diğer kısımlarını da planlayacaktı fakat babası olarak seçeceği ruhun kendine düşen rolü tereddüt etmeksizin oynamasına ihtiyacı vardı.

Şimdiki yaşamından önceki üç yaşamında kendi gerçeğini dile getirdiği için öldürülmüştü. Bu yüzden bu onun ruhu için dev bir meydan okumaydı. Kendini bulmak, kendi içsel gücü ve sesini bulmanın deneyiminden gelen iç görüler, ruhunun önemli ölçüde gelişmesini sağlayacaktı. Neler olduğunu sorduğumda, babasıyla derin bir tartışma içinde olduğunu, babasının kendine düşen bu zalim rolünü onu çok sevdiği için oynamanın güç olacağını ve sevgi dolu birçok hayatlarda birlikte olduklarını söylediğini anlattı. Bununla birlikte, baba ruhunun bu acımasız ve zorbayı deneyimlemesine izin verecekti. Bu rol kendisinin ve rehberinin de hazır olduğunu hissettiği ve gerçekten de dört gözle beklediği bir roldü – tıpkı bir aktörün bir sonraki güç, zorlu, önemli bir film rolü seçmesi gibi.

Brian'a bu konuda ne hissettiğini sordum. Şimdiki yaşamında onu dehşete düşüren bu adama, babasına karşı koşulsuz bir sevgi ve minnet duyduğunu söyledi. Daha sonra bir yastığın yardımıyla deneyim ve duygular derinleşirken birbirlerine sarıldılar. Babasını kucakladığında karşı koyulmaz bir affediş hissi geldi ve ağlayarak aralarındaki ilişkinin gerçek doğasını şimdi anladığını söyledi. Bu sarılma sırasında babası bütün bu zorba ve tacizkâr davranışlar için üzgün olduğunu ve bunun deneyimlediği en zorlayıcı hayat olduğunu söyledi.

Aralarında devam eden diyalog harikuladeydi, öyle çok anlayış ve sevgi paylaşıldı ki! Bu özel anda Brian hayatından ve seçtiği derslerden tamamen kendisinin sorumlu olduğunu ve bu derslerin içerdiği daha yüksek amaçları fark etti. Ayrıca babasının da onu koşulsuzca ve ebediyen sevdiğini anladı. Babası gerçekten üzgündü ancak bu hayatta çok önemli ve hayati bir rol oynamıştı.

Sonrasında Brian'a henüz edindiği bu bilgiye dayanarak çocukluğundaki acı verici olaylara bu yeni anlayış ve bakış açısıyla geri gitmesini söyledim. Özgün haliyle ona derin bir acı vermiş olan beş olaya yeniden gittik ancak bu kez gülümseyebildi ve babasının üstlendiği rolü gerçekten hakkıyla oynadığını sevgi dolu bir şekilde gözlemledi. Bu olaylara daha üst bir bakış açısıyla tanık oldukça birinden diğerine sakin bir şekilde ve bilişle geçerek daha güçlü, daha bilge ve büyük resmin daha farkında olduğunu hissetti. Şimdiki yaşına vardığında, kendi gerçeğini güvenli bir şekilde konuşarak başkalarının hizmetinde olmakla ilgili hayat amacını nihayet gerçekleştirmişçesine kendini daha özgür, daha hafif ve sakin hissettiğini ifade etti.

Seansı takiben, Brian halkın önüne çıkmaya başladı. İnsanların bir ruh olarak kim olduklarını anlamalarına yardımcı olmak üzere hayat yolculuğunu anlatıyor, birlikte çalıştığı bilge ve sevgi dolu ruhlara kanallık ediyordu. Yazılmasında önemli bir rol oynadığı bir kitaba kendi ismini verdi, kendisini hayatında ilk kez yalnızca kendi gerçek doğasını anlamakla ilgili değil, başkalarının da gerçekte kim olduklarını anlamalarına yardımcı olmak üzere ruhsal bir görevi olan bir varlık olarak kabul ediyordu. Brian'ın geri bildirimi şöyleydi:

İçsel-çocuk seansı bunun mümkün olamayacağını düşündüğüm şekilde beni dönüştürdü. Çocukluğum boyunca karşılaştığım zorluklar hakkındaki ruhsal bakış açısı ve iç görüler beni hemen ve derin bir şekilde etkiledi. Gizlediğim bu tarafımı yeniden hayatıma entegre etmem için ihtiyacım olan cesaretin bir ruh olarak ve sonra da bir çocuk olarak sahip olduğum cesareti fazlasıyla aştığını fark ettim. Ayrıca bunu sadece kendim için değil diğer birçok insan için de yaptığımı fark ettim. Anonim olarak kalma ihtiyacıma tutunursam sadece kendimi yaralayacaktım ki, şu anda bu her şekilde saçma görünüyor.

Seanstan bu yana hayatım daha öncesinde hayal bile edemeyeceğim kadar harikulade şekilde ilerlemekte. Artık kısıtlamalar ve sınırlar yok ve ben asla söyleyebileceğimi düşünemediğim bir şekilde seçtiğim hayatla kendimi kutsanmış hissediyorum!

Brian'ın dönüşümü hızlıydı ve tek seanstan gelen iç görüler yaşam değiştiriciydi. Yine de, öncesinde de belirtildiği üzere bazı danışanlar için kendi özel ve kişisel durumlarına bağlı olarak daha fazla sayıda seansa ihtiyaç olabilir. Lynne, daha önce cinsel tacize maruz kaldığından söz ettiğim danışan buna iyi bir örnek:

Lynne hayatı boyunca maruz kaldığı tacizlerin acısının çok derinlere kök salması nedeniyle birçok seans için benimle görüştü. Başka türlü nasıl olunabileceğini bilemeyecek kadar kurban rolünü benimsemişti.

Onun Küçük Linda'sıyla ilk kez konuştuğumda, kendisine aradığı sevgiyi verdiğini hissettiren sevdiklerinin cinsel tacizine izin vermekdâhil olmak üzere çevresindekileri memnun etmek için her şeyi yapan, ihmal ve suiistimal edilmiş, yalnız bırakılmış, konuşkan ve arkadaş canlısı, herkesi mutlu etmeye çalışan sevgi ve şefkat görmek için çaresizce çabalayan bir kızı bulmuştum.

Küçük Linda'nın katlandığı acı çok büyüktü, yine de ruhu sevimli ve canlıydı.

Başlangıçta Büyük Linda'ya – Lynne – Küçük Linda'ya sarılmak isteyip istemediğini sorup ona küçük bir yastık verdiğimde, Lynne onu odaya doğru fırlattı ve bir çığlık attı. Tacize izin verdiği için Küçük Linda'ya feci kızgındı. Kendini içinde bulduğu çekilmez durumu tamamen anlaması ve Küçük Linda'nın masumiyeti ve gerçek güzelliğini fark etmesiiçin pek çok seans gerekti. Onun için kendi küçük benliğini affetmesi hayati önem taşıyordu. Sonrasında da daha önce sözünü ettiğim yeni nitelikleri ve balonları kullanarak güçlendirme tekniklerinin uygulanmasıyla kendisine tam olarak entegre olması.

Fakat ona en önemli derecede yardımı dokunan şey; gerçekte biyolojik ebeveynlerini, onu evlat edinen ebeveynlerini ve manevi ebeveynlerini, onu taciz edenleri ve kocasını, kendi hayat derslerini ve hayat planını, ruhunun insan deneyimini bu hayatta bu şekliyle yaşayabilmesi için kendisinin seçmiş olduğunu keşfetmesi oldu.

Terapisinden sonra Lynne'nin söyledikleri şöyle: 'Seninle yaptığımız seanslardan önce ölüydüm ve şimdi yaşıyorum. Geçmiş nihayet temizlendi ve ben şimdi, gelecekte tacize uğramış başka insanlara hipnoterapi ve senin sayende hayata nasıl döndüğümü anlatarak yardımcı olabileceğim için umutlu ve heyecanlıyım.'

Ruhsal İçsel Çocuk Şifalanma Teknikleri

Ruhsal içsel çocuk şifalanmasında üç adım yaklaşımı söz konusudur. Bununla birlikte, her bir kişinin özgün olduğunun hatırlanması önemlidir. Bu yüzden eylem adımlarının sıralamasının değişmesi gerekebilir. Asılolan, terapistin sezgileriyle ve yürekten gelen bir çalışma yapmasıdır.

Adım 1 – Kaynağa Gerile

Bir konu veya sorunun tümüyle dönüştürülmesi için en önemli unsur problemin kök veya kaynağını bulmaktır – buna genellikle ilk tetikleyici an adı verilir (İTA). Bir sorunun kökenini bulur ve dönüştürürsek problemin yeniden ortaya çıkışını önlemiş oluruz. Oysa sadece gövdeye veya yan dallara gidersek, hala bazı kökler kalabilecektir.

- Danışanı kendi çocukluklarındaki veya anne karnındaki belirleyici bir olay anına geri götürün ve kendilerini içinde buldukları o anı keşfedin. Ben genellikle duygu köprüsü kullanıyorum. Yani mevcut durumda acı verici olan duyguları ve korkuları büyüterek. Birden ona kadar sayarken onlara bu duyguları dayanabilecekleri kadar güçlendirerek büyütmelerini söyleyin ve sonra 1...2...3...şimdi!Komutuylaonları kaynağa yönlendirin.

- Nereye giderlerse gitsinler kaç yaşında olduklarını öğrenin ve ona göre konuşun. Eğer onlar beş yaşındaysa, onlarla beş yaşındaymışsınız gibi konuşun.

- Sorunlarının gerçek kaynağına doğru geriye giderken bir kaç önemli olayı daha ziyaret etme ihtiyacınız olabilir.

- Danışana **Bu şekilde hissettiği ilk ana gitmesini** söyleyin. Bununla beraber, bu anların gerçek kaynak olayın içinde olup olmadığını belirlemeye ihtiyacınız olacaktır. O sahneyle ilgili bilgiyi ve hangi duyguları deneyimlediklerini aldığınızda sorun: **Bu bildiğin bir duygu mu yoksa bir şok mu?** Eğer aşina bir duyguysa, kaynağa gitmek üzere daha gerilere gitmeniz gerekir. Fakat her birolay için topladığınız bilgiyi dönüştürme sırasında yararlı olacağı için not alın.

- Eğer yaşanan duygu danışan için bir şok ise, muhtemelen kaynaktasınız demektir. Bir kez bu durum belirlendiğinde parmak işaretlemesi ile (bu, danışanların yüksek benlikleri aracılığıyla 'evet' ve 'hayır' cevaplarının parmaklarında işaretlenmesini içerir) durumu teyit edebilirsiniz. Daha sonra danışanın içinde bulunduğu duruma ait tüm bilgiyi, yani olaya dâhil olan diğer karakterler, neler işittikleri, nasıl hissettikleri vb.ni de toplayın. Danışanın bir çocuk olarak neyi gerçekmiş gibi algıladığını ve tam bu sırada ne tür hisler ve inançlar geliştirdiğini anlamasına izin verin. Bunlar 'Sevilmiyorum', 'Kimse beni istemiyor' veya 'Asla yeterince iyi olamayacağım' gibi kayıtlar olabilir.

Adım 2 - Dönüştürme

Dönüştürme adımında yeni bir anlayış edinilmesi hedeflenmektedir. Her bir danışan kendine özgü olduğu için sezgisel bir şekilde yapılması gerekir ve aşağıda belirtilen tekniklerin bazılarına ihtiyaç duyulur, bazılarına duyulmaz. Belirli bir sıralama yoktur, sadece danışana uyumlanın ve doğru hissettiğiniz şeyle çalışın. Bu adımdaki tüm araçları tanıyın ki böylece kullanmak uygun olduğunda elinizde hazır bulunsunlar.

İçsel-Çocukla Buluşma

- Danışana bir kaç dakikalığına o durumdan çıkmasını ve

EBEDİ RUHU DÖNÜŞTÜRMEK

bugüne geri gelmesini söyleyin. Ona, alnına dokunduğunuzda konuşmayı onların 'küçük benlik' ve 'yetişkin benlik' arasında değiştireceğinizi açıklayın.

- Yetişkin danışana az önce ziyaret ettiği olaya şimdi geri gideceğiniz ve olayın gerçekleştiği anda orada kendisini kendi küçük benliğiyle birlikte bulacakları hakkında bilgi verin. Sayın: **1...2...3...şimdi!**

- Yetişkin danışana kendi küçük benliğiyle bağlantıya geçmesini söyleyin. Örneğin, **'Onun gözlerine bak'** veya **'Kollarınla onu sar'** veya **'Onu kucağına oturt'** deyin. Küçük bir yastığı destek olarak kullanın ki böylece küçük çocuk kucaklanabilsin.

- Yetişkin danışana küçük benliğinin gözlerine bakmasını ve yapabilirseniz onların ne kadar masum, özel, cana yakın ve sevimli olduklarını görmelerini isteyin. Bu çok duygu dolu olabilir, o yüzden gözyaşlarının serbestçe akmasına fırsat verin. Bazı danışanlarla bu noktaya gelebilmek için yaratıcı olmak zorunda kalabilirsiniz – örneğin kendi küçük benlikleriyle sevgi değiş tokuşu yapmalarını ve kendilerine dönen koşulsuz sevgiyi hissetmelerini isteyebilirsiniz. Fakat onları bunu yapmaya asla zorlamayın – bu noktaya gelmek çok sayıda seans gerektirebilir.

- Daha sonra yetişkin danışana elinde balonlardan kocaman bir demet bulunduğunu, her bir balonun küçük benliğinin sahip olmasını isteyeceği bir niteliği temsil ettiğini – genellikle küçüklüklerinde sahip olmayı istemiş oldukları niteliklerdir – anlatın. Kendi içsel-çocuğu için nitelikleri danışanın kendisinin seçmesi önemlidir. Bu yüzden danışana her hangi bir nitelik dayatmayın, en azından başlangıçta. Eğer gerekirse daha sonra bir kaç şey önerebilirsiniz.

- İlk niteliği ve rengi belirlemeleriyle başlatın, örneğin cesaretle dolu kırmızı bir balon. Bu balonu kendi Küçük benliğine vermesini önerin. Küçük benliğe geçiş yapmak için alnına dokunun ve onun balondaki kırmızı enerjiyi nefesiyle içine çekmesini ve bu yeni güçlü cesaret enerjisinin tüm bedeni boyunca dolaştırmasını sağlayın. Gerçekten cesaretle dolu olmanın neye benzediğini hissetmesini sağlayın.

- Daha fazla balonla uygulamayı tekrarlayın. Genel nitelikler, güç, öz-sevgi/saygı/değer, hayır deme yeteneği ve anlayış ve affediş yeteneğidir. Söyleyecekleri şeyler bittiğinde bütün ana niteliklerin verilmiş olup olmadığını kontrol edin.

- Son bir seçenek de daima ihtiyacı olacak her şeyi içeren bir gökkuşağı renkli balon ya da gökkuşağı renklerinde bir pelerinin hediye edilmesini önermektir. Küçük benlik bir kez bu enerjiyi içselleştirdiğinde, şimdi ihtiyacı olabilecek her şeyi artık kendi içinde bulabileceğini hatırlatın.

- Onlara verilen her bir niteliği hatırlatın ve kendilerinin birer parçası olarak bunlara sahip olmanın yarattığı farkı hissetmelerini isteyin. Bu niteliklerin her zaman onlarla birlikte olacağını anlatın.

Zorbayla Buluşmak

- Danışanın kendi yetişkin benliği ile küçüklük halini güvenli bir yere götürmesini isteyin, örneğin bir park, kamp ateşi çevresinde oturmak veya harika bir plaj. Yetişkin, küçüğün elini tutabilir veya ekstra güç, hayvan ruhları veya rehberler formuyla sağlanabilir. Böylece küçük benliğin zorba(lar) ile konuşmak için ihtiyacı olan tüm destek sağlanmış olur. Bunlar genellikle anneleri veya babalarıdır.

- O anda söylemek isteyip de söyleme şansı bulamadığı her ne varsa şimdi söylemesini isteyin. Deneyimle bağlantılı olarak en iyisi küçüğün şimdiki zaman kipini kullanmasıdır. Ayrıca zorbanın cevabını da sorun. Belki küçüğü bütün acı dolu duygularını zorbaya aktarmaya teşvik edebilirsiniz. Böylece onlar bunun nasıl hissettirdiğini tam olarak deneyimleyebilirler. Bu oldukça güçlüdür ve genellikle zorbalar yaptıklarından ötürü utançla diz çökerler ve defalarca özür dilerler.

- Küçük benliğin zorbaya bir ışık veya sevgi kıvılcımı gönderdiğini imgelemesini de teşvik edebilirsiniz. Ben bunu doğrudan onların kalplerine koymalarını öneriyorum. Bu bir yandan sevgiyi kabul edebilmesiyle zorbanın ruhsal enerjisine yardım ederken, bir yandan da danışanların eski inanç ve duygularını bırakabilme yetenekleriyle kendilerini affedebilmelerini sembolize eder.

- Büyük olanın küçüğe olay hakkındaki gerçeği anlatmasını sağlayın. Bu noktada çok değişiklik olabilir fakat genel olarak olayı gerçek haliyle görmeleri için rehberlik edin. Örneğin eğer ebeveynler bağırıyorsa, büyük olan küçüğü bunun kendi hatası olmadığı ve ebeveynlerin kendi sorunlarının olmasının normal olduğu ve birbirlerine bağırabilecekleri hakkında temin edebilir.

- Yetişkinin küçüğünü her uygun zamanda sık sık sevgiyle kucaklayarak rahatlatması için cesaretlendirin. Yaratıcı ve ikna edici olmaya ihtiyacınız olabilir. Yine buda son derece duygusal olabilir. Bütün duygular sakinleşinceye kadar zaman tanıyın.

- Devam etmeden önce affedişin ve sevginin ifade edilip kabul edildiğine dikkat edin. Onların zorbanın gitmesine izin vermeye hazır olduklarından emin olun.

Zorbanın Gençliği İle Buluşmak

- Bazen zorbayla konuşmayı başlatmak için bir değişiklik gerekebilir. Bu durumda, küçük benliğin zorbayı kendisiyle aynı yaşlardayken hayal etmesi için komut verilebilir.

- Sıklıkla genç anne/babanın da mutsuz olduğunu, kötü muamele edilip kendi ebeveynlerince korkutulduklarını görürler. Aynı acıyı hissetmek yaralayıcı olabilir. Yeni seviyede bir bağ kurulduğunu fark etmek oldukça şifalandırıcı olabilmektedir.

Neyi Öğrendiler?

- Büyük resmi ve olanların sebeplerini anladıklarında, bu durumdan ne öğrendiklerini sorun. Bu deneyimlerinden ne tür faydalar sağladılar? Genellikle 'bu deneyimlediklerim nedeniyle ben daha iyi bir ebeveynim' diyeceklerdir.

Bağı Kesmek

- Tamamlanmanın sağlanması için enerji bağlarının kesilmesi çok faydalıdır. Bu danışanı güçlendirir ve enerji parçalarının geri kazanılmasını sağlar.

- Küçük benlikten zorbayla aralarındaki gümüş kordonu görmesini isteyin. Onlara, kendilerine ait olmayan – diğerine ait olan – tüm enerjileri geri göndermelerini söyleyin. Bu enerjilerin ait olduğu yere bu kordon boyunca geri gittiğini izlemelerini isteyin. Sonra kendilerine ait olan ve diğerinin tuttuğu tüm enerjiyi geri talep etmelerini isteyin. Yine tüm enerjilerin geri döndüğünü ve kendi enerji alanlarına aldıklarını izlemeleri gerekli. Her şey güvenli bir şekilde geri

EBEDİ RUHU DÖNÜŞTÜRMEK

döndüğünde bunun nasıl hissettirdiğini sorun.

- Şimdi gümüş kordonu kesmelerini isteyin. Onlara kristal makasla kesmelerini ve kordonun her iki tarafta sonlanan noktalarını kendi seçecekleri bir renkle mühürlemelerini öneriyorum. Seçilen renkler her zaman enerjetik titreşim içerecek ve kendine özgü yollarla şifalandırıcı olacaktır.

Ruh Anlaşmaları

- Danışanınıza doğmadan önce zorbanın ruhuyla anlaşma yaptıkları ruhsal boyuta gitmesi için komut verin. Onlara kendi ruhsal rehberleri eşlik edebilir.

- Onlardan birlikte yaptıkları bu anlaşmayı keşfetmelerini isteyin ve en yüksek bir bakış açısıyla bir diyalog geliştirmelerini teşvik edin. Zorbanın hangi dersler için onlara yardımcı olmayı kabul ettiğini sorun.bu çok aydınlatıcı olabilir ve bir an içinde ilişkileri hakkında tamamen yeni bir bakış açısı ortaya çıkabilir.

- Ayrıca, **Birlikte başka hayatlar da yaşadılar mı?** diye sorun. Eğer böyleyse, **Hangi rolleri oynadılar?**

- Ruhsal boyutta zorbayla aralarındaki koşulsuz sevgi durumunun farkına varmalarına fırsat tanıyın.

- Her ikisinin de bu hayat ve üzerinde anlaştıkları zorluklar hakkında nasıl hissettiklerini sorun.

Bir Başka Geçmiş Yaşamı Ziyaret

- Danışanı bir başka geçmiş hayatını olumlu bir kaynak olması açısından ziyaret etmesini sağlayabilirsiniz. Genellikle geçmiş bir hayatın bazı çok olumlu anlarına göz atmak bile son derece şifalandırıcı olup bakış açısında bir başka değişim daha yaratabiliyor.

- Genel olarak onları sevgi dolu bir hayata doğmuş oldukları bir geçmiş hayata götürmek oldukça faydalı oluyor. Onların gerçekten sevildiklerini, istendiklerini, onaylandıklarını veya deneyimlemeye ihtiyaç hissettikleri her neyse onu hissetmelerine olanak sağlayın.

- Bu duyguları çıpalayın ve diğer hayatlarındaki bu destekleyici olumlu kaynakları buraya getirmeleri için komut verin ki, böylece bunları şimdiki hayatlarına entegre edebilsinler.

Adım 3 - Entegrasyon

Özgün olayla ilgili olarak danışanın bakış açısında bir kez dönüşüm sağlandığında, tam ve sürekli bir şifalanmanın gerçekleşmesi için yeni bilgi ve deneyimlerin entegre edilmesi gerekmektedir.

İçsel-Çocuğun Büyümesi

- Yetişkin benlikten, kendi küçük benliklerini avuç içine sığacak kadar küçüldüğünü imgelemelerini isteyin. Daha sonra onu kalplerine doğru tutarak sevgi ve kabulle sarmalanmış olduğunu hissederek içsel-çocuğu kalplerine yerleştirmeleri için komut verin. Bu aşamada daha fazla da duyguortaya çıkabilir. Hepsinin serbest bırakılmasına izin verin.

- Onlardan çocuğun şimdi bulundukları yaşa kadar büyüdüğünü hissetmelerini, görmelerini veya hayal etmelerini isteyin. Seans boyunca veya ön görüşme sırasında ortaya çıkan çocukluk veya ilk gençlik yıllarının travmatik olaylarında durun. Şimdi sahip oldukları yeni nitelikler ve bakış açılarıyla bu olayları yeniden çerçevelemelerine izin verin. İçsel-çocuğun nasıl daha farklı davrandığını, olayları nasıl olumlu anlamda özgürce deneyimlediğini izleyin.

- Çocuğun ya da bebeğin yaşını şimdiki yaşına gelinceye kadar sayın. Yaşından emin değilseniz, düşündüğünüzden biraz daha erken bir yaşta durunve**Şimdi bugünkü yaşına kadar büyü...çok güzel, tamamen şimdiki yaşına kadar büyü...tamamen bütünleşmiş olarak, bütün bu olumlu yeni nitelikleri, şimdiki yetişkin haline getirerek!**deyin.

Geleceğe Uyarlama

- Danışanı şimdi sahip olduğu niteliklerle geleceğe götürün. Balonlarla temsil edilen yeni niteliklere, yeni anlayışlarına vb.ne dayanan bazı hipnotik telkinler ekleyin. Onları, kendilerini yeni ve güçlenmiş şekilde davranır ve hareket ederken görebilecekleri kadar ilerletin.

- Danışanı altı ay, bir yıl, üç yıl ya da uygun olduğunu hissettiğiniz her hangi bir ileri tarihe götürün.Sahip olmaya alıştıkları problem ve duygulardan tamamen özgürleşmiş bir halde çok daha pozitif şekilde davranmalarına izin verin.

- Belki onların özel bir yere gitmelerini ve tam sevgi ve onayın olumlu duygularını kendi içlerinde hissetmelerini isteyerek bitirebilirsiniz.

İçsel-Bebeğin Şifalanması

- Eğer problemin kaynağı ana rahminde yaşanmış bir olay ise, süreç hafifçe farklılık gösterir. Ana rahminde geçirilen süre, bebekler anne ve babanın duygularını içselleştirdikleri ve istenmediklerinin farkında oldukları için problem genel bir kaynağıdır. Ruhsal bilinçleri ile bütün konuşma ve tartışmalara da kulak misafiri olurlar. Ruh, seçtiği derslerin ve önünde uzanan hayatın zorluklarının gerçekliği ile tamamen bağlantıda olduğundan, bu oldukça sıkıntılı bir durum olabilir.

- Danışanları ilk doğum anına götürün ve bilgi alın. Bebek için anne ve babayla ilk karşılaşma genellikle oldukça sıkıntı verici ve duygusal olabilmektedir.

- Her bir ebeveynin gözlerinin içine baktırın ve hangi duyguları taşıdıklarını görmelerini isteyin – genellikle korku, kaygı veya diğer başka negatif duygulardır. Daha sonra her bir ebeveynde bu duygunun ne zaman oluştuğuna bakmasını isteyin.

- Daha önce anlatıldığı gibi, onlara ebeveynleri bir çocuk olarak hayal etmelerini ve onların çektiği acıları da fark etmelerini isteyin. Bu da bir değişim ve yeni bir anlayış düzeyi yaratacaktır. Gerekirse nesiller boyunca geriye doğru gidin. Danışanlarınızın ışığın veya sevginin iyileştirici kıvılcımını onlara verirken kendilerini hayal etmelerini sağlayın.

- Şimdi ana rahmine geri dönün ve yetişkin benliğin bebek benlikle konuşmasını, onun tam olarak mükemmel olduğunu ve sevildiğini hatırlatmasını, doğduğunda onunla buluşmak üzere orada olacağını söylemesini isteyin.

- Bebeğe doğum için rehberlik edin. Psikodrama kullanarak, bebeğin doğum anı duruşunu almasını sağlayın ve bir battaniye aracılığı ile sanki doğum kanalına kendini itermiş gibi taklit ettirin. Bu kez kendi yetişkin benlikleri doğum anında orada bebek benliğiyle buluşsun ve bir yastık yardımıyla kendi bebek benliğini kollarına alsın. Yetişkin benliği, kendi bebek benliğiyle öz sevgisiyle konuşmasını ve ne duymaya ihtiyacı varsa onları söylemesi için teşvik edin.

EBEDİ RUHU DÖNÜŞTÜRMEK

Bu, danışanın içinden gelecektir – neye ihtiyaçları olduğunu içgüdüsel olarak bilirler.

- Sevgilerini ifade etmeleri ve onun gerçek doğasını, çok özel ruhunu, koşulsuz sevgiyi, mükemmelliği ve saflığı görmesi için bebeğin gözlerinin derinlerine bakması için özendirin.

- Daha önce sözü edilen yetişkin anne ve babayla diyalog, balonlar, ruh anlaşmaları gibi diğer teknikler, burada da kullanılabilirler.

Özet

Rahatsız edici düşünceler, negatif duygular, hastalıklar ve uyumsuzlukların meydana geliş sebebi genellikle çocukluktaki belirli bir anda ve daha derin bir çalışmayla da, bunların kökleri ruhun girift ve bilerek hazırlanmış hayat planında bulunabiliyor.

Burada anlatılan içsel-çocuk şifa teknikleri, aralarında John Bradshaw ve Brandon Bays'in de bulunduğu öncülerin çalışmaları üzerine inşa edilmiştir. Bununla birlikte, ruhsal anlaşmalara dair ilave farkındalık, danışanın hayat planı ve tüm karakterlerin oynadıkları roller hakkında daha yüksek bir anlayış kazanmasını sağlar. Birçoğu bunun kendi ruhsal kariyerlerinde ilerlemelerine yardımcı olmak üzere bir oyun planı yaratıyor, çeşitli roller için diğer ruhlar arasından seçim yapıyor ve bir oyunda ya da filmde oynuyor gibi hissettirdiğini belirtmiştir. Aynı durumlar dramatik ve genellikle acı dolu hayat hikâyelerinin gerçekten kendi yaratımları olduğunu, kendi anne, baba, erkek kardeş ve kız kardeşlerinin tümüyle birlikte sorumlu oldukları bir anlaşmaya dâhil olduklarını ansızın fark eden pek çok danışanım için de geçerlidir.

Hayatımızdaki ilişkilerin ruhsal amacına dair bu daha derin düzeyde anlayış, bir şekilde bizi zorlayan herkesi anlamamızı ve affetmemizi sağlayacak şekilde bizi özgürleştirir ki buda hayatımızdaki herkes için koşulsuz sevgi durumuna yol açar. Hayat amacına ve ruhun yolculuğuna dair bu yeni bakış açısı, devam eden tüm durumlar ve ilişkiler üzerine de uygulanabilir.

Ruhsal düzeyde yaptığımız seçimler için sorumluluğumuzu üstlenerek kurban olduğumuza dair her tür duyguyu serbest bırakabilir ve kendi gerçek gücümüze adım atabiliriz. Aynı zamanda içimizdeki koşulsuz sevgi duygusu bir ahenk, içsel huzur ve bedenimiz için optimum sağlık durumu yaratır. Bağışıklık sistemimiz daha güçlüdür, ilişkilerimiz daha mutludur ve bu ruhsal bilgeliği biz gelecekteki tüm karşılaşmalar için uygulayabiliriz.

Rosie'yle ben henüz içsel-çocuk şifalanmasının ruhsal yanını geliştirmeden önce çalışmıştım. Fakat onu ruhsal anlaşmalarını yaptığı yere götürmüş olsaydım sizce ne bulurduk? Neyi deneyimleyip üstesinden gelmek için buradaydı ve bu hayat için seçtiği derslerde ona yardım edebilecek ruh kimdi? Hatta bu yeni tekniği ona uygulama ihtiyacımız var mıydı? Şart değildi çünkü gerçekten sadece geleneksel içsel-çocuk teknikleri kullanılarak derin ve engin bir iyileşme ile dönüşüm sağlamıştı. Yine de, belli bazı danışanlar için bu çok değerli bir ilave araç olabiliyor.

Bir zamanlar kurban olarak görülen bir danışan, gerçekte birçok zorlukları üstlenen kararlı ve cesur bir ruh olduğunu öğrenebilir. Bu bilgi muazzam güçlendiricidir ve bir danışanın hayatının tüm tarafları üzerindeki dalga etkisi sonsuza kadar dönüştürücü olabilir.

Yazar Hakkında

Hazel Newton Dip HYP, Dip RT, Ct LBL, RGN

Hazel eski bir pratisyen hemşire ve ilaç endüstrisinde klinik bir uzmandır. Şimdi Bristol'de klinik hipnoterapist, regresyon terapistive hayatlar arası terapisti olarak çalışmaktadır. Hazel'in hayat amacı ve tutkusu başkalarının kendi ruhsal yolculukları hakkında bilgi edinmelerine, gerçekten kim olduklarını ve neden özellikle tarihimizin bu özel döneminde enkarne olmayı seçtiklerini öğrenmelerine yardımcı olmaktır. Daha fazla bilgi için *www.radiantsouls.co.uk* adresini ziyaret edebilir ve *hypnoticchanges@yahoo.co.uk.* e-posta adresinden ona ulaşabilirsiniz.

Referanslar

1. Bradshaw, J.,*Homecoming: Reclaiming and Championing Your Inner-Child*, Piatkus, 1991.
2. Bays, B.,*The Journey*,Thorsons, 1999.
3. Ford, D.,*The Dark Side of the Light Chasers*, Hodder and Stoughton 1998.
4. Ford, D.,*Why Good People do Bad Things*, Harper Collins 2008.
5. Myss, C.,*Sacred Contracts,* Bantam Books, 2002.
6. Newton, M.,*Journey of Souls*, Llewellyn, 1994.
7. Newton, M.,*Destiny of Souls*, Llewellyn, 2000.

4

TIPTA REGRESYON TERAPİSİUYGULANMASı

Peter Mack

Siz kendiniz zamansınız;
Algılarınız sizin saatleriniz.

Angelus Silesius, Alman mistik, 17[th]yy.

Giriş

Tıp bilimi üzerine çalışmayı severim ve eğitimini aldığım cerrahlık sanatının her yönünden zevk alıyorum. Araştırma ve inceleme merakım beni 1988'de doktora yapmaya sevk etti ve sonrasında da araştırma faaliyetlerime yıllarca devam ettim. Yine de deneycilik ve gözlemleme dâhil olmak üzere diğer kaynaklardaki bilgiyi araştırmaya da derin bir özlem duyuyordum.

Şifalanma, çağlar boyunca bütün insan kültürlerinde rastlanan bir uygulamadır ve tüm kültürler fiziksel sağlığı iyileştirmek, duygusal bütünlüğü korumak ve ruhsal dinginliğe ulaşmak için yöntemler geliştirmişlerdir. Geleneksel olarak şifa kavramı insanların bedenlerindeki, zihinlerindeki ve ruhlarındaki sıkıntıların önüne geçerek kişileri sağlıklı kılacak bir takım

EBEDİ RUHU DÖNÜŞTÜRMEK

teknikleri içerir. Zamanla, modern tıp teknikleri süreç boyunca zihin ve ruhun esenlikte olmasını belki de göz ardı ederek, dikkatini fiziksel bedendeki rahatsızlıkları düzeltmeye ve dengeyi sağlamaya çevirmiştir. Oysa bence regresyon terapisi, bütünsel doğası nedeniyle buradaki boşluğu doldurmak üzere kendi potansiyeliyle yerini almıştır.

Tıp fakültesindeki öğrencilik günlerimden beri yetişkin hastalarda, çocukluklarının erken anılarına ulaşabilmek için kronolojik olarak bilinçlerinde geriye gidilebileceği tıp camiası tarafından bilinmektedir. İlk kez 1972 yılında öğrenciyken tanık olduğum hipnotik yaş regresyonunu canlı bir şekilde hatırlıyorum. O günlerde diş hekimliği ağrı yönetimi açısından taşıdığı potansiyel nedeniyle hipnoza daha aktif bir ilgi göstermekteydi. Birleşik Krallık 'tan bir diş hekimi hipnoterapistin verdiği bir akşam semineriydi. Tanıtım için gönüllü olan genç bir kız hastasını beraberinde getirdi. Kızın başlangıçtan itibaren bir kaç dakika içinde hızlıca hipnoza girişi beni etkilemişti. Hipnoterapistin komutlarıyla öğrenciliğinin ilk günlerine geriledi. Terapistin yönergeleriyle eş zamanda anılarında geriledikçe ses tonunun nasıl değiştiğini ve giderek çocuklaştığını şaşkınlıkla izledim.

Beden-zihin bağlantısının çalışma sistemi oldukça ilginçtir ve birçokinsan için gizemli görünebilir. Uzunca bir süredir zihin ve beden için ayrı alanlar belirlenmiştir. Beden fizyolojisine dair uygulamalarda hekimler uğraşırken, zihne ait sorunların genellikle psikolog ve psikiyatristlerin alanına girdiği varsayılmaktadır. Regresyon terapisinin şifa için tıpta kullanımı oldukça yavaştı ve aslına bakarsanız son zamanlara kadar aykırı kalıyordu.

Modern tıptaki 'şifa' kavramı ciddi ölçüde bilime dayanmaktadır ve yönelimi de ezici bir farkla fizikseldir. Odağı çoğunlukla dokuların biyolojisinin hasarına, onarılmasına ve canlandırılmasına yöneliktir. Bozulmuş sağlığa eşlik eden duygusal rahatsızlıkların psikiyatrinin alanına girdiği varsayılır. Bilinçsiz zihne yolculuk genellikle göz korkutur ve geleneksel bilimsel öğretinin uygun şekilde açıklayabileceğinin ötesinde gizemli bir dünyanın potansiyelini ortaya dökebileceği için korkuyla karşılanır. Yine de tıp, şifanın bütünsel ortak değerlerinin uzağındadır. Bedensel, zihinsel ve ruhsal sıkıntıların önüne geçerek kapsamlı tüm teknikler yoluylahastalıkların üstesinden gelmek cazip görünmekle birlikte tıp biliminin beklentilerinden uzaktır. Bütünsel şifa tekniklerini kabul etme konusundaki asıl engel, tıp uzmanlarının bu tekniklerin etkinliğine dair bilimsel yaklaşımla doğru orantılı olması gereken kanıtları isteme ısrarından kaynaklanmaktadır.

Benim Yolculuğum

Hipnotik regresyonla karşılaşıp, durup dikiz aynasına bakarak önceki yıllardaki tıp biliminin gelişimi hakkındaki büyük resmi algılamamın üzerinden tam 30 yıl geçti. Zamanın aynasında pek çok olay gördüm. Buna insan genomunun dizilmesi, tıbbi görüntüleme teknolojilerindeki gelişmelerde patlama, karaciğer naklindeki gelişmeler ve tıp camiasını sürpriz biçimde yakalayan ürkütücü SARS salgınıdâhildi. Öldürücü SARS virüsünün görevini yaparken bir meslektaşımın ölümüne sebep olduğu salgın sırasında iki kez karantinaya alındığımı hatırlıyordum. Sonrasında hayata, hastalık ve şifaya farklı bakar oldum. Sanki hayatımın bir dönüm noktasındaydım ve farklı şeyler yapmak istiyordum. Kışkırtıcı bir dürtü hissettim ve Reiki şifası aldım. 'Enerji tıbbı'nın alışılmış tıpta çok az kabul gördüğü konusunun tamamen farkında olmama rağmen, derinlerde bir yolculuk başladı.

Bir gün yetmişli yaşlarında, tekerlekli sandalyede asık suratlı bir hasta muayeneme odama girdi. Bir yıl önce midesinden

EBEDİ RUHU DÖNÜŞTÜRMEK

yumuşak bir kas tümörü çıkartmıştım ve şimdi rutin kontrolü için gelmişti. Onu ameliyat ettiğim sırada emekli bir doktordu. Ameliyat sonrası toparlandığında talihsiz bir şekilde konuşmasında ve hareketlerinde bozulmaya yol açan sinir sisteminin dejeneratif bir hastalığına, Parkinson'a yakalanmıştı. Aldığı ilaçlara rağmen durumu kötüleşmiş ve sonunda tekerlekli sandalyeye mahkûm olmuştu. Bu zayıf düşmüş hali beni duygulandırdı. İçgüdüsel olarak koltuğumdan kalktım, arkasına geçip ellerimi omuzlarına koydum. Unutulmaz bir andı. Yarım dakika içerisinde bariz bir canlandırıcı dalga deneyimlemiş ve şaşkınlık nidası çıkartmıştı. Enerji göğsüne ve gövdesine doğru yayılmış, ani bir canlanma hissetmişti.

İkinci bir olayda, yirmili yaşlarının sonunda çekici genç bir kadın, ağrıyan ayağıyla topallayarak muayene odama girdi. Kızın omurgasındaki fıtık ile ilgili rahatsızlığını takip eden ortopedist meslektaşım, bana danışmasını tavsiye etmişti. Bir havayolu şirketinde uçuş kabin elemanı olarak çalışıyordu. Bir uçuş sırasında eğilmiş yere düşen bir şeyi alacak iken kabin arkadaşı yemek arabasıyla kazara sırtına çarpmıştı. MRI taraması omurlar arasındaki disklerde bir fırlama gösteriyordu fakat yaşının nispeten genç olması nedeniyle ameliyat önerilmemişti. Zamanla belindeki ağrı sağ karın altına doğru yayılmış ve benim görüşüm istenmişti. Karın bölgesini elle muayene ederken, yüzü ansızın aydınlandı:

> Ah, Doktor, sanırım bunu biliyorum. Bu bana verdiğiniz bir tür şifa enerjisi. Sağ bacağıma doğru indiğini ve ayağıma doğru aktığını hissediyorum.

Bir başka şifa uygulamacısı vasıtasıyla reiki enerjisiyle tanıştığını ve bu yüzden çabucak fark ettiğini itiraf etti. Önceki deneyimi enerjiyi nasıl hissettiğine dair ona zihinsel bir yazılım sağlamıştı ve şimdi bu iki deneyimi pozitif bir şekilde hemen birleştirebilmişti. Sonra da ileride Reiki tedavisini tekrarlamak için gelip gelemeyeceğini sordu. O andan itibaren, benim şifa konusuna bakışım ebediyen değişti.

Bütünsel Şifa

Yıllar geçti. Hastalık sebepleri ve şifaya yönelik zihinsel kavramlarda kademeli bir değişim hissediyordum. Zihin-beden bağlantısı artan bir kabul görmeye başlamıştı. Tıp uzmanları insanların, sadece duyguların ve niyetin psikolojisine ilaveten organların ve hücrelerin fizyolojisinin birliği ile açıklayabilecekleri sorunlarını fark ediyor ve zihin-beden bağlantısını daha fazla dikkate alıyorlardı. Bununla, tıbbi hastalıkların altında yatan psikolojik ve sosyal problemlerle bağlantılı belirtilere dair farkındalık ta arttı. Ne yazık ki hastalıkların zihinsel sebeplerine yönelik tıp, mükemmelleşmiş ilaç tedavisi ve ameliyatın favori olduğu yürürlükteki tıbbi gelişmelerle mücadele ediyordu. Fiziksel rahatsızlıklarda bilinçaltı zihnin rolü akla gelmiyordu. Halen, zihin-beden problemlerini tedaviye çalışan hekimlerin bu çalışmalarına rehberlik edecek nitelikte bir tıbbi teori bulunmamaktadır. Bununla birlikte, stresin belirli hastalıklar için temel bir katkı sağlayıcı olabileceğine ilişkin genel bir kabul oluşmuştur.

Stres, her zaman tanımlaması zor bir kavram olmuştur. İnsanların hayatının temel örüntülerinde ani ve hızlı değişikliklerin sonucu olarak ortaya çıktığını biliyoruz. Özellikle de bu değişimlerin kişilerin benlik kavramına yönelik önemli etkileri varsa. Bununla birlikte, tedavi bağlamında stres kavramını tam olarak tanımlamak zordur çünkü stresin insan sağlığına etkisi dışsal koşullardan çok bireyin kişisel tepkilerine dayanır. Stres tepkisi, hastaların içinde oldukları durumlarıyla ilişkisinde kendilerini nasıl algıladığına dayanır. Dışsal gerekliliklere yüklenen değer, insanların kendi fiziksel, kişisel ve sosyal ihtiyaçlarını karşılayabilmeye dair algıladıkları yetilerini aşıyorsa, buna uyum sağlama şekli yetersiz kalacak ve stresle sonuçlanacaktır.

Fakülte öğrencileriyle klinik eğitimlerimde, negatif zihin durumunun hastanın beden bağışıklığını önemli ölçüde engellediği ve umutsuzluğun iyileşmeyi geciktirip ölümü çabuklaştırdığı hasta örneklerini daha fazla kullanmaya başladım. Yine de, hastalığın biyomedikal ve biyokimyasal yapısından uzaklaşmak kolay değildi. Modern tıp dünyası, daha bütünsel bir yaklaşımın parçası olarak bir hastanın duygularına, inanç sistemlerine ve tutumlarına öncelik verilmesini desteklemiyordu.

Yeni 'bütüncül sağlık' modeli, organsal hastalıkların duygusal rahatsızlıkların doğrudan bir yansıması olduğu düşüncesini savunuyordu. Bunun sonucu olarak biz eğer enerji düzeyinde duygusal bir işlev bozukluğunu tedavi edebilirsek, sonuçta beden de kendisini tümüyle iyileştirebilecekti. Tıp uzmanları için psikolojik müdahalenin, fizyolojik temelli belirtiler üzerinde dikkate değer bir etki oluşturabileceğini hayal etmeleri zor olmaya devam etti. Yine de, örneğin kemoterapi alan kanser hastalarının karşılaştığı tipik sorunlardan olan mide bulantısının, gevşeme teknikleri, yönlendirmeli imgeleme ve biofeedback kullanımıyla önemli ölçüde azaldığı belirlendi.[1,2]

Bütüncül sağlık modelinin merkezi, bireysel beden fonksiyonlarının zihin ve ruhla birlikte girift şekilde birbirine dolanmış olduklarına olan inançtır. Şiirsel deyişle, insan özünün müziğinin, hayatın zengin dokusunu dokuyabilmesi için fiziksel, sosyal, psikolojik ve ruhsal boyutlarla birlikte çınlamasına ihtiyacı vardır. Bir insan her hangi bir duruma uygun duygusal tepkiyi veremediğinde, onun yerine beden harekete geçer. Bu, stres mekanizmasını açığa çıkartır ve birçok psikosomatik rahatsızlığın gelişmesine katkıda bulunur. Sindirim sistemine ait ülserler, yüksek tansiyon, migrenler, kalp problemleri dâhil bu tür rahatsızlıklar, kişinin hayatının sosyal, psikolojik ve duygusal taraflarını idare edebilememesinden kaynaklanan fiziksel sonuçları temsil ederler. Genellikle bir tehdidin sadece gerçekleşme ihtimaline karşı duyulan korku bile tıpkı olay gerçekleşmişçesine aynı fizyolojik tepkimeyi yaratabilmektedir.

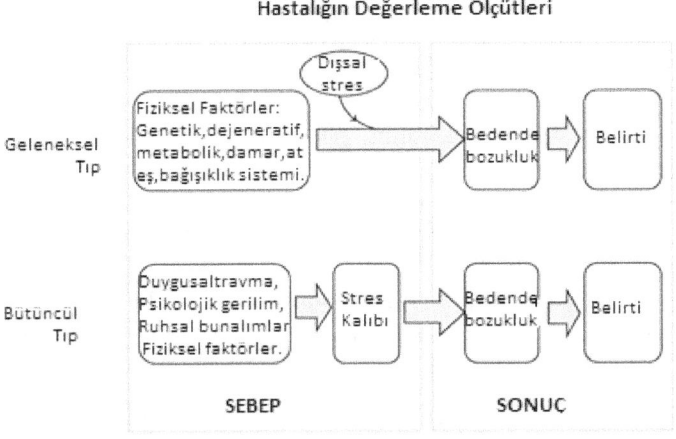

Şekil 1: Stres ve Hastalıkların Sebep-Sonuç İlişkisi

Caroline Myss, *Sağlığın Evreni*'nde bu tür fonksiyon bozukluklarından kaynaklanan sekiz stres modeli tanımlamaktadır.[3] Bunlar arasında çözülmemiş kişisel sorunlar, negatif inanç ve tutumlar, sevgiyi almakta ve vermekte yetersizlik, kendini bırakamamak, işe yarar seçimler yapamamak, fiziksel ihtiyaçları görmezden gelmek ve yaşamın anlamını kaybetmek de bulunmaktadır. Bunlardan bazıları, ilerleyen sayfalardaki örnek olaylarda da görülecektir.

Örnek Olay 1 – Bitmek Bilmeyen Mide Problemleri

Hipnoterapi çalışmalarımı başlatmaya karar verdim ve ardından hemen fark ettim ki regresyon ve gevşeme sanatının en tatmin edici semeresi, bunun şifalandırma potansiyeli idi. Açıklanamayan müzmin sorunlardan şikâyetçi hastalar gözle görülür ve çarpıcı gelişmeler gösteriyor ve bir kez problemin duygusal kaynağı meydana çıktığında, tedavi tamamlanıyordu. İlk geçmiş yaşam terapisi dersimin bana öğrettiği gibi, problemin kökünün bir geçmiş yaşamın bilinçaltı anılarına gömülü olması pek de nadir değildi.

Sınıf arkadaşlarımdan biri son derece çabuk etkilenen Clarissa adında bir bayandı ve sonunda şifalanmayı anlamamda en önemli etken oldu. Kırklı yaşlarının başlarındaydı ve beş yaşından beri karnının üst kısmında keskin, bıçak saplanırcasına sancılardan acı çekiyordu. Buna açlık sancıları eşlik ediyordu. Yoksul bir geçmişi vardı. Ailesi bütün aile üyelerine yeterli yiyecek sağlayamadığı için önceliği her zaman kardeşlerine vermişti. Dolayısıyla genellikle aç geziyordu.

Yıllar içinde yemeklerinin düzensizliği sancıları 'sanki hiç bitmeyecekmiş gibi' tanımladığı şekilde daha da kötüleştirmişti. 20 yaşındayken bağırsaklarında endoskopi yapılmış fakat on iki parmak bağırsağında sindirim sistemine bağlı bir ülser olmayan, hafif bir yangı tespit edilmişti. Sancı şiddetini korumuş ve ilaç tedavisine yanıt vermemişti. Ekmekten kaçınmasını söyleyen bir doğal tıp uzmanına (naturopath) başvurmuştu. Beslenme biçimini düzenlediğinde belirtilerde kısmi bir rahatlama olmuş ancak karın bölgesindeki ağrı can sıkıcı bir endişe kaynağı olmaya devam etmişti. Hipnoterapi derslerine katılmaya başladığı sırada eşiyle giderek bozulan ilişkisinden rahatsız oluyor ve bu zor duruma olası bir metafiziksel sebep araştırıyordu.

Seminer sırasında geçmiş yaşam regresyonu için gönüllü oldu ve kendini Japonya'da, 34 yaşında, kırmızı bir giysi içinde geyşa olarak gördü. Bu çok mutsuz, öfkeli ve üzücü bir hayattı. Bir başka geçmiş yaşamda Çin'deki Chengdu şehrindeydi ve öncekinin tersine oldukça mutlu ve göz kamaştırıcı bir yaşamdı. Kendisini beyaz çiçek desenli bir Japon kimonosu giymiş, bir şemsiye taşıyor ve geniş bir izleyici kitlesi için sahnede dans ederken buldu. Gösteri bittiğinde başını eğerek selamladı ve korumaları eşliğinde zarafetle sahneden indi. Ne yazık ki sanatçı pırıltısı kısa ömürlüydü. Baskıcı erkek arkadaşı onun cazibesinin ve güzelliğinin yalnızca kendisine ait olduğuna ve başka erkeklerle paylaşılamayacağına karar vermişti. Ona tam anlamıyla sahip olmayı garantilemek için kadını ölümüne bıçakladı. Bıçak, şimdiki hayatında bitmek bilmez sancıyı hissettiği karnının üst bölgesini delip geçti. Ölüm anında acı içinde haykırıyordu: 'Ölmek istemiyorum, daha çok gencim'. Hala trans halindeyken geçmiş yaşamdaki erkek arkadaşının şimdiki yaşamdaki kocası olduğunu ve ruhsal boyutta da affetmeyi öğrenmesi gerektiğini keşfetti.

O günden sonra Clarisse'in karnındaki sancılar hafifledi ve Clarisse bunu mümkün kılan terapiste fazlasıyla minnettardı. İki yıl sonra birbirimizle yeniden buluştuğumuzda o zamandan beri tamamen sancısız olduğunu teyit etti. Mucizevi bir şekilde kocasıyla ilişkileri olağanüstü gelişmişti ve mutluluğun doruğundaydılar.

Bu deneyim bana regresyonun gerçekten anlayış ve dönüşümle ilgili olduğunu öğretti. Bir insanın bedeni, değişmek için öğrenilmesi gereken dersi söyleyebilir ancak şifalanma süreci ile ilgili sorumluluk hastanın kendisine kalır. İlaç tedavisi içlerinde süregelen içerlemeyi veya duygusal acıyı ortadan kaldıramaz. Sebep ve sonuç hem fiziksel hem de metafiziksel düzeyde, hem de uzay ve zamanda birbiriyle bağlantılıdır. Temel olarak tüm hipnotik durumlarda zaman bükülmesi mevcuttur ve nedensel bağlantıların çağlar ve hayatlar boyunca nasıl yayıldığını anlamak zor değil. Asıl amaç, önceki bir yaşamdan dikkatle toparlanmış bilginin hastanın şimdiki yaşamda esenliğini nasıl artıracağını tespit etmektir. Clarisse'in öyküsünün özgün bir geçmiş yaşam veya verimli hayal gücünün içsel çatışmaları için uydurduğu bir metafor olarak algılanmasına bakılmaksızın, bu öykü onun temel sorunlarını ortaya çıkarmış ve bu sorunların, şimdiki yaşamına başarıyla uygulayabileceği bir dersi göstermeye yardım etmiştir.

İlk uygulamanın ardından iki yıl sonra Clarissa benimle iletişime geçtiğinde bu, terapist olarak benim yardımımı istemek içindi. Yukarıda belirttiğim gibi, kocasıyla ilişkisinde müthiş gelişme vardı ve onunla güçlü bir geçmiş yaşam bağlantısı hissediyordu. Artık mide ağrısı çekmemesine karşın yüksek seviyede mide asidi, hazımsızlık ve şiddetli yemek arzusundan şikâyetçiydi. Açlık krizleri sıkça geliyor ve bu rahatsızlığı bastırabilmek için iki saate bir yemek yiyordu. Yemeklerin sıklığı onu rahatsız ediyordu ve yine ilaç tedavisine direnç söz konusuydu. Çözülmemiş bir başka sorunu taşıyor gibi hissediyordu ve bunun sonuna kadar gitmeye kararlıydı.

Şimdiki rahatsızlıklarının belirtileriyle önemli ölçüde bağlantılı iki geçmiş yaşama geriledi. İlkinde göçebe bir aileye doğdu ve sekiz yaşındayken varlıklı bir ailenin oğluyla evlenmek üzere satıldı. Ne yazık ki kocası tarafından taciz edildi ve bir olay sırasında karnına ağır bir yumruk yedi. Sonrasında bir gün kocası onu yapayalnız ve yiyeceksiz bırakarak gitti ve bir daha geri dönmedi. Kız ailesini araştırdı ama onları bulamadı. Arap kıyafetli bir prens geldi ve ona yiyecek verdi. Onu sarayına götürüp kendisiyle evlenmesini teklif etti. Fakat kız bu teklifi reddetti çünkü prensi hak etmediğini hissediyordu.

İkinci geçmiş hayatında Clarissa kendini Bulgaristan'da yine soylu biriyle evlenmiş buldu. Bu kez adamın babası bu evliliğe karşı çıkıyor ve oğlunun bir prensesle evlenmesini istiyordu. Bu yüzden birbirlerini çok sevmelerine rağmen kızı kocasından zorla ayırıyorlardı. Daha sonra yeniden buluşup dışarıdaki dünyayı bırakıyor, ormanda sessiz bir yere yerleşiyor, huzurlu ve dolu dolu bir yaşam sürüyorlardı. Büyüyüp yetişkin olmuş bir oğulları vardı ve 25 yaşındayken şehirde çalışmak üzere evi terk etmiş ve birdaha ondan hiç haber alamamışlardı. Daha sonra kocası 70 yaşındayken öldü. Sonunda kendisi hayal kırıklığı ve öfkeyle, sonradan bir gangsterin kurbanı olarak dövülerek öldürüldüğünü anladığı oğlunun neden hiç dönmediğinden kafası karışmış bir halde öldü. Ölümünden sonra cesedi vahşi hayvanlara bırakılmış ve onlar karnının olduğu bölgeyi yemişlerdi. Hatta bir kuşun bağırsaklarını çekip çıkarıp ağzında tutarak uçup gittiğini görmüştü. Ruhsal boyutta o geçmiş yaşamdaki oğlunun şimdiki hayatta kocası olduğunu fark etmişti.

Roger Woolger'a göre:[4] 'Geçmiş yaşam terapisinin dikkate değer yanlarından biri, alışılmış tedaviye direnen her kronik fiziksel belirtinin ardında, bu belirtinin içine gömülübir felaket, yoksunluk veya şiddet içeren bir ölüme dair eski bir hikâyenin bulunmasıdır'. Bu durum Clarissa'nın vakasında gayet iyi örneklenmişti. Onun bedeni bilinçaltında çok derinlere gömülü sorunları depolamış görünüyordu. Hemen seans sonrasında yemek yemek için yakındaki bir restorana götürdüm. Mide hazımsızlığının tatsız belirtilerinin ve rahatsızlığının dindiğini hemen fark etti. Geçmiş yaşamlarının şimdiki yaşamdaki davranışına iki şekilde etki ettiğini fark etti: (a) geçmiş yaşamlardaki karakterlerin şimdiki yaşamda öteki benlikler gibi rol aldığını ve (b) geçmiş yaşam hikâyesinin bir şekilde yeniden tetiklendiğini ve tamamlanmamış olarak kaldığını anladı

Ne zaman Clarisse'in öyküsünü hatırlasam, Caroline Myss'in aktardığı şu sözler aklımda yankılanır:

Bütünsel alanda temel önerme hastalığın rastgele gerçekleşmediğidir. İnsanın geliştirdiği her hastalık veya bozukluk belirli bir tip duygusal, psikolojik veya ruhsal stresin göstergesidir. Bir hastalığın her bir özelliği, örneğin hastalığın yeri, simgesel anlamda da önemlidir.

Örnek Olay 2 – Huzursuz Bağırsak Sendromu

Bir yaşam süresi boyunca psişik, duygusal ve fiziksel olarak tutulan izlenimlerin bir şekilde gelecek hayatlara aktarılabildiğinin ortaya çıkması, beni şifalanmanın engin ve çoğunlukla da bilinmeyen alanlarına uyandırdı. İlginç bir şekilde sindirim sisteminin mide-bağırsak bölgesi strese karşı çok duyarlıdır be bazen 'ikinci beyin' olarak adlandırılır. Bunun sebebi çok sayıda sinir ucu bulunması ve faaliyetinin hormonları ve nöro-kimyasal aktarıcıları da içermesidir. Tıp uzmanları Huzursuz Bağırsak Sendromu (HBS) belirtilerini merakla ararken, meslek dışı insanlar 'içsel hisler'den (gut feeling) söz ederler. Bu sık rastlanan işlevsel bozukluk müzmin bir karın ağrısı, rahatsız edici şişkinlik ve bağırsak hareketlerinde değişiklik ile kendini belli eder fakat tespit edilebilir her hangi bir organik sebep yoktur. Stresin doğası ne olursa olsun, HBS'dan mustarip olanların strese daha az dayanıklı ve tepkilerinde daha tedirgin oldukları görülmektedir.

HBS'nun teşhisi belirtilere dayanmaktadır. Rahatsızlık insanları çok değişik şekillerde etkiler. Bazı hastalar arada sırada belirtileri gösterirken bazıları stresin hayatlarının birçok alanındaki etkilerine göre şiddetli ishal veya kabızlık yaşayabilirler. Bu belirtiler aynı kişide sıklık ve yoğunluk açısından günden güne veya aydan aya değişebilir. Bu hastalığın doğasının sinir bozucu tarafı yarın ne olacağını bilememektir. Tıp bilimi bu problemle uzun zamandır uğraşmaktadır ve en iyi doktorların yapabileceği en iyi şey hastalığın ölümcül olmadığı konusunda hastayı rahatlatmaktır. İlaç tedavisi kısmi bir rahatlama sağlamakla beraber, problemin köküne inememektedir.

Doğrusu, ilk uyguladığım geçmiş yaşam regresyonlarından biri, regresyonun HBS'nu ortadan kaldırmakta ne kadar etkili olduğuna bir örnekti. Kendisi orta yaşlı bayan bir doktor olan Deborah, uzun yıllardır HBS'dan rahatsızdı. Bir öğrenci olarak sınavlarında acilen tuvalete gitme ihtiyacının eşlik ettiği yoğun stres yaşamıştı. Bir yetişkin olarak ne zaman stres altında olsa mide kramplarıyla birlikte tuvalete gitme ihtiyacı duyardı. Kolonoskopi bulguları normaldi ve doktoru ona tedavi olarak standart beslenme önerilerinde bulunmuş, ishal önleyici ilaçlar ve spazm engelleyiciler vermişti.

Bir tatil dönüşü Deborah, yiyecek düşüncesi, evden uzakta bir restoranda yemek yeme veya fiziksel olarak halka açık bir tuvaletten uzak olma düşüncesiyle tetiklenen günlük şiddetli karın ağrısı ve ishal atakları yaşıyordu.

İlk seansımızda kendisini çarıklarıyla çaputlar içinde bir pazar yerinde yalnız başına dolaşan beş parasız bir genç kız olarak gördüğü bir geçmiş yaşama geriledi. Hamile olduğunu ve çocuğu düşürmeye karar verdiğini, sonrasında pişman olduğunu ve giderek gözlerinin bozulduğunu fark etti. Sefil ve ıstırap verici bir hayattı. 80 yaşına kadar yaşadı ve ölüm anında kendini rahatlamış ve yorgun hissetti. Ruhsal boyutta affedilmek için çocuğuyla buluştu ve transtan çıkar çıkmaz tesadüf eseri şimdiki yaşamda oğlunun ağır miyopiden kaynaklanan görme bozukluğu yaşadığını, muhtemel bir retina ayrılması beklendiğini anlattı. İyi haber, Deborah'nın hemen seans sonrası ağrısız bir beş gün geçirmesi idi. İshal yaşadığı dönemler de önemli ölçüde azalmıştı.

İkinci seansta Hindistan'da yetim bir erkek çocuk olduğu bir hayata gitti. Annesi ve küçük erkek kardeşinin bir at arabası kazasında öldüğü, en iyi arkadaşı olan Çinli kızın bazı polisler tarafından işkenceyle öldürüldüğübir hayat. Duygusal

EBEDİ RUHU DÖNÜŞTÜRMEK

kayıplarla yüz yüze gelmiş, aşırı öfkeyle büyümüş ve yirmili yaşlarının başında intihar bombacısı olarak aynı polis memurundan intikam almıştı. Ölüm anında öfkesi affetmesine direnç yaratmıştı dolayısıyla içsel huzuru bulabilmesine yardım etmek amacıyla onu bir şifa alanına götürdüm. Bu seanstan sonra kaygı seviyesinde dikkate değer bir azalma olmuş ve Filipinlere gitmek üzere bir tatile çıkmıştı. Yolculuk sırasında kano yapmaya gittiğinde araç alabora olmuş fakat o krizler sırasında nasıl sakin kalabileceğini hatırlamıştı. Hayatının 'en büyük kâbuslarımdan biriydi' diye tanımladığı bu olay sırasındaki sükûnetine şaşırmıştı.

Üçüncü seansta Deborah farklı fakat konuyla ilgili bir durumun altını çizdi. Bunu 'havaalanı kaygısı' olarak tanımladı çünkü bir havaalanına gittiği her seferinde veya düşünmesi durumunda bile şiddetli mide krampları ve ishal tetikleniyordu. Regresyon sırasında kendiliğinden Aralık 2004'teki ölümcül tsunami ile ilgili bir geri dönüş yaşadı ve TV'de Tayland sahillerindeki kurbanları büyük tsunami dalgalarının vurduğunu seyrettiği bir ana geriledi. Felaket karşısında şok olmuş şekilde zarar gören insanlara yardım etmeyi çok istedi fakat kendi durumu insani yardım ekiplerine katılmasına izin vermiyordu. Bir ay sonra Tayland sahilindeki Phuket'e kocasıyla birlikte tatile gittiler. Deborah tsunami sonrası ucuz uçak bileti fiyatlarından yararlandıkları için bir suçluluk duygusu geliştirdi. Ayrıca kokuşmuş ve çürümüş bedenlerin kokusundan çok fazla rahatsız olmuştu. Seansımız devam ederken otuzlu yaşlarının başında bir kadın olduğu sahneye geriledi. Varış noktası bir tatil köyü olan küçük bir uçağa bir adamla birlikte biniyordu. Uçak kalktı, bir denizi geçti ve bir adaya doğru yönelirken ani bir türbülans uçağı düşürdü ve alev almasına sebep oldu. Ölüm anındaki ilk endişesi sık sık seyahat etmesi nedeniyle oldukça ihmal ettiği yedi ve dokuz yaşlarındaki iki çocuğu içindi. Ruhsal boyutta onlardan af diledi. Deborah geldiği dördüncü seansta Afrika'daki bir köye geriledi. Kendini 20 yaşında akıl hastası bir kocaya ve yarım düzine çocuğa bakmak zorunda olan bir kadın olarak buldu. Pazarda sebze satmak, ağlayan bebeğine bakmak, aile için yemek pişirmek zorundaydı ve çok stresli hissediyordu. Hayal kırıklığı ve öfkesinden kocasının başına vurdu ve kazayla öldürdü. Bir iç çekişle, bir sonrasında köylülerin işlediği suçtan dolayı onu yakaladığını gördü. Elleri arkasından bağlıydı, açık bir alanda yakılarak öldürüldü. Ruhsal boyutta hayatı için sebat etmediği ve kolay yolu seçtiği için pişman oldu. Af diledi. Daha da önemlisi aynı örüntüyle benzer hayal kırıklığını şimdiki yaşamda kocası ve çocuklarıyla da yaşadığını görmeye başladı.

Deborah'nın dördüncü seansını izleyen dönemde havaalanı kaygısına dair belirtiler tamamen ortadan kalkmıştı. Bir yıl sonra onu yokladığımda HBS'dan da kurtulmuştu. Bir hayattan diğerlerine taşınanın onun davranışları, arzuları ve güdülerinden, bazılarının 'karma' diye adlandırdığı örüntüden kaynaklandığı görünüyordu. Tekrar edilen geçmiş yaşam terapilerinden sonra kendi büyük yaşam planıyla ve daha güçlü kişisel değer duygusuyla bağlantıda olduğunu hissediyordu. Farklı hayatları sanki aynı iplikle birbirine bağlanmış gibi görünüyordu. Dersi tüm aile üyeleri için değerliydi ve ona hayatının en iyi fırsatlarını sunuyordu.

Örnek Olay 3 - Vertigo

Bazen hastaların açıklanamayan belirtilerinin regresyon terapisine kısmen cevap verdiği veya direnç gösterdiği zamanlar olur. Bunun tartışmaya açık sebeplerinden biri bedensiz, davetsiz ruhsal enerjilerin varlığının hastaya eklenmiş olmasıdır.

Genellikle bir hastalık bedensiz bir ruh tarafından dayatılmaktaysa, regresyon terapisi tek başına belirtileri ortadan kaldıramayabilir.[5]

Tannie, son on yıldırkaygı ve HBS'dan mustaripti ve aralıklı gelen panik atakları, defalarca hastanenin acil servisine gitmesine neden olmuştu. Faturalarını ödemek için yeterince para kazanmaya uğraştığı borç içinde olan kocasıyla problemleri vardı. Yedi yıl önce bir uçak yolculuğu sonrasında kulak çınlaması oluşmuştu ve iyi gelir umuduyla üç yıl önce Çigong (hayat-gücü enerjisi) dersleri almaya karar vermişti fakat iyileşmek yerine ne yazık ki durum daha da kötüleşmişti. Aynı zamanda vertigo da geliştirmişti. Baş dönmesi ve sersemlik hissediyor, sanki bir roller-coaster'dan düşüyormuş gibi bir 'yuvarlanma hissi' yaşıyordu. Bir de ne zaman boynunu çevirse açıklanamaz bir şekilde sanki 'başının arkasından bir kuyruk çıkıyormuş gibi' hissetmeye başlamıştı. Tıp uzmanları kulak içi kanallar ve merkezi sinir sisteminde organik hiç bir anormallik bulamamışlardı. Hemen ardından uykusuzluk çekmeye başlamış ve adet dönemlerinde durumun daha da kötüleştiğini fark etmişti. Bunlara ek olarak, sürekli şekilde tuvalet aradığı bir motif içeren tekrar eden rüyalar görmeye başlamıştı.

Tannie pek çok gevşeme hipnoterapi seansına gitmiş ve bu sayede, dengeyi öğrenmenin bir yolu olarak kendisini bir bisiklete binerken imgeleyerek baş dönmesini nasıl kontrol edeceğini öğrenmişti. Başlangıçta biraz isteksiz olmakla birlikte regresyon terapisini de denemeyi kabul etmişti ancak ne zaman geçmiş yaşam terapisi konuşulsa, şimdiki yaşamında yeterince sorun olduğu gerekçesiyle daha baştan reddediyordu.

İlk seansta Tannie'yi dört yaşına gerilettim ve kendisini henüz erkek bebek kardeşini doğuran annesini kız kardeşiyle birlikte hastanede ziyaret ederken gördü. Annesini gördüğünde katarsise girdi ve neden olduğunu anlayamadı: 'Annemi ve bebeği gördüğümde ağlıyorum. Biliyorum mutlu olmam gerekir ama sadece ağlıyorum'. Duygularının orta yerinde, suçluluk yüklü bir öykü açığa çıktı. Tannie'nin annesi o 28 yaşındayken ölmüştü. Annesinin öldüğü zaman Tannie ve ablası Çin'de tatildelerdi. Ablası aylardır evde değildi ve annesi onun dönüşünü bekliyordu. Tannie iş değişikliği dönemindeydi ve bu dönemde yurt dışındaki ablasına katılmaya karar vermişti. Çin'e gitmeden hemen önce, annesinin rutin kontrolleri sonucu sağlıklı olduğu söylenmişti.Bir hafta sonra Tannie annesinin kalp yetmezliğinden öldüğünün haberini almış ve cenaze için acilen eve dönmüştü. 'Şoktaydım. Öldüğüne inanamıyordum' dedi. Anlaşılan suçluluk duygusunun üstesinden gelememişti. Regresyon sırasında gittiği cenaze anında annesiyle daha fazla zaman geçirmeliydim diye düşünüyordu.

Tannie ilk regresyon çalışmasından sonra kayda değer gelişme gösterdi ve hissettiği sersemlik hali de iyileşti. Onun öyküsü bana Charles Whitfield'ın *Healing the Child Within*[6] (İçteki Çocuğu İyileştirmek) kitabındaki sözlerini hatırlattı:

Suçluluk temel olarak onun varlığını kabul ederek ve sonrasında bununla çalışarak giderilebilir. Bu demektir ki bunu yaşarız ve güvenilir ve uygun olan diğer insanlarla bunu tartışırız. En basit çözümde, zarar vermiş olabileceğimiz veya aldattığımız kişiden özür diler ve bağışlamasını dileriz. Suçluluğun daha karmaşık durumlarında, suçluluk hakkında ilgili kişiyle veya bireysel terapide daha derinlemesine konuşuruz.

Bir ay sonra Tannie ikinci bir seans için geldi. Kalabalık bir asansörde bir panik atak geçirmişti. Ertesi gün bir doktora görünmüş ve bir anti-depresan verilmişti ancak ilaçlar yardımcı olmak yerine uykusuzluğunu artırmıştı.

Baş dönmesi hissi onu hala rahatsız ettiği için onun bu duyusuna dikkatini çekmeye karar verdim ve hayatının en karanlık anı diye tanımladığı duruma gerilerken doğrudan katarsise girdi. Bu an, ardından baş dönmesi geliştirdiği ilk Çigong dersine katıldığı andı. Yerde oturduğunu ve Çigong öğretmeninin etrafta dolaştığını gördü. Ders düşüncesi, sınıfın loş ortamı ve Çigong öğretmeninin kendisi onu korkutuyordu. Kalbi hızla atıyor, nefesi daralıyor ve bedeni gerginlikten titriyordu.

Bu tuhaf belirtiler, titreyen sesi ve yüzündeki yoğun korku nedeniyle enerji bedeninde bedensiz bir ruhsal eklentisi olabileceğinden kuşkulandım. Rahatlaması için bedensiz varlıkla konuşmaya başlamadan önce trans düzeyini derinleştirdim. İsmini vermekten kaçınan genç bir kızdı ve Tannie'nin bedenine son üç yıldır Çigong derslerinin başlangıcında yerleşmişti. Amacının Tannie' ye acı çektirmek olduğu anlaşıldı ancak bir sebep göstermedi. Biraz ikna edildikten sonra bedensiz varlık gözyaşlarına boğuldu ve eğer annesi ona eşlik ederse eklendiği bedeni terk etmeyi kabul etti. O ayrılırken, Tannie'nin fiziksel gerginliği hızla sakinleşti.

Transtan çıkarken, varlığın ayrılma anında ani bir neşe ve rahatlamayı açıkça hissettiğini belirtti.

Ertesi gün Tannie büyük bir mutlulukla bana şöyle yazdı:

Dün döndüğümden beri baş ağrım ve midemde şişkinlik vardı fakat baş dönmesi hissi büyük ölçüde azaldı ve zihnim hiç bu kadar net olmamıştı! Yürürken kendimi son derece rahat hissediyorum.

Sekiz ay sonra hayret verici olduğunu düşündüğü bir deneyim yaşadı. Dubai'de tatildeydi ve çölde deveyle bir gezi yapmaya cesaret etti. Baş dönmesi hissinden korkmanın üstesinden geldiğini ve sanki tekrar normale döndüğünü hissetmişti.

Örnek Olay 4 – Egzema ve Aşırı Terleme

Thomas orta yaşlarda ve son üç yıldır parmaklarındaki egzemadan şikâyetçi bir pazarlama yöneticisiydi. Rahatsızlığı stres altındayken alevlenme eğilimindeydi fakat ister iş gezisi olsun ister tatil, ne zaman seyahat etse yatıştığını fark etmişti.

Thomas'ın rahatsızlığıyla ilgili duygularına odakladığımda hemen şimdiki yaşamında yatak odasında yalnız olduğu bir ana geriledi. Ebeveynlerinden uzak duruyor ve perişan hissediyordu. Daha sonra pek çok ilişkinin bittiği anlara gitti ve başarısızlıkların kabahatini kendinde buluyordu. Çin'e atanmıştı şirketin satışlarının ana yükünü o taşıdığı için baskı altında mücadele ediyordu. Aynı zamanda babasının sağlığı bozuluyor ve kız arkadaşı evlenmek üzere onun geri dönüşünü bekliyordu. Herkesi memnun etmeye çalışmanın stresini hissederken egzama ortaya çıkmıştı. Egzama çabucak kötüleşti, kendisini cüzzamlı gibi hissediyor, hiç bir şeye rahatça dokunamıyordu. Öfkeli duygular gelişiyordu.

Yönlendirmeli imgelem yardımıyla Thomas'ı bir şifa bahçesine götürdüm ve çevresindeki şifalı çalıları, çiçekleri ve gölü hayal etmesini sağladım. Yıkanır ve şifalı sulara dalarken hayat amacıyla ilgili ansızın bir farkındalık yaşadı. Son beş yıldır yoğun iş hayatında sürekli olarak ileriye doğru koşmuş ve stresle baş edebilmiş ancak hiç bir zaman bedeninin yenilenmesi ve iyileşmesi için durmayı düşünmemişti.

Bir hafta sonra Thomas yine geldi ve parmaklarındaki egzama kurumuştu. Terapiden çok memnun kalmıştı ve bir başka problemine, aşırı terleme (hyperhidrosis) problemine bakmamı istiyordu. Bu sorun uzun yıllardır devam ediyordu ve stres altında olduğu her seferinde daha da kötüleşiyordu. Bununla baş etmek için, Thomas her sabah kalktığında yatak odasındaki klimayı çalıştırıyordu. Gene de otoparka indiğinde gömleği her zamanki gibi terden sırılsıklam oluyordu. Thomas aşırı terlemekten son derece mutsuz olduğu bir ana geriledi. Bizzat kendisinin yaratmış olduğu o hızlı iş ve hayat temposuyla baş etmeye çalıştığı anları yeniden yaşadı ve ansızın hayatında kendisinin yaratıp kendisinin sürdürdüğü stresin nasıl aşırı terlemeyesebep olduğunu fark etti.

Ertesi gün sabah giyinirken klimayı çalıştırmaya gerek duymadığını bana heyecanla haber verdi. Otoparka da terlemeden gitmişti. Bir hafta sonra onunla görüştüğümde terlemesinin mucizevi şekilde tamamen durduğunu söyledi.

Özet

Regresyon terapisi hastanın dönüşümü ve iyileşmesi açısından muazzam bir potansiyel taşımakta ve kullanılabilecek pek çok teknik içermektedir. Fakat teknikleri öğrenmek, terapiden daha iyi sonuçlar sağlamanın yalnızca bir tarafıdır. Terapist açısından ayrıca önemli olan şey de, terapistin kendi şefkatini, sevgisini, ilhamını ve yaşam deneyimini, hastanın yararına bu sürece taşımasıdır.

Son yıllarda tıp bilimi, kişiyi çevresiyle bir bütün olarak ele alma ve çok çeşitli şifa tekniği uygulamalarını benimseme yaklaşımındadır. Hastalıklar giderek bireyin bedeninde bilinçaltından kaynaklanan bir değişim olarak algılanmaktadır. Çünkü hayatlarında neyin çalışmadığına bakacak cesaretleri yoktur. Bu yaklaşım insancıl, davranışsal ve bütünleyici tıbbı kapsamaktadır ve hastanın duygusal, zihinsel, fiziksel olduğu kadar sosyal ve ruhsal olarak da varlığını kabul etmektedir. Bu kavram değişikliği, hastaların bireyler olarak hastalığın ötesine geçip duygusal olarak dengeli, sosyal olarak bağlantıda ve ruhsal olarak tamamlanma potansiyellerini gerçekleştirebilecekleri bir yaşam şekli oluşturma kapasitelerini artırmaktadır. Hastaların kendilerini iyileştirme kapasitelerini dikkate alır ve onları sağlık bakımından pasif alıcılar olmaktan çok aktif katılımcılar olarak değerlendirir.

Yazar Hakkında

Dr Peter Mack MBBS, FRCS(Ed), FRCS(G), PhD, MBA, MHlthEcon, MMEd

Peter, Singapur'da bir devlet hastanesinde otuz yıldan fazla süredir çalışan bir genel cerrahtır. Tıp biliminde doktorası, iş yönetimi, sağlık ekonomisi ve tıp eğitimi konularında da yüksek lisans eğitimi bulunmaktadır. Ayrıca Regresyon Terapisi konusunda lisanslı hipnoterapist olarak diploma sahibidir. Peter,*Healing Deep Hurt Within*(İçindeki Derin Yaranın Şifalanması) ve *Life Changing Moments in Inner Healing* (İçselŞifada Hayat Değiştiren Anlar) adlı kitapların yazarıdır. *Society forMedical Advance and Research with Regression Therapy*derneğinin kurucu üyesidir. Doğrudan iletişim kurmak isteyen okuyucular için e-posta adresi:*dr02162h@yahoo.com.sg*.

Referanslar

1. Carey, M.P.,& Burish, T.G., *Etiology and Treatment of the Psychological Side Effects Associated with Cancer Chemotherapy: A Critical Review and Discussion.* Psychological Bulletin, 104, 307–325. 1988.
2. Burish, T.G.,& Jenkins, R.A., *Effectiveness of Biofeedback and Relaxation Training in Reducing the Side Effects of Cancer Chemotherapy.* Health Psychology, 11, 17–23, 1992.
3. Myss, C.,& Shealy, N., *The Creation of Health – The Emotional, Psychological and Spiritual Responses that Promote Health and Healing.* Bantam Books, 1988.

4. Woolger, R.,*Other Lives, Other Selves. A Jungian Psychoterapist Discovers Past Lives.* Bantam Books, 1988.
5. Ireland-Frey, L.,*Freeing the Captives.* Hampton Roads Publishing Company, 1999.
6. Whitfield. C.,*Healing the Child Within.* Health Communications, Inc. 2006.

5

ZORLAYICI DANIŞANLARLA ÇALIŞMA

Tatjana Radovanovic Küchler

Bana; değiştiremeyeceğim şeyleri kabul etmem için huzur, değiştirebileceğim şeyler için cesaret, ve ikisi arasındaki farkı bilmek için bilgelik bahşet.

Dr. Reinhold Niebuhr

Giriş

2004 yılından bu yana profesyonel olarak hipnoterapi uyguluyorum ve 2006'dan beri eğitim veriyorum. Çocukluğumdan beri geçmiş yaşamlara ve daha sonra da regresyon terapisine çekildim. Fakat önce hipnoterapi konusunda öğrenebileceğim her şeyi öğrenmeye ihtiyacım vardı. Seminerlerden birinde insanları şimdiki yaşamlarındaki problemin kaynağına geriletmenin ne kadar güçlü olduğunu öğrendim ve kendi terapilerimde başarılı şekilde uyguladım. Bir başka seminerde geçmiş yaşam regresyonu anlatıldı ve ben bunun öğrenmek istediğim şey olduğunu anladım. Bu bana kayıp bağlantıyı ve ihtiyacım olan araçları vermişti. Yaptığım işi çok daha derinleştirdi.

Danışanlarımı Cenevre'deki ofisimde kabul ediyorum fakat pek çoğu hipnoterapi ve regresyona açık değiller. Bazıları analitik doğaları nedeniyle bazılarıysa kültürel geçmişleri buna açık olmadığı için. Bu yüzden bu "zor danışanlar" diye adlandırılanlarla çalışabilmek için bir kaç yöntem geliştirdim. Bununla birlikte, ciddi zihinsel problemleri olanları kapsam dışı bıraktım. Onları uzmanlık eğitimi olan deneyimli terapistlere bırakmanın doğru olduğuna inanıyorum. Anlayacağınız her bir zor konu için izleyebileceğiniz bir tarif kitabı sunmuyorum burada. Amacım daha çok size fikir vermek ve bunlarla nasıl çalışabileceğinize dair hayal gücünüzü harekete geçirmek.

Şimdi, zor danışan nedir gerçekten? Belki sadece danışan beklendiği gibi tepki vermediği için terapistin egosunun incindiği bir zamandır ya da terapist gerçekten yardımcı olamayacaktır. Ya da danışan, terapistin yaklaşımının işe yaramayacağından korkmaktadır. Bazen biraz da bunların her ikisi birdendir.

Özellikle yeni terapistler için analitik ve zorlu danışanlarla çalışmak hayal kırıcı olabilir. Bu zorluklarla karşılaştım ve bu alandaki meslektaşlarımdan çoğunun bu zorlukla uğraştığını öğrendim. Olumlu bir bakış açısı işe yardımcı olacaktır. Meydan okumalar olarak değerlendirilebilir ve büyük bir terapist olmanıza yardımcı olmak üzere evrenin 'göz kırpmaları' olarak algılanabilirler. Her şeyden önce, pozitif olmak sonucu büyük ölçüde etkileyecektir. Zaman zaman oldukça meydan okuyucu olmalarına rağmen, zor danışanlardan çok şey öğrendim.

Tüm danışanlar tamamen kendilerine özgüdürler ve aynı iki problem tam da aynı şekilde çözülemeyebilir. Dolayısıyla her bir danışanınıza göre uyarlama konusunda dikkatli olun. Bazıları ne yaparsanız yapın ya da ne kadar yetenekli olursanız olun, 'zor' kalmaya devam edeceklerdir. Burada önemli olan konuyu kişisel almamanız ve savunmaya geçmemenizdir. Bazen danışanlar zor olduklarının farkında olmayabilir, bunun yerine kendileriyle nasıl çalışılacağını bilmediğiniz için sorunun siz olduğunu düşünürler.

Soğuk ve Ulaşılamayan Danışanlar

Uzak ve ulaşılamayan insanlarla karşılaştığımda, onların problemlerini 'hissetmek' için ben kendimi onlara açıyorum. Onların sorunlarının yüklerini üstlenmeniz gerektiğini söylemiyorum. Sadece 'ol'malarına izin veriyorum ve iletişimin her düzeyinde bana mesajlarını göndermelerini sağlıyorum. Bu fiziksel, enerjetik, dokunsal, görsel ve işitsel olabilir. Korktukları için davranışlarının sadece zor bir durumla baş etmeyöntemi olması da mümkündür. Benim vasıtamla konuşmalarına izin veriyorum ve onlardan aldığım tepkiler, duyguları hakkında bana çok miktarda bilgi sağlıyor.

Bunu yapmak için, ondan sezgisel bilgi alabilmek üzere danışanın iznini istemelisiniz. Ben genellikle günlük meditasyonumda çalışma öncesi niyetimi koyuyorum fakat seans sırasında 'iletişimin' bloke olduğunu fark edersem yeniden pekiştiriyorum.Kendime şöyle diyorum: 'Lütfen enerji alanımı aç ve en iyi yolla en yüksek hayrına olmak üzere danışana yardımcı olabilmem için iletişimin her düzeyindeki bilgiyi algılamamı sağla'.

Eğer bunun olmasına izin verir ve 'onların acılarını hissederseniz' danışanın nasıl açıldığını görmek size şaşırtıcı gelebilir. Seans bittiğinde genellikle normal ve rahatlamış olurlar. Özel hiç bir şey yapmamış olduğunuzu düşünseniz bile kibirleri ve diğer davranışları akar gider!

Bu ayrıca danışanla dostça bir ilişki kurmanıza yardımcı olur ve problemlerinin üstesinden gelebilmeleri için onlara doğru soruları sormanızı sağlar. Fakat seans bittiğinde danışanla enerjetik bağınızı kestiğinizden emin olun. Bu niyetle yapılabilir veya rehberlerinizden bu bağı sevgi ve bağışlama ile kesmelerini isteyebilirsiniz. Bu, sizin yeni danışanınıza 'açık'kalmanıza ve önceki danışanın enerjisinden çıkmanıza yardımcı olur.

Dirençli Danışanlar

Eğer bir danışanın direndiğini veya bloke ettiğini hissedersem, olabilecek en doğrudan şekilde gerçekten sorunlarını çözmeye hazır olup olmadıklarını sorarım. Eğer bu fikirdeler ise onlarla yapacağım çalışmaya uyup uymayacaklarını ve terapinin işe yaraması için ne gerekiyorsa yapıp yapmayacaklarını sorarım. Uygun gördüğünüz her hangi bir anda bu yapılabilir. Bu, onların benim rehberliğimi izleyeceklerine dair bir tür sözlü anlaşmadır. Ayrıca eğer problemleri hakkında çalışmaya hazır değillerse seansı bitirmelerine de fırsat verir. Katılımcılardan birinin hazır olmadığı durumlarda bir konuda birlikte çalışmanın hiç bir yararı olmadığını düşünüyorum. Bu tavır dostça bir ilişki yarattı ve danışanlar çok daha kolay çalışılabilir hale geldiler.

Hipnoz ve Regresyonun Açıklanması

Kelimenin kendisi Yunanca uyku anlamı taşımakla birlikte hipnoz, pek çok yanlış anlamlar yüklenmiş korkutucu bir kelimedir. Regresyon sürecinin bir parçası olarak genellikle hipnoz kullanırım. Bazen insanların hipnozun ne olduğuna dair yanlış inançları oluyor. Genellikle TV'de gördükleri, kitaplarda okudukları veya internette gördüklerinden edindikleri fikirlerle geliyorlar. Gözlemci, hipnotik transın sanki uykudaymış gibi zihnin bilinçsiz bir durumu olduğuna dair izlenim edinmiş olabilir. Ayrıca transtaki birinin kendi iradesi yokmuşçasına hipnotistin komutlarına cevap verdiği izlenimi de olabilir. Bazen de geçmiş yaşam regresyonunun çok gerçek olacağı ve dolayısıyla o geçmiş yaşamda takılıp kalabileceklerini de düşünenler oluyor.

Bu yanlış kanılar ne yazık ki yardımcı olmuyor çünkü daha sonra danışan hipnoz olmadığını veya o geçmiş yaşamın gerçek olmadığını düşünebiliyor ve seans bu beklentileri karşılamadığı için hayal kırıklığına uğruyorlar. Doğal olarak transa girmiş olduklarını ve gördükleri o görüntülerin gerçekten bir geçmiş yaşamdan geldiğini fark etmeyebiliyorlar. Bir geçmiş yaşam bazıları tarafından capcanlı algılanırken bazıları için gelen bir görüntü yoktur.

Yapılacak en önemli şey, danışana regresyon ve hipnozla ilgili bilgi vererek ne bekleyebileceğini onların bağlantı kurabileceği örnekler vererek anlamasını sağlamaktır. Yapabileceklerine dair kendilerine güven duymaları çok yardımcı olur. İlk kez kendiniz bir hipnoz veya regresyon seansınızı yaşarken neler hissettiğinizi hatırlayın. Hipnotik duruma giremeyeceğiniz veya anlamlı bir ana gerileyemeyeceğinizle ilgili korkularınız olmuş olabilir. İyi bir seans deneyimi için terapistin dostça yaklaşımına ve güvene çok ihtiyaç vardır ve bu da beklentilerin tanımlanmasından geçer. Benim danışanlarıma yaptığım açıklama şöyle:

'Hipnoz insanların her gün yaşadığı bir durumdur. İnsanlar sürekli olarak trans haline girer ve çıkarlar. Biri arabayla veya yürüyerek bir yere vardığında ve yol boyunca işaretleri ve olan biteni hiç fark etmediğinde bu olur. Çünkü bu yolculuğu defalarca yapmışızdır ve üzerinde bilinçli olarak düşünmemizi gerektiren bir şey yoktur. Otomatik olarak yaptığımız bütün şeyleri bir hipnoz durumu olarak düşünebiliriz.

İnsanlar transta olduğunda telkinler bilinçaltı tarafından kolayca kabul edilir. Örneğin bir keresinde birisi bana çantamın çok büyük olduğunu ve aradığım şeyi orada bulmamla ilgili bir şey söylemişti. O zamandan beri aramam gereken bir şey olduğunda son derece dikkatli bakmak zorunda kalıyorum ve bazen anahtarlarımı veya otopark biletimi bulamıyorum!Peki, neden böyle? Telkin bilinçaltı zihnime ulaştı ki, genellikle büyük çanta taşımayı sevdiğimden bu doğruydu, telkinin geri kalanını da olduğu gibi kabul ettim. Derin hipnozun gücü tıpta anestezi yerine transın kullanılmasında da görülebilir. İnsanlar derin transtayken ameliyatın acısını hissetmiyorlar ve çok daha hızlı iyileşme sağlanıyor. Kazalarda da bu kendiliğinden olur. Bir kazanın şokuyla transa gireriz, örneğin dizimizi çarpmak gibi ve yaralandığımızı daha sonraya kadar fark etmeyiz

Bu doğal trans türlerinde insanlar çevrelerinin farkındadır ve olan biten her şeyi duyabilirler. Hipnoz seansında da aynısı olur. Size söylenen tüm kelimelerin ve düşüncelerinizin varlığının her zaman farkında olursunuz. Seans boyunca daha hafif düzeyde veya daha derin düzeyde döngüler yaşayabilirsiniz.

Regresyon bazı durumlarda daha çok fiziksel düzeyde deneyimlenir ve bazıları filmlerde olduğu gibi görüntüler görebilirler. Bazıları kendilerine neler olduğuyla ilgili sadece hissetme ya da 'bilme' halinde olma eğilimindedirler.

İnsanların olayları duygusal bağlantılarla hatırladığını bilmek yararlı olur. Radyoda size hayatınızdaki özel bir olayı hatırlatan bir şarkı duymuş olabilirsiniz. Bu tüm anıların en ince detayına kadar ortaya çıkmasını tetikler. Kiminle, nerede olduğunuzu ve ne yaptığınızı hatırlayabilirsiniz. Tetikleyici bir ses veya koku olabilir. Ne zaman bir lavanta kokusu alsa kendini hasta hisseden bir danışanım vardı. Regresyon sırasında veba salgını döneminde lavantanın antiseptik olarak kullanıldığı bir geçmiş yaşamını hatırladı.

Aynı yöntemle sizin probleminizi geçmişteki bir anıyla ilişkilendirmek üzere kullanacağız. Hemen hatırlamayabilirsiniz ama doğru bağlantıları ve teknikleri kullandıkça hatırlayacaksınız. Bazen insanlar problemin ne ile bağlantılı olduğunu bilirler, bazen de bir geçmiş hayattan kaynaklandığını. Nasıl bu kadar emin olabilirler? Bu bilmedir, sezgidir ve regresyon da bu hatlar üzerinde gerçekleşecektir. Gelen her neyse açık olun ve ona güvenin. Doğru ya da yanlış diye bir şey yok ve her ne deneyimlerseniz size yardımcı olacağım'.

Duyarlılık Testleri

Bazı durumlarda hipnoz açıklamalarının ötesine geçmek yararlı olmaktadır. Hipnoz duyarlılık testleri danışanın hipnotize olabileceğine ikna olmasına ve ayrıca bir hipnoz durumunda olduğuna da ikna edilmesi için kullanılabilir. Birçok insan, özellikle analitik danışanlar, duyarlılık testlerinden sonra daha derin transa giriyorlar çünkü bu onlara hipnozun ne olduğuna dair bir fikir veriyor ve hem de kolaylıkla hipnoz durumuna girebileceklerini doğrulamış oluyor.

Limon

Danışanın bir limonu ikiye böldüğünü ve suyunu ağzına damlattığını hayal etmesini isteyin. Eğer bunu hayalinde canlandırabilirse, fiziksel tepki olarak ağzı sulanacaktır. Fiziksel olarak bir limon olmasa da kendiliğinden bir fiziksel tepki verebildiğine dikkatini çekmek faydalı olacaktır.

Kitap ve Balon

Danışanın bir elinde ağır bir kitap, diğer elinde helyum gazı doldurulmuş bir balon bağlanmış olarak hayal edip kollarını uzattırın. Gözleri kapalı olarak kitabın bulunduğu kolunun gittikçe ağırlaştığı ve balonun bağlanmış olduğu diğer kolunun hafiflediği telkinini verin. Bir kaç saniye sonra kitabı taşıyan kolunun ağırlaşarak yere doğru eğildiğini, diğer balonlu kolunun ise hafifleyerek tavana doğru yükseldiğini hissedecektir. Önemli olan transta olması nedeniyle telkinleri kabul ederek kolundaki hafifliği ya da ağırlığı hissediyor olduğunu göstermektir.

Sabit Göz Kapakları

Danışana yüzünden 30 cm kadar uzaktan başlamak üzere parmağınıza bakmasını söyleyin. Gözlerini kapamalarını fakat parmağınıza 'bakmaya' devam etmelerini söyleyin. Parmağınızı hareket ettirin ve alınlarına koyun. Sabit bir şekilde parmağınıza bakmaya devam etmelerini ve göz kapaklarının sanki bir yapışkanla kapatılmışçasına kilitlendiğini söyleyin. Daha sonra sıkıca kapatılmış gözleriyle parmağınıza bakmaya devam etmelerini söylerken siz parmağınızı alnının bitimine doğru hareket ettirin. Fiziksel olarak gözleriniz yukarıya dönükken açamayacağınız için onlara gözlerini açmalarını söylediğinizde yapamayacaklar ve gerçekten yapıştırıcıyla kapatıldığını düşüneceklerdir.

Manyetik Parmaklar

Danışanınıza her iki elinin parmaklarını kapatmasını, sadece işaret parmaklarının açık ve kalkık halde birbirinden 5 cm civarında uzakta tutmasını söyleyin. Aralarındaki mesafeye odaklanmasını ve karşı durulmaz bir şekilde sanki magnetler gibi birbirlerine doğru çekildiklerini izlemelerini söyleyin. Eğer direnirlerse parmaklarının gittikçe güçlenen manyetik bir çekimle giderek birbirlerine yakınlaştıklarına dair telkininizi sürdürün. Bu pozisyonda tutulduğunda kaslar doğal olarak yorulacağı ve birbirine doğru gevşeyeceği için, bu danışanınızın ne yapmalarını istediğinizi göstermenize yardımcı olur.

Hızlı İndüksiyon

Bazı kişiler fazlasıyla analitik olabilir ve değişik tiplerde indüksiyona ihtiyaç duyabilirler. İyi bir hipnoterapistin farklı danışanlar için uyarlayıp kullanabileceği çeşitliliğe sahip olması gerekir. Karmaşa bazlı metinler kullanılabilir fakat kişisel olarak ben analitik danışanlarda hızlı indüksiyonun istenilen derinliğe daha hızlı getirdiğini düşünüyorum. En favori indüksiyonlarımdan biri Dave Elman'ın çalışmasının bir çeşitlemesi:

Sadece gevşe ve bir kaç derin nefes al... Şimdi senden sadece gözlerini yukarıya doğru başını eğmeden çevirmeni istiyorum... Çokiyi... Şimdi bakışlarını sadece tavandaki/duvardakibir noktaya sabitlemeni istiyorum... İşteböyle... Ve sadece bu noktaya odaklan ve dikkatini nefesine ver... İçeri... Vedışarı... Yavaşça ve gevşek... Çok iyi.

Az sonra gözlerin yorulacak ve tavandaki/duvardaki nokta giderek bulanıklaşacak...Ve bu olduğunda senden gözlerini kapamanı ve rahatlamanı istiyorum...Bekleyin...Çok iyi.

Biraz sonra sana bir kaç kez gözlerini açıp kapamanı söyleyeceğim...Ve gözlerini kapadığın her seferinde iki kat rahatlamış, iki kat derin hissedeceksin...Ve her açmaya çalıştığında, gittikçe daha zor ve daha zor olacak... Güzel.

O zaman şimdi gözlerini aç...Ve tekrar kapa...Ve sadece iki kat gevşediğini, iki kat rahatladığını hisset... Bunun ne kadar güzel hissettirdiğini fark et... Ve şimdi gözlerini yeniden aç... Ve yeniden kapa... Gerektiği kadar tekrar edin, genellikleen az 3 kez harika... Gerçekten iyi gidiyorsun.

Az sonra bileğinden tutup elinikaldıracağım...Kaldırmam

EBEDİ RUHU DÖNÜŞTÜRMEK

için bana yardım etme...Bırak elinolabildiğince ağır olsun... Ve bırak bütün kaldırma işini ben yapayım...Terapistin bilekten tutup eli kaldırması gerekir. Eğer danışan yardımcı olursa 'Hayır elini tamamen bırak gitsin...Bırak güçsüz ve gevşek kalsın' deyin ve elini gevşek ve güçsüz oluncaya kadar sallayın.

... İştebu...Elin güçsüz ve ağır... Ve elini kucağına bıraktığımda...10 kat daha derin gevşemek için kendine izin vereceksin... Terapist danışanın elini danışanın kucağına bırakıverir. 10 kat daha derin rahatlamana izin ver...Evet...Çokiyi...Şimdi fiziksel olarak gevşemiş durumdasın...Zihinsel olarak da gevşemene yardım edeceğim...

Az sonra 99'dan geriye doğru saymaya başlamanı isteyeceğim... Ve her sayıyı yavaş ve yumuşak bir şekilde sayarken... Zihnin iki kat rahatlayacak... Ve bu sayılar zihninde boşalacak... Belki 98'de...belki 97...bu sayılar zihninden silinip gidecek... Ve sen harika bir zihinsel rahatlama yaşayacaksın...Ve eğer bunun olmasını istiyorsan... Olmasına izin verirsin... Bu sayılar gittiği zaman... İşaret parmağını kaldırarak bana haber ver... Ve şimdi usulca ve yavaşça saymaya başla... Usulca ve yavaşça kelimelerine ses vurgusu ekleyin.

Danışan saymaya başladığında, her sayı arasında telkinler ekleyin

... Zihnin iki kat rahatlıyor...

...yeniden ikiye katlıyorsun ve daha yavaş sayarken...

...bırak sayılar gözden kaybolsunlar...

... Artık onların bir önemi yok...

... Bırak sayılar zihninden kaybolsunlar...

Danışanın işaret parmağının kalkmasını bekleyin. Bu çok çabuk olabilir. Eğer 95'ten sonrasında devam ederlerse kararlı bir şekilde şimdi sayıların gittiğini söyleyin.

Güzel, şimdi tüm sayılar gitti ve sen derin bir hipnoz durumundasın...Ve zihinsel olarak rahatsın.

Seçeceğiniz her hangi bir derinleştirici ekleyin.

Ani İndüksiyonlar

Bazı danışanlar daha da hızlı bir şeye ihtiyaç duyar ve bu ani indüksiyondur. Hızlı indüksiyon üç ila beş dakika sürerken, ani indüksiyon genel olarak otuz saniyeden daha az zaman alır. Danışanın ne olduğunu anlamasına fırsat vermez. Karmaşa, şok ve duyularıyla ilgili denge kaybı duygusu yaratarak bilişsel becerileri ansızın aşırı yüklenir ve dissosyatif bir transa girer.

Alına Parmak

Bu benim favorilerimden biridir ve daha önce anlatılan 'sabit göz kapakları' duyarlılık testinin bir çeşitlemesidir. Danışanın arkası dik bir sandalyede elleri kucağında oturması gerekir. Terapist, işaret parmağını danışanın gözlerinden bir kaç santim uzakta tutarak tam karşısında oturabilir veya ayakta durabilir. Başlamadan önce danışanın alnına dokunmak için izin isteyin ve sonra şunları yapın:

Gözlerinle benim parmak hareketimi takip et... Parmağınızı alnına doğru yaklaştırın. Parmağınız çok yaklaştığında genellikle danışan otomatik olarak gözlerini kapatır. Eğer kapamazsa sakince kapamalarını isteyin.**Gözlerin kapalı parmağımı alnında dokundurduğum yere bakmaya devam et...**Hafifçe alnına dokunun.**Bunu yaparken gözlerini**

açmayı dene...Gözlerini açamayacaksın...Gözlerin sıkıca kapalı kalacak...Ne kadar çok denersen o kadar kilitlenecekler...Şimdi uğraşmayı bırak ve derinleşmene izin ver.

Danışanın gözlerini açmak için gerçekten uğraştığından emin olmanızgerekir. Sonra işaret parmağınızla onun başını hafifçe geriye itin ve diğer elinizle başının çok da geriye gitmemesi için destekleyin. **Başını çok fazla geriye itmeme izin verme...**O anda danışan işaret parmağınıza doğrudan daha fazla direnecektir.Başını işaret parmağınıza karşı ittirdiğinden emin olun. Sizin bıraktığınız anda dengeyi kaybedecekleri izlenimi bırakacağı için bu çok önemli.Doğal olarak siz parmağınızı çektiğinizde başları öne düşecektir. **Bir dakika içinde birden üçe kadar sayacağım... Ve üçe geldiğimde derin bir hipnoza gireceksin... Bir... İki... Üç.**

Üç dediğinizde işaret parmağınızı kaldırın ve bir elinizle alnını başı düşmesin diye önden desteklerken diğer elinizle ensesinden hafifçe ittirin ve aynı anda **uyu!**Deyin. Sonra hemen danışanı daha derin transa geçirecek istediğiniz bir derinleştirici telkin kullanın.

İşte zor bir danışanda bu tekniği nasıl kullandığıma dair bir örnek:

Victor bir sahne şovunda hipnozu deneyimlemişti ve hem yeniden denemek hem de kendi kendine nasıl hipnoz yapacağını öğrenmek istiyordu. Daha önce birçok hipnoterapiste gitmiş ve başarısız olunmuştu. Sahnede 'ileri geri sallanma indüksiyonu' denilen bir indüksiyonu deneyimlemişti. Bunu kullanabilirdim fakat aramızdaki boy farkı nedeniyle zor olabilirdi. Buna rağmen,onu derin bir hipnoza götürecek başka indüksiyon yöntemlerim olduğunu söyledim.

Elman indüksiyonu ile başladım fakat bir kaç dakika sonra Victor 'Özür dilerim ama hipnozda değilim' dedi. Bu iyiye işaret değildi bu yüzden gözlerini açmasını istedim ve onun için uygun bir başka indüksiyon uygulayacağımı anlattım. Hızlı indüksiyonu uyguladım. İşaret parmağımı koyar koymaz hipnozdaydı. 'Uyu' telkinini verdiğimde aniden gözlerini kapayacağı ve hipnoz durumuna gireceği telkinini verdim. Ayırma yöntemini kullanarak bunun çıpalandığından emin oluncaya kadar bir kaç kez gözlerini açtırdım ve kapattırdım. Seansa ona kendi kendini hipnoz etmeyi öğreterek devam ettim. Victor transtan çıktığında gözlerini açamamasına hayretler içerisindeydi ve hipnozu deneyimlediğine ikna olmuştu.

Bu, özellikle Victor gibi sabırsız veya analitik olan kişiler için gayet güzel iş görür. Onlara düşünmeleri için fırsat vermez ve genellikle çok hızlı hipnoza girdiklerinden analiz edemeyecek kadar şaşkındırlar. Daha önce de söz edildiği gibi, hipnozun derhal derinleştirilmesi önemlidir aksi takdirde danışan transa girdiği kadar hızlı şekilde transtan çıkacaktır.

Eğer bu yöntemi kullanacak olursanız önce danışanla etkileşimi ve metni koordine etme konusunda pratik yapmalısınız. Bu, terapistin oturup danışana okuyabileceği yöntemlerden biri değildir. Derslerimde öğrenciler bunun ne kadar iyi çalıştığına hayret ediyorlar ve bir kez öğrenip ustalaştıklarında, aşırı uzun indüksiyonlara geri dönmek istemiyorlar.

Kısaltılmış Sayma

Bir başka anında indüksiyon, beklenmeyeni yapmayı içermektedir:

Parmağıma bakmanı istiyorum, parmağıma bakarken birden beşe kadar saymanı istiyorum... Danışan 3 veya 4'e geldiğinde, hala parmağınıza bakmasını sağlayın ve diğer elinizi hızla başının arkasına koyup kararlı bir sesle '**Uyu**' deyin ve hemen danışanın başını öne veya yana doğru nazikçe fakat kararlı bir şekilde itin. Yine hemen seçtiğiniz bir derinleştirici ile devam edin. Bunu bir danışana yapmadan önce yine önceden denemeniz gerekmektedir. Bu anında indüksiyon ile beklenen trans sağlanamazsa Elman indüksiyonuna geçiş yapılabilir ve danışan bunu fark etmeyecektir.

Kapalı Duygular

Bazen danışan transa girebilir fakat hala regresyona geçemez veya duygularını serbest bırakamaz. Toplumumuzda duygularımızı geride tutmayı öğreniriz ve bazı danışanlar bunu çok daha iyi öğrenmiştir. Bana gelen danışanlar genellikle her türden terapiste gitmiş fakat üzerinde çalışılamayacak kadar duyguları kilitli kalmış danışanlardır.

Duygu Köprüsü

Bloke olmuş bir danışanı şimdiki hayatında veya geçmiş hayatına geriletmenin en kolay yöntemi duygu köprüsüdür. Ön görüşme sırasında kişi sorunlarından bahseder ve açıklarken duygular kabarmaya başlar. Duygusal bir durum zaten hipnotik niteliktedir. Bu yüzden şekilsel bir indüksiyona gerek kalmaz. Kimse acı verici bir olayı yaşadığı ana gitmeye hevesli değildir. Dolayısıyla terapistin danışanı geriletirken kararlı olması gerekmektedir. Gözlerini kapattırın ve olaylar boyunca onları yönlendirirken şimdiki zaman kipinde öyküyü tam olarak olduğu gibi anlatmasına izin verin. Tıkanıp kalmış duyguların açığa çıkmasına yardımcı olmak için danışana olayın en kötü anına gitmesini de söyleyebilirsiniz. Daha sonra onlara bu duyguyu ilk kez deneyimledikleri ana gitmelerini söylemeniz gerekecektir.

Aşağıdaki metin, ön görüşme sırasında hiç bir duygunun ortaya çıkmaması halinde danışanı şimdiki veya geçmiş yaşamına götürmek için yardımcı olacaktır. Kısa bir indüksiyondan sonra söyleyin:

Şimdi derin bir hipnoz durumundasın...Tüm duyularının çok daha fazla farkında olacağın kadar derin... Vehislerinin... Bu derin hipnozun içinde olduğun için onların daha da fazla farkında olabilirsin... Belki de sadece dikkatini oraya vererek... Bedenindeki belli bazı duyguları... Ve duyumları hissediyorsun... Ellerinin farkına varıyorsun... Belki bir elin diğerinden daha sıcak... Veya bir elini diğerinden daha soğuk hissediyorsun... Ve bu hisler seni daha da derine götürüyor... Ve daha derinleştikçe... Herdüşünce seni daha da derine götürüyor... Ve duygularınla daha çok bağlantı kuruyorsun... Kalbinin her atışı seni daha da derinleştiriyor... Ve sen bağlantıda olduğun için... Seni bu gün buraya getiren hislerin ya da duyumların farkına varıyorsun... Çok derin hipnozda olduğun için tam şimdi bunları fark ediyorsun... Bedeninde gayet açıkbiçimde... Aldığın her nefesle bu duygular gittikçe güçleniyor... Ve şimdi sen bu duyguyu ya da duyumları bedeninde hissedebilirsin...

Bedeninde bu duygunun yerini bana söyle. Danışana cevaplaması için zaman tanıyın. Göğüste, midede, bacaklarda vb. olabilir. ____**deki bu duyguya odaklan...Az sonra birden beşe kadar sayacağım... Ve beşe geldiğimde şimdiki hayatında... Veya geçmiş yaşamında bunu deneyimlediğin ilk ana gideceksin...1...____deki duygu giderek yoğunlaşıyor...2...____deki duygudaha da belirginleşiyor ve seni bu duyguyu...İlk kez deneyimlediğin ana doğru**

götürüyor... 3...belki de şimdiden bir geçmiş yaşamından ya da şimdiki hayatından izlenimler görmeye başladın bile...4...____deki duygu giderek güçleniyor... 5...şimdi oradasın! Sayarken, danışanın duyguları hissettiği yere odaklanması için basınç da uygulayabilirsiniz.

Bir danışanda duygu geçişi uygulaması için örnek şöyle:

Marie ilk önce açıklanamayan bir araba kullanma korkusu için bana geldi. 20 yıldan beri sürücü ehliyeti vardı fakat sebep olduğu stres yüzünden araba kullanamıyordu. Kocası ona bir 4x4 almıştı fakat bunu kullanamayacak kadar tedirgindi ve sadece iki kez ailesini ziyaret etmek için kullanmıştı. Her ziyaret öncesi bir haftayı uyku düzensizliği ve gerginlikle geçirmişti. Arabayı kullanırken nasıl hissettiğini sordum. Duygusal anıları uzağa ittiğinden bana cevap verememişti.

Fakat yukarıda verdiğim metni kullandıktan sonra şöyle söyledi: 'Bacaklarımı hareket ettiremiyorum, sanki uyuşturulmuş gibiler... Bir ameliyat masasındayım... Oh, aman tanrım, bacaklarımı ayırıyorlar... Sadece dört yaşındayım... Çığlık atıyorum ve hemşire bacaklarımı ayırıyor...Gerçekten canımı çok yakıyorlar... Vajinam acıyor... İçeriye bir şey sokmak zorundalar... Çok acıyor... (ağlıyor) Kendimi kontrol edemiyorum... Bacaklarımı kontrol edemiyorum.'

Marie köyünden 150 km uzaklıktaki hastaneye arabayla seyahat etmişti. Defalarca nispeten küçük ameliyatlarını uygulayan doktoru görmek zorunda kaldığında henüz dört yaşındaydı. Her defasında aynı sürekli, acı verici ameliyat süreciydi ve ailesiyle birlikte arabayla seyahat ettiği her defasında korkuyordu. Dört yaşındaki çocuğa neden bu ameliyata katlanması gerektiğini açıklamaya kimse zahmet etmemişti. Bir kez problemin kaynağı ortaya çıktığında bacaklarındaki enerjinin dolaşımı yeniden başlamış ve önceki korkusu olmaksızın araba kullanabilmişti.

Eğer danışan duygularını kapatmışsa ve duygunun nerede bulunduğunun bilincinde değilse bu tür duygu geçişi çok güzel iş görür. Marie'ye ön görüşme sırasında duyguyu nerede hissettiğini sormuştum ve o da korkunun her yerde olduğunu söylemişti. İnsanların araba kullanırken bacaklarını kontrol etmeye nasıl devam edebildiklerini anlayamadığını söyleyerek bir ipucu vermişti. Buna dair notumu almış ama önemini atlamıştım. Ancak regresyon çalışması bittikten sonra bir anlam ifade etmişti.

Şimdiki Hayat Karakteriyle Yüzleşmek

Daha önce de belirttiğim gibi bazı insanlar duygularını geri planda tutmakta gerçekten başarılıdırlar ve genellikle bu bir savunma mekanizmasıdır. Aşağıda anlatılan teknik, duygu geçişinin bir çeşitlemesidir. Regresyonun başlangıcında, danışanla şimdiki hayatındaki bir karakter arasında 'yüzleşme' yi kullanır.

Genellikle bir çatışma içinde bulunulan insanlara dair ipuçları verildiğinden, danışan kendi öyküsünü anlatırken terapistin son derece dikkatli olması gerekir. Bu ipuçları çok yararlı olabilir. Genelde cinsel taciz vakalarında olduğu gibi, suçlu hakkında konuşmaktan kaçınmak, bir ipucu olabilir. Seansın başında bu kişiyle yüzleşmede duyguyu doruk noktasına taşıyıp sonra da bunu geçmiş ya da şimdiki hayata geçiş için kullanırsınız. Bu tekniğin çok iyi çalıştığı bir örnek şöyle:

> Isabelle büyük babasının cinsel tacizine maruz kalmış ve psikoterapistle bunun üzerinde çalışmıştı. Konuşmasında ve tavrında çok yumuşak, kendini neredeyse fark edilmez kılan genç bir kadındı. Bana tacizi ve güven eksikliğini anlattı. Ergenlerle, özellikle saldırganlık sergileyen ergenlerle çalışmakta zorlanıyordu. Onlarla uğraşmakta oldukça

yetersizdi ve daha kararlı olmak istiyordu.
İlerledikçe transa girdi fakat geçmişinden hiç bir anıya ulaşamıyordu. Hiç bir şey gelmiyordu – sadece görünür hiç bir duygu olmayan karanlık. Her hangi bir danışana bunun olmasının nedeni, genelde bir anıya gitmekten duyulan korku ya da gelen düşüncenin hiç bir öneminin olmadığı düşüncesidir.
Cinsel tacize uğradığı için, ön görüşme sırasında kimin yaptığını sordum. Taciz edenin ismini ve yakınlık derecesini söylemekte tereddüt etti, büyük babasıydı.
Büyük babasıyla sezgisel olarak buluşup konuşabilecekleri güvenli bir alan yaratmasını telkin ettim. Güvenliği için etrafını kalın kırılmaz Plexiglas ile çevrelediğini imgelemesini istedim. Daha diyalog başlayamadan titremeye ve iç çekmeye başlamıştı ve bunu Isabelle'in kaynağa geri gitmesi için kullandık. Tecavüze uğradığı bir geçmiş yaşama gitti. Bunu çözümledikten sonra şimdiki hayatında çocuk olduğu ana gitti ve tacizle ilgili olarak çalıştık. Elbette tek seans yetmezdi. Bir kaç seans yaptık. Her biri özgürleştirici katmanlardı. Ta ki güvenli alanında büyük babasının önünde ayakta durup geçmişle ilgili yüzleşebilinceye kadar. Bu ona, işinde saldırgan ergenlerle baş etmek için gerekli araçları sağladı.

Bu olayda danışanın tacizci ile karşılaşmak ve duygularını serbest bırakmakla ilgili çok fazla yardıma ihtiyacı vardı. Isabelle bu konuda zaten psikoterapistle çalışmış olduğu için taciz konusundan söz etmek istememişti. Tacizle kendine güven eksikliği arasında bir bağlantı göremiyordu. Bu yüzden doğrudan şimdiki hayatındaki tacizi keşfetmek istemedim. Onun yerine geçmiş yaşamdaki kaynağa ulaşabilmek için büyük babayla karşılaşmayı kullandım. Bu, çok derinlere gömülmüş duyguları harekete geçirmenin iyi bir yoludur.

Duyguların Bize Anlattığı

Bloke olmuş duygularla çalışmanın bir başka yolu daha var. Bunların salıverilmesine yardımcı olabilmek için terapistin bu duyguya eşlik eden düşünceyi anlaması faydalı olacaktır. Örneğin, keder, birinin bir şeyi kaybettiği zaman hissettiği bir duygudur. Dolayısıyla eğer bir danışan göğsünde keder hissediyor ve daha ileriye gidilemiyorsa 'Neyi kaybettin?' diye sorarım. Sorunun bir kaç kez tekrar edilmesi gerekir ve sonunda danışan duygusu ile olay arasındaki bağlantıyı kurar. Örnek olarak:

> Suzanna göğsünde taşıdığı derin keder için bana geldi. İlk gençlik yıllarının sonlarından bu yana astımı olduğunu da belirtti. Kederin sebeplerini sorduğumda bilseydi burada olmayacağını belirterek cevap verdi. Duygularından fazlasıyla kopmuş görünüyordu. Regresyona geçtik ve göğsünde hissettiği duygulara odaklandı. Fiziksel köprü geçişini denedim fakat göğsündeki duyarlık artarken kederin nereden geldiğini gösterecek bir şey olmaması nedeniyle hayal kırıklığı hissetmeye başlamıştı.
>
> Bir kaç kez en sevecen halimle 'Kederine odaklan ve neyi kaybettiğini bana anlat' diye tekrar ettim. Gözyaşlarına boğuldu ve doğruca bebeğini vermek zorunda kaldığı bir geçmiş yaşama geçti. Bu anıyı çalıştık ve her şeyi çözümledik. Bununla, kederin başladığı şimdiki hayat anı arasında bağlantıyı kurduk. Ailesi, bebeğe bakamayacak kadar genç olduğu için hamileliğini sonlandırmaya zorluyordu. Astımı hemen kürtaj sonrasında başlamış ve o ikisi arasında bir bağlantı kuramamıştı. Bu, bedeninin hem şimdiki hayatta hem de geçmiş yaşamda çözülmemiş bebek kaybını ona hatırlatma yöntemiydi. Bir kaç ay sonra astımının seanslar sonrası tamamen geçtiğini bildirdi.

Tecrübelerime göre akciğerlerle ya da göğüs bölgesiyle (kalp çakra) ilgili herhangi bir problem olasılıkla kederle ilgilidir, yani bir tür kayıptan kaynaklanıyordur – örneğin sevilen birinin kaybı, hatta birnin kendine duyduğu sevginin kaybı. Bununla birlikte, örneğin astım, her zaman kayıpla bağlantılı değildir. Bu yüzden varsayımda bulunmamak ve danışanın kendi çözümünü bulmasına imkân vermek önemlidir.

Aşağıda bu tekniği sıkça karşılaşılan en önemli üç negatif duyguya uygulama önerileri bulunmaktadır:

- *Öfke* genellikle karaciğer, safra kesesi, kas sistemi ve bağışıklık sistemini etkiler. Baş ağrıları ve sıkılmış yumruklarla da kendini gösterir. Genel olarak kişinin baş edemediği bir adaletsizliğe – şimdi veya geçmişte – tepkidir. Bu durumda anahtar soru şudur: **Adaletsiz olan ne?**

- *Korku* genellikle böbrekleri, mesaneyi, merkezi sinir sistemini, üreme sistemini ve endokrin sistemini etkiler. Genel olarak güvende hissetmemeye bir tepkidir. Sorulacak anahtar soru şu olabilir: **Tehlikeli olan ne?**

- *Üzüntü ve keder* genellikle ıstırap veya depresyon yaratır ve akciğerlerle kalın bağırsakları etkiler. Bir şeyin veya birinin kaybına işaret eder. Sorulacak anahtar soru şudur: **Kimi ya da neyi kaybettin?**

Açık Gözlerle Regresyon

Regresyon terapistlerinin çoğunun, bütün çabalara rağmen transa girmekte veya geçmiş yaşama gitmekte zorluk çeken danışanları olacaktır. Bazen de birinin sadece meraktan bir geçmiş yaşamı deneyimlemek istediği durumlar en zorlayıcı regresyonlardır. İşte bir örnek:

Philippe, eski karısı tavsiye ettiği için bir geçmiş yaşam regresyonu istemişti. İlişkilerinde pek çok sorunları olmuştu

Zorlayıcı Danışanlarla Çalışma

ve karısı bunun ona yardımcı olacağını düşünmüştü. Philippe daha önce hiç terapi almamıştı. Onu buna yönelten sebebi sorduğumda sadece 'neler olup bittiğini görmek' istediğini söylemişti. Pek açık sözlü değildi ve buda bilgi almayı gerçekten zorlaştırıyordu. Buna rağmen, altında yatan niyeti netleştirebildim –evliliğinin neden yürümediğini anlamak.

Onu bir geçmiş hayata yönlendirdiğimde, durup bana giydiği ya da giymiş olduğunu ayal ettiği ayakkabıları tarif etmesi gerekip gerekmediğini sorması beni şaşırtmadı. Geçmiş yaşa geçmekte fazlasıyla güçlük çekti. Bu yüzden ona gözlerini açmasını ve deneyimiyle ilgili konuşmasını söyledim. Geçmiş yaşama dair birçok bilgi açığa çıktı, yine de gözlerini kapar kapamaz bilgi akışı çok yavaşlıyor, neredeyse yok oluyordu. Geçmiş yaşamını gözleri açık olarak deneyimlemesine izin vermeyi düşündüm ve ona aşağıdaki telkini verdim:

'Bırak bilinçli zihnin bir gözlemci olsun, sanki kendine bakıyormuş gibi. Seansın sonunda bilinçli zihnine gözlemlediği her şeyi bize anlatmasını isteyeceğiz. Bilinçaltı zihnine gözlerin açık olarak tam olarak deneyim içine girmesi için izin ver.'

Harika bir seans yaşadı ve ona çok yardımcı olacak bir geçmiş yaşam öyküsü ortaya çıktı. Başlangıçta gözleri açık olmasına rağmen, hemen sonrasında gözlerini kapadı ve sadece 'ilham almak için' kısacık açtı.

Eğer hiç geçmiş yaşam deneyimi olmayan ve zorluk çeken bir danışanınız varsa, bu her zaman bir seçenektir. Her nasılsa danışanlar kendilerini daha az sınırlanmış hisseder ve bu yüzden bilgiler çok daha kolay akar. Hiç bir şey gelmiyor görünse de, onlara 'bir öykü yaratmalarının' bile uygun olduğunu söyleyin. Bu daha sonra bir anlam ifade edecektir.

EBEDİ RUHU DÖNÜŞTÜRMEK

Özet

Zor diye tanımlanan danışanlarla karşılaştığınız ne tür sorun olursa olsun, ruhsal rehberinizden ve danışanın rehberinden sezgisel yardım istemenizi öneririm. Karşılaşabileceğiniz çok çeşitli güçlükler bulunmasına rağmen, bütün bunlar için bir çözüm bulunduğuna bütün kalbimle inanıyorum. Yine de, çözüm her zaman sizin düşündüğünüz gibi bir şey olmayabilir. Bu yüzden olabileceğiniz kadar açık olun ve sezgilerinizin siziçözüme götürmesine izin verin.

Yazar Hakkında

Tatjana Radovanovic Küchler CI, BCH, Dip RT

Tatjana İsviçre, Cenevre'de Fransızca ve İngilizce regresyon terapisi yapmaktadır. Ayrıca *National Guild of Hypnotists*derneğinin bir üyesi ve hipnoz eğitmenidir. Bunlara ek olarak Ultra Depth® uygulamacısı, Reiki Master ve Emotional Freedom Technique (Duygusal Özgürleşme Teknikleri) uygulamacısıdır. Daha detaylı bilgi için: *www.reincarnation.ch*, *www.tara-hypnotherapy.ch*,ve*www.tara-hypnosiscenter.com*.

6

REGRESYON TERAPİSİNDE KRİSTALLERİN KULLANIMI

Christine McBride

Fiziksel dünya; nesnelerin ve maddenin dünyası, değişik frekanslarda titreşen enerjiyi içeren bilgiden başka bir şeyden oluşmaz. Dünyayı dev bir enerji ağı olarak görmememizin sebebi, çok hızlı titreşmesidir. Duyularımız çok yavaş işlediğinden sadece enerji yığınlarını ve hareketliliğini kaydeder ve bu bilgi kümeleri 'sandalye', 'bedenim', 'su' ve görünür evrendeki diğer her fiziksel nesne haline gelir.

Deepak Chopra

Giriş

Kristallerle çalışmam neredeyse yirmi yıl önce ortağımla birlikte çok çeşitli kristal stoku bulunan bir Zihin, Beden ve Ruh mağazasına sahip olduğumuz zaman başladı. Dükkânda çalıştığım yedi yıl boyunca müşterilerimize kristaller hakkında önerilerde bulundum. Müşterilerimizi ilgisi ve ihtiyaçlarından hareket ederek ve kristallerin kendisinden ilham alarak kendimi kitaplar, çalıştaylar ve kişisel deneyimlerim aracılığıyla onlar hakkında olabildiğince çok şey öğrenmeye adamıştım.

Sonraki yıllarda regresyon terapisti olduktan sonra,

danışanlarımla çalışmama çeşitli kristal tekniklerini dahil etmeye başladım ve yıllık toplantılarımızdan birinde bunlardan bazılarını meslektaşlarımla paylaşmaktan mutluydum. Aldığım olumlu geri bildirimler beni ilk kez burada yayınlanan yeni teknikler geliştirmeye teşvik etti. Kristal tekniklerini hem genel olarak terapistleri hem ayrıca regresyon seansı öncesinde, seans sırasında ve sonrasında danışanları destekleyici olarak tanıtacağım. Fakat aynı zamanda kristaller diğer terapi yöntemlerine de uygulanabilir.

Ancak başlamadan önce burada paylaşacağım kristal teknikleriyle ilgili bilginin çoğunu bana sağlamakta yardımcı olan İlahi varlıklara şükranlarımı ifade etmek isterim. Ayrıca en etkili kristal terapi öğretmenleri olarak karşıma çıkan Simon ve Sue Lilly'yi de anmak isterim. [1,2]Daha sonra anlatacağım Çakra Temizliği yöntemi onların çalışmasından esinlendi.

Kristallerle tedavi amaçlı çalışmanın değerini tam olarak anlamak için *her şeyin değişik frekanslarda titreşen enerjiyi içeren bilgi olduğunun* akılda tutulması önemlidir ve kristaller çalışabilecekleri en kusursuz frekansla uyumlandığı için, ilgili kristal veya kristal kombinasyonu üzerindeki belirli birçok enerji tarafından etkilenir veya enerjiyi aktarır. Kristalimsi kafes yapıları nedeniyle, titreşimleri güçlü veya düzenli tutmak ya da yaymak konusunda çok başarılıdırlar. Bu nitelik, istikrarsız bir enerji alanını sıfırlamak için kullanılabilir. Duygusal veya zihinsel rahatsızlıklar uyum ve denge durumuna tekrar geri getirilebilir.

Danışan Gelmeden Önceki Hazırlık

Kendi saf, temiz ve negatif etkilerden arınmış ışık alanınızı oluşturun. Buna sizin kendi fiziksel ve süptil enerji bedeninizle, kullanacağınız oda dâhildir.

Terapistin Titreşimini Yükseltmek

Normal tuz banyoları, derin nefes, temiz hava, gün ışığı ve Doğa Ana'dan gelen armağanlar ile güzellikler için şükür, hepsi birlikte titreşiminizi yükseltmenize yardımcı olur. Özellikle:

1. **Nefes alın.** Derin nefesler alıp karnımızın her nefesle şişmesini ve inmesini sağlayarak titreşim seviyemizi artırırız. Bu özellikle doğada temiz hava alırken geçerlidir.

2. **Sıvı alın.** Su, mükemmel bir enerji ve bilgi iletkenidir. Eğer enerji bedeninizde iyi bir enerji akışı istiyorsanız yeterince sıvı almalısınız – çoğumuz almıyoruz!

3. **Gevşeyin.** Rahatlamış bir zihin ve fiziksel beden en iyi performansa imkân verir.

4. **Dinlenin.** İyi dinlendiğinizden ve hiç telaş duygunuzun olmadığından emin olun.

5. **Yemeklerin zamanlaması.** Ağır bir yemekten ne aç kalkın ne de baygın düşün.

6. **Arının.** Fiziksel bedeninizi, giysilerinizi ve çevrenizi temizleyin.

7. **Topraklanın ve merkezlenin.** Güçlü bir topraklanma imgeleyin. Örneğin ayak tabanlarınızdan Dünya'nın merkezine güçlü ışık kökleri ya da tellerinin uzandığını hayal edin. Her bir nefes verişinizde dengeli ve güvenli hissederek, ayaklarınızdan çıkan ışık akımının Dünya'nın merkezine doğru güçlendiğine odaklanın. Her nefes alışınızda Dünya tarafından desteklendiğinizi hissederek, Dünya'dan ayaklarınıza doğru yükselen ışık akımının güçlendiğine odaklanın. Ya da kristalleri ve/veya aşağıda anlatılan*Pozitif Uyandırma Vuruşları (Tapping In) ve Cook Çengeli (Cook's Hook Up)* tekniklerini kullanabilirsiniz

Pozitif Uyandırma Vuruşları (Tapping In)

Bu teknik merkezlenmek ve kişisel enerjinin dengelenmesi için en iyilerden biridir. Her gün, günde bir kaç kez, adeta ikinci bir doğamız oluncaya kadar uygulanabilir. Bedenimizdeki belli başlı enerji meridyenlerini 20 dakikada dengeye getirir ve dengeli, güçlü, merkezlenmiş bir enerji alanının korunmasına yönelik en etkili tekniklerdendir. Sizi doğal olarak uyumsuz enerjilerden korur ve hem de danışanlarınızdan negatif enerjileri alma ihtimalini azaltır. Ayrıca kendinizde veya başkalarında hayal kırıklığı, asabiyet veya ilgilenilmesi gereken ani bir şok durumunda kullanımı çok yararlı bir tekniktir.

En basit uygulama köprücük kemiklerinin göğüs kemiğiyle birleştiği noktanın hemen altında bulunan üst göğüs bölgesine parmak uçlarıyla düzenli, hafif vuruşlar yapılmasıdır. Burası, bedenin süptil enerji dengesini korumakta önemli olan timüs bezinin yaklaşık olarak bulunduğu yerdir. Eğer diğer elinizin avuç içi göbeğinize doğru bakarak durursa, dengeleme etkisi daha uzun sürer. Yaklaşık 20 kez tekrar edin.

Cook Çengeli (Cooks' Hook Up)

Enerjinizin dağıldığı zamanlarda hem merkezlenmeye hem de topraklanmaya yardımcı olacak, kinesiyolojiden türeyen faydalı bir teknik bulunmaktadır. Sol ve sağ beyni birleştirdiği için, bu uygulama sıkıntı ve stresi sakinleştirdiği gibi koordinasyon eksikliğini ve zihin karışıklığını da azaltır. Bunu en iyi bir sandalyede oturarak uygularsınız (eğer solaksanız tüm süreci tam tersine uygulayacağınıza dikkat edin):

1. Sağ ayak bileğiniz solun üzerine gelecek biçimde bacaklarınızı çaprazlayın.
2. Kollarınızı önünüzde çapraz bağlayın ve sağ bileğiniz sol

bileğinizin üzerinde olsun. Ellerinizi açın ve avuçlarınız birbirine baksın. Ellerinizi kenetleyin. Son olarak ellerinizi bu şekilde kucağınıza bırakın.

3. Gevşeyin, gözlerinizi kapayın ve rahatça nefes alın. Sakinleştiğinizde hisleriniz veya duygularınız yoğunlaşıyormuş gibi görünebilir. Bu, stres atma sürecinin bir parçasıdır, dolayısıyla bırakın duygular gelsin. Yatışacaklardır.

4. Sakinleştiğinizi ve normal dengenizi sağladığınızı hissettiğinizde ellerinizi çözün ve ayak bileklerinizi yeniden normal hale getirin.

5. Şimdi ayaklarınızı yere düzgünce basın. Ellerinizi sanki küçük bir topu tutarmışçasına parmak uçlarınız birbirine değecek şekilde kucağınıza bırakın. Bu pozisyonu yarım dakika kadar sürdürürseniz, faydası daha uzun sürecektir.

Odanın Titreşimini Yükseltmek

1. Odanın, yastıkların, battaniyelerin ve kullanabileceğiniz her şeyin fiziksel olarak temiz, odanın rahatlatıcı bir ısıda ve havasının temiz olduğundan emin olun.

2. Süptil düzeyde alanı temizlemenin basit ve etkili bir yolu, odanın dört bir köşesine birer kâse tuz koymaktır. Bunları gece boyunca bırakın ve ertesi gün kâseleri kaldırıp tuzu uygun şekilde ortadan kaldırın. Tuz karanlık, ağır veya toksik süptil enerjileri emecek ve odayı eskisinden daha temiz ve hafif kılacaktır

3. Odanın titreşim düzeyini daha fazla iyileştirmek için odanın içinde yavaş adımlarla yürüyerek temiz, saf bir tını çıkartacak Tibet çanı, zili veya kâsesi, zil çubuğu, akort çatalı çalmak veya kendi sesinizi kullanmak isteyebilirsiniz. Odanın

köşelerine ve danışanların genellikle oturdukları yerlere ayrı bir dikkat gösterin.

4. Danışanın seans boyunca bulunacağı kanepenin altına merkeze, tercihen 25 cm.lik büyük bir ametist demeti yerleştirin. Eğer yüksekçe bir muayeneyatağı kullanıyorsanız, danışana yakın olması için, ametisti bir tabure veya benzeri bir şeyin üzerine koyup yatağın altına merkeze yerleştirebilirsiniz. Kanepenin dört bir köşesine yerleştireceğiniz dik duruşlu saf kart kristalin (böyle denmesinin sebebi kristalin doğal bitiş noktasının kesilip yumuşatılarak düz bir yüzeyde dik durabilmesinin sağlanmış olmasıdır) minimum 6 cm. yükseklikten 13 cm.e kadar olması idealdir. Eğer bunlardan yoksakanepenin her köşesine bir tane olmak üzere yuvarlak kuartz kristallerden kullanabilirsiniz. Bu beş kristalin hepsi birliktebirçok faydası olan yüksek titreşimli bir şebeke yaratacaktır. Öncelikle danışan bilinçaltında, bu yaratılan enerjetik yapı tarafından güvenle 'kucaklandığını' hissedecektir. Bu onların daha kolay 'bırakmalarına' ve daha derin rahatlamalarına yol açar. İkinci olarak danışanın çevresinde olan ve içinde bulunduğu titreşimsel seviye her zamankinden daha yüksektir. Bu da iletişim sürecini daha rahat kılar, bir tür kişinin kendisini 'geniş bant' iletişime yükseltmesi gibi. Terapistin daha sezgisel ve sürece daha duyarlı olmasını sağlar ve ayrıca danışanın bilinçaltı anılarına ve zihnin daha yüksek düzeydeki rehberliğine ulaşmasına yardımcı olur. Eğer isterseniz, odanın dört köşesine dört tane daha dik duran kuartz koyulabilir.

Danışan İçin Hazırlık

1. Kendinizi rahatlatın. Rehberlerinizi, koruyucularınızı ve çağırmak istediğiniz ruhsal boyuttan sizin ve danışanınızın

yararına olacak herhangi bir yardımı davet edin.

2. Düşüncelerinizi gelişini beklediğiniz danışanınıza çevirin. Önceki anıları, deneyimleri, beklentileri ve onlar hakkında sahip olabileceğiniz yargıları düşünmeksizin isimlerini aklınızda tutun. Danışanınızın ismini zihninizde en değerli ve nazik bir şeymişçesine tutarken, dinginleşmenize izin verin. Hazır olduğunuzu hissettiğinizde (ya da sadece iki ya da üç dakika sonra) aşağıdaki süreci uygulayın:

3. 'Yaradan', 'İlahi', 'Tanrı' veya her ne ismi kullanıyorsanız O'na uyumlanmak için bir dakikanızı ayırın. Kendinizi ve kristallerle yaptığınız her şeyi, Her şeyin En Yüksek Hayrına adayın.

Terapi Seansı İçin Kristal Teknikleri

Burada anlatılan çeşitli kristal düzenleri, terapist ya da danışan enerjetik değişimin farkında olsun ya da olmasın gayet mükemmel şekilde çalışıyor.

Ön görüşme Sırasında Danışanı Rahatlatmak

Danışan geldiğinde eğer gerginse tutması için pembe kuartz taşı verilebilir. Ancak bazı danışanlar bu aşina olmadıkları deneyimden rahatsız olabilirler. Bu durumda danışanın yanındaki bir sehpada pembe kuartz bulundurmak daha iyi olabilir. Bu durumda pembe kuartzın faydasını hiç farkında olmaksızın alabileceklerdir. Sehpaya konulması uygun bir pembe kuartzın ölçeği bir greyfurt büyüklüğünde olabilir.

İlk Rahatlama

Danışan koltukta hazır olduğunda rahat bir kaç nefes iyi bir başlangıç olabilir. Nefesleri yavaşça daha da derinleşmesi için yönlendirin. Şunu telkin edebilirsiniz:

Şimdi nefes al... Ve bir sonraki nefeste göğsünün rahatça inip çıktığını fark edebilirsin... Ve bir sonraki nefeste diyaframın kolaylıkla içeri... Ve dışarı hareket ettiğini fark edebilirsin... Her nefeste daha da derin... Bırakıyorsun... Daha da derine ve daha da derin... Karnının yavaşça inip çıktığını fark edebilirsin... Kendini iyi hissediyorsun.

Topraklanma

Danışanın mantıklı zihnine fazlasıyla odaklandığı durumlarda, bedenin dışını işaret eder şekilde her bir ayağının altına dumanlı kristal (yaklaşık 5,5 cm ölçeğinde) yerleştirin. Bu topraklanma etkisini derinleştirmek için bir başka dumanlı kristali de danışanın kök çakrasına (eğer izin verilmişse) ayakları işaret eder şekilde yerleştirin.

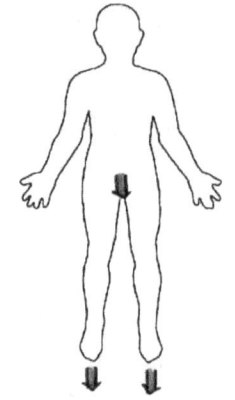

Seansın ilerleyen aşamasında eğer beden terapisi yapacaksanız veya danışan çok derine inmişse bu dumanlı kristallerin kaldırılması gerekebilir. Örneğin seans sırasında danışanın sorulara cevap vermesi çok uzun zaman alıyorsa, krsitallerin kaldırılması doğallıkla ve kolayca onları daha hafif trans düzeyine taşıyacaktır.

Çakra Temizliği

Bu yöntem çakraların bazılarında ya da yedi ana çakranın tümü için – kök, sakral, solar plexus, kalp, boğaz, üçüncü göz, tepe – kullanılabilir:

1. Bir kuartz kristalsarkacı elinizde tutun ve Toprak Ana'dan bir armağan olarak onunla bağlanmak için bir dakikanızı ayırın – sanki size yardım etmeye istekli ve hazır olan eski bir arkadaşla yeniden buluşuyormuş gibi.

2. Sarkaçı 'İlgili Herkesin En Yüksek Hayrı' veya 'Tanrı Onuru' için kullanmaya adayın.

3. Niyetinizi aşağıda belrtildiği gibi açıkça belirleyin (danışan için hangisinin uygun olduğunu düşünüyorsanız ona göre bunu yüksek sesle veya içinizden söyleyebilirsiniz): 'İlahi Zihin, niyetimiz şu anda güvenle ve çabucak düzeltilebilecek olan ____ (danışanın ismi) 'nın ____ (belirli bir çakra ismi)' ındaki blokaja veya dengesizliğe sebep olan her neyse onu çözmek, dönüştürmek ve salıvermek.'

4. Sarkaçı söz konusu çakranın üzerinde yaklaşık 6 cm yükseklikte tutun ve serbestçe hareket etmesine izin verin. Hareketi kendiliğinden durduğunda işlem şimdilik tamamlanmış demektir.

5. Her bir çakra için 4.adımda anlatıldığı gibi süreci tekrar edin.

Daha güçlü bir odaklanma sağlamak için çakra enerjisinin hangi katmanında yani eterik, duygusal, zihinsel veya ruhsal katmanlardan en çok hangisinde işlevsizlik olduğunu araştırabilirsiniz. O zaman yukarıda anlatılan yöntemde 3.adımdaki niyeti daha güçlü şekilde şöyle tekrar edin: 'Sarkaç şimdi bu anda çabucak ve kolaylıkla düzeltilebilecek olan ____ (danışanın adı)'nın ____ (belirli çakranın adı)'nın ____ (enerji seviyesinin adı)'ndaki blokaj veya dengesizliği çözmek,

EBEDİ RUHU DÖNÜŞTÜRMEK

dönüştürmek ve salıvermek üzere gerektiği gibi hareket edecek.' Ayrıca sarkaçu tuttuğunuz yüksekliği de ayarlayabilirsiniz ki auranın istenen seviyesinin içinde olabilsin.

Bu yöntem düşük titreşimli düşünce formlarını, bedenlenmemiş varlıkları ve danışanın kendi takılı kalmış ve büzülmüş duygusal enerjileri gibi bazı diğer enerjetik eklentileri temizleyecektir. Bu, kristal sarkacın hareketiyle yaratılan güçlü temiz ışık akışının bir sonucu olarak açığa çıkan doğal ve otomatik bir süreçtir. Bu hızlıca akan yüksek titreşimli enerji, kendi gelişim düzeylerine uygun olan ışık boyutuna doğal olarak çekilen bedensiz varlıkları uzaklaştırabilecektir. Diğer yandan tıkalı duygusal enerjiler ve düşük titreşimli düşünce formlarına gelince, ışık onların titreşimini dönüşünceye kadar giderek yükseltecektir.

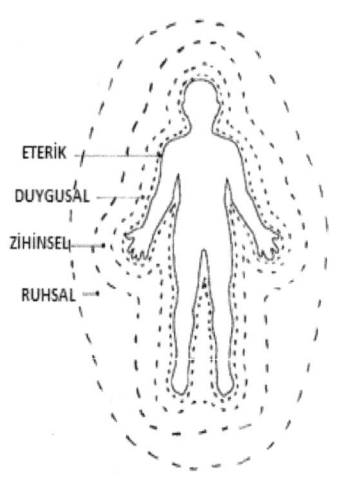

Sarkaç İle Tarama

Bir terapist olarak seans başlangıcında danışanın enerji alanını sarkaç ile taramaya alışkın olabilirsiniz. Yukarıda anlatılan Çakra Temizleme yöntemi, sarkaçla çabucak bir tarama yapmanızı sağlamak üzere basitleştirilebilir. Bu da sadece ellerin kullanımına göre daha fazla netlik sağlayabilir:

1. Bir kuartz krsital sarkacı elinizde tutun ve Toprak Ana'dan bir armağan olarak onunla bağlanmak için bir dakikanızı

ayırın – sanki size yardım etmeye istekli ve hazır olan eski bir arkadaşla yeniden buluşuyormuş gibi.

2. Sarkaçı 'İlgili Herkesin En Yüksek Hayrı' veya 'Tanrı Onuru' için kullanmaya adayın.

3. Sarkaçın aradığınız şey her ne ise onunla karşılaştığında 'ileri geri' hareket edeceğine dair niyetinizi açıkça belirleyin.

4. Sarkaçı yaklaşık 5,5 cm yukarıdan tutarak kendi ahengiyle hareket etmesine izin verin. Ayaklardan başlayarak danışanın başının tepesine kadar bir hat boyunca adım adım ilerleyin.

Kristal sarkaç kullanmayı öğrettiğim meslektaşlardan biri yazar ve terapist olan Ian Lawton danışanlarıyla olan bazı ilginç deneyimlerinden söz ediyor:

Regresyon seansından hemen önce Pozitif Uyandırma Vuruşu ve Cook Çengeli uygulayarak kendimi topraklıyorum, sonra kristalimle uyumlanıp onu temizliyorum. Sadece bir kaç dakika almasına rağmen bunun çok ama çok önemli olduğunu düşünüyorum. Çünkü bu tür sezgisel bir çalışmada niyetimizin net oluşu hayati önem taşıyor. Düzenli olarak regresyon seansı öncesi kristalle basitleştirilmiş tarama yapıyorum fakat bu hazırlık ayrıca sarkaçla danışanların evet-hayır parmak işaretlerini çapraz kontrol etmeme veya seans sırasında herhangi bir şeyi kontrol etmem gerekirse buna da yarıyor.

Yani eğer danışan doğrudan geçiş yapmamışsa ve trans çalışmasının zamanı gelmişse, kısaca onlara biraz enerji çalışması yapacağımızı anlatıyorum. Christine'in anlattığı gibi niyetimi koyuyorum ve genellikle bunu danışanın ne olup bittiğini anlaması için yüksek sesle söylüyorum. Bu basitleştirilmiş taramada, bütün enerji bedenlerini tek bir beden olarak ele alıyorum ve danışanın merkez hattından tek bir geçiş yapıyorum. Eğer kristal bu sırada çok fazla çalışıyorsa o zaman her iki taraftan olmak üzere iki geçiş daha

EBEDİ RUHU DÖNÜŞTÜRMEK

yapıyorum.

Benim için kişisel olarak kristal genellikle gezdiğim hat boyunca dönmeye devam ediyor ancak sadece dengeleme ve temizlik yaptığı zamanlarda daha hareketli oluyor. Zincirin bağlandığı yerden nasıl sertçe çekildiğini hissettiğim o nazik bağlantıyı hissedişime büyülenmem asla bitmeyecek. Sarkaçın sallantısı neredeyse yatay olacak şekilde devam ediyor. Ayrıca sürece güvenim güçlenmiş durumda çünkü her zaman danışanın ayaklarının yakınına gelir gelmez yavaşça salınmaya başlıyor ve başının üzerine geldiğimde tam olarak duruyor. Fakat bazı istisnalar var. Ayak bileği problemleri olan bir danışanda – ki sonradan ayakları birbirine bağlı olduğu bir kurban geçmiş yaşam ortaya çıktı – kadının ayaklarının yakınına yaklaşır yaklaşmaz kristalin hızlı çalışmaya başlaması belki de sürpriz değildi. Bu arada aşırı derecede analitik olan bir danışanda bu yöntem harika bir armağan verdi. Kristali ayaklarının altına getirir getirmez neredeyse koltuktan fırladı: 'Ne...Neydi bu?' diye ağır Fransız aksanıyla haykırdı. 'Sanki bana elektrik şoku vermişsin gibi hissettim!' Fakat o andan itibaren 'enerjiler'den söz ederken neyi kast ettiğimizi anladığını söyledi. Bazı deliller bulmuştu ve bu onun hipnoz sürecine girmesi için gevşemesine büyük ölçüde yardımcı oldu.

Daha sıklıkla belki de onların bu seans için amaçlarına göre öncesinde belirlediğim niyetim sebebiyle, kristal kullanımı danışanın denge durumunu göreceli olarak hızlı bir şekilde değerlendirmeme yaradığını fark ediyorum. Çok nadiren tüm bir seansı kristal kullanarak geçiriyorum. Özellikle sarkaç çok çalıştığı ve sezgisel olarak gerekli olanın bu olduğunu hissettiğim zamanlarda ve danışan da bunun yararlarını hemen görüyor.

Daha çok nerede olduğumuzu görmek için hızlı bir beş dakika kontrolü için kullanıyorum. Bu ayrıca danışanın rahatlamaya başlamasına da yardımcı oluyor çünkü kristal çalışırken algıladıkları/hissettikleri üzerinde konuşabilme veya gözlerini açıp kristalin nasıl tepki verdiğini izleme konusunda kararı onlara açık bırakıyorum. Henüz hiç kimse kristal taramasıyla doğrudan bir geçmiş veya şimdiki yaşam anısına geçiş yapmadıysa da, sezgisel olarak öyle görünüyor ki er ya da geç bu mümkün olabilir.

Benim için en azından bu teknik terapi alet çantamda paha biçilmez bir katkı ve hepimiz bu harika tekniklerini bizimle paylaştığı için Christine'e borçluyuz. Ayrıca birçok enerji blokajı temizliği yoluyla kişisel olarak bana da yardımcı olan fazlasıyla yetenekli ve sezgisel şifacı olduğunu söylemenin de tam zamanı.

Yüksek Bilgi

Eğer danışanınızın 'yüksek' bilgiye bağlantısını güçlendirmek istiyorsanız üç yuvarlak yeşil aventurin taşı kullanabilirsiniz. Her bir kulağın yanına bir tane ve üçüncüyü de başın tepesine yerleştirin. Bu özellikle danışan ruhsal boyutlara gerilemişse çok yararlıdır.

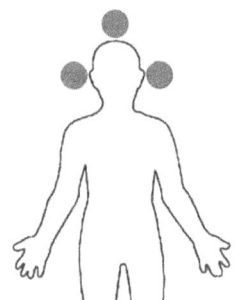

Kristallerle ilgili kitaplarda göreceli olarak titreşimi yüksek olan kristallerin yüksek bilgiye erişmek için kullanılması için tavsiyeler okumuş olabilirsiniz ve elbette kullanmakta özgürsünüz. Eğer danışan huzurlu bir durumdaysa bunların kullanılması uygundur ancak regresyon sırasında duygusal ya da stresli durumların olabileceğini dikkate almamız gerekli. Bu yüzden regresyon terapisi için yeşil aventurin taşının titreşim seviyesinin en iyisi olduğunu söyleyebilirim.

Geri Dönüş ve Merkezlenme

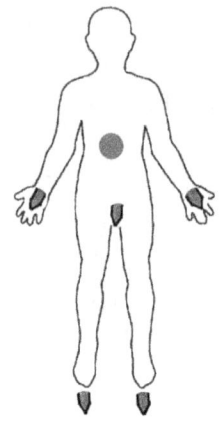

Regresyonun sonunda eğer danışanınızın enerjisi biraz dağınık, bölük pörçük veya sadece merkezlenmemiş görünüyorsa, solar pleksus çakrası üzerine yuvarlak yeşil aventurin taşı koymak faydalı olabilir ve eğer gerekirse topraklanmak için kullanılan üç tane dumanlı kristalin yerini değiştirebilirsiniz (önceki tekniğe bakınız). Eğer seans gerçekten çok yoğun geçtiyse o zaman ek olarak her elin avucuna bir yuvarlak dumanlı kristal veya dik duran dumanlı kristal yerleştirin (pozisyonu parmaklara doğru bakacak). Danışan belki derin bir iç çekişle gözle görülür şekilde rahatlayıncaya kadar zaman verin veya taşları kaldırmadan önce sadece beş - on dakika bekleyin.

Bu bölümde anlatılan kristallerle ilgili yazıyı yazarken, onların etkilerini kendim deneyimlemek istedim. Geri dönüş ve merkezlenme ile ilgili düzenin kullanılmasıyla neler olduğu şöyle:

Komutan olduğum bir geçmiş yaşama gerilemiştim. İlk izlenimim çoğu benim askerlerim olan ölü bedenlerle çevrili bir halde dururken savaş sonrası savaş alanında kalan kokuydu. O hayatın sonunda ölüm anında kendimi askerlerime adadığım ve yeminim onları terk etmeme engel olduğu için fiziksel bedenimi terk etmedim. Ruhsal boyutlara ve kendi ölüm anlarında çoğunluğu kolayca geçiş yapıp hala benim neden gelmediğimi merak eden!adamlarımla tatmin edici bir çözüme yönlendirildim.

Sonunda, 'şimdi ve buraya' döndüğümde gayet normal hissettiğimi düşündüm. Merakımdan, meslektaşımdan kristalleri 'geri dönüş ve merkezlenme' düzeninde yerleştirmesini istedim. Bu düzenleme doğal olarak enerji alanıma denge ve ahenk getirmek üzere çalıştığı için, aslında alanımın her zamankinden genişlemiş olduğunu fark ettim. Özellikle sağ el tarafımda çok daha genişti. Kristal düzeneğinin bu dengesizliği gidermesi, auramın simetrisini onarması ve gündelik hareketlilik için olması gereken normal ölçülere getirmesi dakikalar aldı.

Bunu izleyen iki üç dakikada merkez kanalımdaki (bütün çakraları birbirine bağlayan, omurgaya paralel dikey enerji akışı) enerji akışı kendi çakralarımla merkezlendi çünkü ciddi bir süre 'beden dışı' kalmıştım. Bundan sonra 'merkezime geri dönüşüm' tamamlanmıştı, auramdaki değişim devam etti, solar pleksus çakram mühürlendi ve dengelendi. Böylece merkez kanalımdaki enerji akışı güçlendi ve canlandı. Sonuçta çok daha tam ve bütün hissettim kendimi. Regresyon seansının sonunda nasıl bu denli denge dışında olabildiğimin farkına varmamış olmama çok şaşırdım.

Yatıştırmak ve Sakinleştirmek

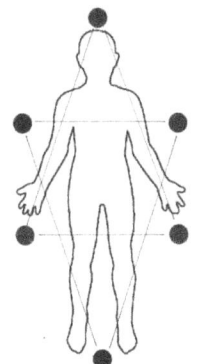

Bir terapi seansından sonra danışanın aurasında enerji/ışık akışı dengesiz ve huzursuz olabilir. Bu kristal düzeni dengeleme, yatıştırma ve enerji akışını sakinleştirme ile auranın 'mühürlenmesi' üzerinde etkili olacaktır.

Danışanın bedeni etrafına altı tane yuvarlak ametist taşını altı köşeli yıldız şeklinde yerleştirin. Taşlar bedenden beş ya da on beş cm.e kadar uzaklıkta olabilir. Biri başın üzerine, biri ayakların altına, iki sağ tarafa ve iki sol tarafa olmak üzere eşit şekilde koyun. Onları beş dakika kadar ya da uygun geldiği sürece yerlerinde bırakın.

Bu yatıştırma ve sakinleştirme etkisini ametistlerin yerine aynı şekilde yeşil yuvarlak aventurin taşlarını yerleştirerek daha fazla artırmak mümkündür. Yine beş dakika veya rehberliğinize göre bir süre taşları yerinde bırakın. Kristalleri kullandıktan sonra danışanın her düzeyde enerji akışına yardımcı olduğu için su içmesinisağlayın. Son iki düzenin bir regresyon danışanında nasıl çalıştığına dair bir örnek:

Robert ezilmiş bir köle kadın olarak yaşadığı pişmanlık ve üzüntü dolu bir geçmiş yaşama gerilemişti. Regresyonun hemen sonrasında nasıl hissettiğini sorduğumda iyi hissettiğini söylemişti. Ancak deneyimlerime göre danışanlar genellikle düşündüklerinden daha dengesiz halde oluyorlar. Üzerinde 'geri dönüş ve merkezlenme' düzenini beş dakika boyunca uyguladım. Merkezi kanalındaki ışık akışının daha parlak ve daha güçlü olduğunu fark ettim. Şimdi nasıl hissettiğini sorduğumda 'kendimi yeniden kendi alanımda hissediyorum, o kadar çok açık değil. Topraklanmış gibi geliyor' diye cevapladı.

Kristalleri yukarıda anlatıldığı gibi 'yatıştırma ve sakinleştirme' için yine beş dakikalığına kullanarak devam ettim. Sol tarafında enerjinin ileri geri hareket ettiğini fark etti ve yüzünde kocaman bir gülümsemeyle 'Harika!' hissettiğini söyledi.

Seanstan Çıkış Görüşmesi

Danışanın seans sırasında edindiği her hangi bir pozitif iç görünün entegre edilmesi için şeffaf kuartz kristal (yuvarlaklaştırılmış yerine doğal hali tercih edilir)kullanılması faydalıdır. Bu yöntem için kullanılmadan önce kristalin tamamen arındırılmış olması özellikle önemlidir. Aşağıdaki gibi devam edebilirsiniz:

1. Danışanın seans sırasında edindiği ve daha derin şekilde

entegre olmasını istediği armağanları, iç görüleri veya dersleri netleştirin. Bunların sizi ve danışanınızı tatmin edecek şekilde açıkça ve kısa öz biçimde biçimlendirilmesi için aşağıdaki talimatları verin:

2. **Sağ elinle kristali tut ve kalp merkezinin üzerine onu yerleştir. Hangisi iyi gelirse, kristalin ve kalp merkezinin bir olduğunu imgele veya niyet et.**

3. **Zihnine odaklan ve ilk 'armağanı' hatırla.** ('Şimdi özgürce nefes alabiliyorum' gibi bir şey olabilir.)

4. **Bu bilgiyi zihninden sağ koluna ve kristale gönderdiğini hayal et. Böylece bu bilgi daha sonra hatırlanmak üzere kristale iniyor. Enerji akışı sonra doğal olarak aynı yoldan devam ediyor, sol kolundan yukarıya doğru yine başına, böylece bir devreyi tamamlamış oluyor. Bu enerji devresinin bir kaç dakika boyunca özgürce akmasına izin vermek iyi hissettirebilir.**

5. **Her nefes alışında ve yüreğindeki şükran ve minnetle dolu olarak kristale yerleşmiş olan bu bilginin çok derinlere indiğini ve bütünleştiğini hayal et.**

6. Kalan armağanlar için 3,4 ve 5.adımları tekrar edin

Danışan kristali alıp evine götürebilir ve birçok şey için kullanması istenebilir (bunları onun için yazmak faydalı olur):

1. Yastığının altında onunla uyumak (fakat bazı insanlar için, çok küçük olmadığı sürece, huzurlu bir gece uykusu için bu çok enerji verici olabilir).

2. Onu cebinde taşımak veya kalbinin üzerinde taşımak üzere kolye yaptırmak.

3. En güçlü yöntem rahatsız edilmeyecekleri bir alan yaratarak bilinçli olarak kristalle yeniden bağlantı kurmaktır. Belki bir mum yakıp rehberlerini veya koruyucularını çağırabilirler.

Sonrasında yukarıdaki 4.adımı yapmalılar. Eşlik eden bilgi zaten zihinde tutulduğundan bu nedenle çağlayan ışığın akışı ile daha güçlenecek ve enerji dolacaktır.

Kuartz kristali bu şekilde kullanmak zihnin yeniden programlanmasını çok kolaylaştırır. Her bir uygulama ile işlem daha da etkili hale gelecektir.

Seans Sonrası

Odanın Temizlenmesi

Danışan ayrıldıktan sonra ideal ölçüsü 25 cm. genişlikte ve 5 cm. eninde doğal veya cilalı sert seleniti, sanki koltuğun üzerinde kalan kalıntıları süpürüyormuş gibi kullanabilirsiniz. Bu kristal oldukça sık rastlanan ve nispeten ucuzdur fakat en etkilisidir. Böylece koltuğu temiz ve bir sonraki danışaniçin hazır bırakır. İşlem bütün enerjetik kalıntıların selenitle koltuğun ayakucundaki bir mor-beyaz ışıklı şenlik ateşine süpürüldüğünün imgelenmesiyle güçlendirilebilir.

Seans sırasında kullanılan tüm kristaller yeniden kullanılmadan önce arındırılmalıdır. İstenmeyen enerjileri göndermek ve kendi doğal enerji durumlarını onarmak için bu yapılmalıdır. Böylece bir sonraki danışan için en yüksek etkinlikte olacaklar ve her hangi bir dengesizlik ya da enerjetik durgunluğu bir öncekinden diğer danışana aktaramayacaklardır.

Kristallerin Temizliği

Kristallerin temizlenmesi için pek çok yöntem vardır. Bunlar:

- Adaçayı, kokulu çayır otu, sedir, sandal ağacı gibi temizleyici tütsüler veya diğer tütsü dumanıyla. Tütsü çubuklarında istenen bitkinin kuru sapları bir demet halinde, genellikle bir havuç genişliğinde bir araya getirilir. Demedin bir tarafından yakıldığında tüter ve kokulu, arındırıcı bir duman yayar. Bu duman kristallere üflenebilir veya kristaller duman içinde tüm yüzeylerin temizlendiğinden emin oluncaya kadar tutulur. Bu iyi iş görür ve suya ya da tuza hasar vermeden koyamayacağınız hassas kristallerinizde kullanılabilir. Eğer ateşe dayanıklı bir kabınız veya denizkulağı kabuğunuz (geleneksel tercih) varsa kıvılcımlardan daha az zarar görürsünüz ve demeti sallamak yerine dumanı dağıtmak için hafif bir tüy kullanabilirsiniz. Bu yöntem terapi odanızı temizlemek için de kullanılabilir.

- Sevginin duygu enerjisiyle bir taşı temizlemek için, taşı basitçe elinizde tutun ve ona kalbinizden sevgi ışını gönderin. Kalbinizden akan açık pembe bir ışın demeti imgeleyebilirsiniz. Önemli olan sevgiyi hissetmeniz ve bunu taşa yönlendirmenizdir.

- Küçük kristaller büyük bir kristal demetinin veya şeffaf krsital veya bir ametistin üzerinde bırakılarak, ya da bir selenit çubuğu kullanılarak temizlenebilir. Kristal demetinin pek çok yöne bakan uçlarının olması tercih edilir. Derler ki orada duran taşı temizleyen, çoklu enerji akımlarıdır.

- Tonlama, zil-çan çalma, vurmalı ritimler, şarkı mırıldanma ve diğer sesle arınma şekilleri etkilidir. Küçük kristaller bir Tibet kâsesinin içine konabilir ve çalınır – güçlü titreşimler herhangi ağır veya takılı kalmış enerjiyi temizler ve kristali doğal durumuna geri getirir.

- Akan su, selenit dışındaki zarar vermeyeceği taşları örneğin pembe ve dumanlı kuartz, ametist, yeşil ve sarı aventurini temizlemede harika iş görür. Doğal bir su kaynağı, dere veya okyanus dalgaları en iyisidir fakat taşlarınızı kaybetmemek için dikkatli olmalısınız! Kristalleri akan musluğun altında tutmak da etkilidir.

- Uçucu yağlar, buğu ve çiçek esansları tıpkı alınabilen veya yapılabilen aura temizleyici buğular gibi taşları temizlemede kullanılabilir. Etkili bir arındırıcı buğu yapmak için bir sprey şişesi alın, içine on beş damla uygun bir saf uçucu yağ ekleyin. Çam, sedir, biberiye, ardıç, sandal ağacı veya lavanta seçebilirsiniz. Bir çay kaşığı votka veya benzerini yağı çözebilmesi için ekleyin ve şişenin geri kalanını suyla doldurun. Sonra sudan rahatsız olmayan taşlarınıza püskürtün. Spreyinizi güçlendirmek için arındırıcı çiçek özleri, örneğin Bach Flower yelpazesinden 'elma' kokusu ekleyebilirsiniz.

Terapist İçin Kristal Teknikleri

Aşağıdaki tekniklerden ihtiyacınız olanı seçin. Kristalleri ne kadar sık kullanırsanız, enerji alanınız o kadar çabuk ve derinlemesine cevap verecektir.

Dengelenme

1. Oturun ve her ayağınızın altına birer dik duran dumanlı kuartz koyun. Bir tane de kök çakranıza koyun (yukarıda anlatılan topraklama tekniğinde olduğu gibi).

2. Sırt üstü uzanın ve yuvarlak bir pembe kuartzı kalp merkezinize koyun, birer tane de iki elinizde tutun.

3. Beş veya on dakika sonra veya nasıl rehberlik alırsanız, taşları kaldırın.

Temizlenme ve Arınma

1. Bir selenit çubuğu alın ve auranızdaki her hangi bir enerji kalıntısını temizlemeye niyet ederek vücudunuzu önünden, başınızın üstünden ayaklarınıza kadar süpürür gibi hareket ettirin.

2. Bunu toplamda üç kez tekrarlayın. Önce fiziksel bedeninizden beş-on cm.uzaklıkta, sonra bir beş-on cm. uzaklık daha ve üçüncü olarak yine bir beş-on cm. uzaklıkta daha. Dolayısıyla enerji alanınızın birçok katmanı temizlenmiş olur.

3. Auranızın arkanızda kalan kısmı için de mümkün olduğunca tekrar edin. Fiziksel olarak ulaşmak mümkün olmadığı için niyetinizi ve imgelemenizi (veya bir dostunuz yardımını) kullanın.

Işıklandırma

1. Fiziksel bedeninizden beş ya da on cm. uzağa altı, dokuz ya da on iki tane (ihtiyaca göre- daha çok taş daha çok ışık yaratır) yuvarlak şeffaf kuartzı eşit uzaklıkta yerleştirin.

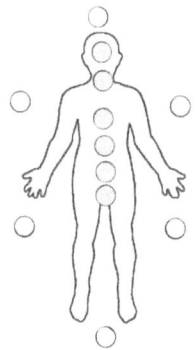

2. Sırt üstü uzanın ve kök çakranızdan üçüncü göz çakranıza kadar her bir çakranıza yuvarlak sarı aventurin yerleştirin.

3. Derin nefesler alın.

4. Beş ya da on dakika sonra taşları kaldırın ve su için.

Bu düzenin etkisi, enerji alanı ışıkla dengelenmiş bir bedene şerh düşmek gibi olacaktır. Sonrasında kalbinizi ışıklanmış hissedebilirsiniz ama asla 'sersemlemiş' değil.

Çakra Temizliği

Daha önce anlatılan tekniği izleyin. İstenmeyen bir enerji müdahalesi hissettiğiniz durumda, aurayı davetsiz misafirlerden arındırmak için tekniklerin bir kombinasyonunu uygulamak gerekebilir. Önceki tanıtılan tekniklerin yanı sıra bir tuz banyosunu hararetle tavsiye ederim. Tuz doğal olarak kristalimsidir ve auradaki ağır enerjileri temizlemekte çok etkin harika bir iletkendir. Banyo suyunuza iki üç avuç dolusu deniz tuzu ekleyin ve yaklaşık yirmi dakika içinde kalın. Bazı durumlarda istenen etkiyi yaratmak için bir kaç tuzlu su banyosu gerekebilir fakat her biri, kristal berraklığında bir auraya ulaşmak için en inatçı enerjileri çözündürecektir.

Özet

Bu bölümde tanıtılan kristal teknikleri çok çeşitli durumlar ve herhangi bir terapi türü için faydalı olabilir. Basitliği ve kullanım kolaylığı, müthiş faydalarını gözden saklayabilir ancak tedbirli olma konusunda her zaman bir hata payı vardır. Danışanlarınızda kullanmadan önce kendinizde veya bir arkadaşınızda deneme yapmanızı tavsiye ederim. Özellikle kristallerle çalışma konusunda çok az deneyiminiz varsa veya danışanınız özellikle çok duyarlıysa. Ve her zaman, kristalleri çevresine veya bedenine yerleştirmeden önce danışanınızdan izin almayı hatırlayın.

Alışveriş Listesi

1 ametist demeti
4 dik duran kuartz
1 selenit çubuğu
1 şeffaf kuartz kristalsarkaç
1 sivri doğal şeffaf kuartz
6–12 şeffaf yuvarlak kuartz taşı
5 dumanlı sivri kuartz
6 yuvarlak ametist taşı
6 yuvarlak yeşil aventurin taşı
6 yuvarlak sarı aventurin taşı
3 yuvarlak pembe kuartz
Tütsü çubukları veya iyi kalite tütsüler
Deniz tuzu

Yazar Hakkında

Christine McBride BEd, BA, Dip RT

Christine deneyimli ve sezgisel bir eğitmen ve regresyon terapistidir. Yirmi yıldan beri kristallerle ve diğerterapi yöntemleriyle çalışmaktadır. İkinci ve üçüncü seviye derslerinde diğer hiç bir yerde bulamayacağınız rehber bilgiyi taşıyan kristal eğitim dersleri, katılımcının güçlü tekniklerle pozitif değişimi kolaylıkla ve güvenle yaratmasını sağlıyor – bunlara çatal çubuk (dowsing) kullanımı ve çakralar, meridyenler, kristal çubuklar ve sarkaç ile çalışmak dâhildir. Daha fazla bilgi için internet sitesi *www.christinemcbride.co.uk*ziyaret edebilir veya email: *mcbridechristine@aol.com*adresinden iletişime geçebilirsiniz.

Referanslar

1. Lilly, Simon. *Illustrated Elements of Crystal Healing.* Element Books 2002.
2. Lilly, Simon and Sue. *Crystal Healing.* Watkins Publishing 2010.

7

DANıŞANı YETKİN KıLMAK

Chris Hanson

*Bir başkası için yapacağın en büyük iyilik
sadece zenginliğini paylaşmak değil
fakat sahip olduğun şeyleri ona açmandır.*

Benjamin Disraeli

Giriş

1990larda bir klinik hipnoterapist olarak eğitimimi tamamladığımdan bu yana niyetim hep danışanlarımın karşılaştıkları sorunları sadece çözmek yerine ne zaman imkân olursa onlara kendine-yardım etme tekniklerini öğreterek güçlenmelerini sağlamak olmuştur. Şimdi diplomalı bir regresyon terapistiyim ve hala uygun olduğu zamanlarda regresyon seanslarına kendine-yardım etme tekniklerini dahil etme arzusu duyuyorum.

Çok faydalı bulduğum bir teknik, danışanın seçimine bağlı olarak bir anahtar kelimenin hem regresyon çalışmasında gerekli derinliği sağlamak hem de danışanların meditasyonlarındakullanılmak üzere çıpalanması. Diğerleri

159

duyguların düzenlenmesi için artık iyi bilinen 'göz hareket tekniği'nin bir uyarlaması olan 'duygu boşaltma vuruşları' (tapping out) ve diğeri olumlu duyguları çağırmak için kullanılan pozitif uyandırma vuruşları (tapping in) yöntemleri.

Güçlü Trans Çıpaları Yaratmak

Trans derinliğinin çıpalanması, pek çok hipnoterapistin çalışmaları sırasında kullandığı bir tekniktir. James R. Ramey'in Ultra Depth™ eğitimine katılarak bunu nasıl sağlayacağımı en etkili şekilde öğrendim. Şimdi regresyon seanslarında bunu nasıl kullanabileceğimize bakalım.Başarılı bir hayatlar arası regresyon çalışmasının en önemli kriterlerinden biri danışanı istenen hipnotik trans seviyesine getirmek ve sıklıkla üç saati aşan seanslar boyunca onu o seviyede tutabilmektir. Sadece konuşmanın kendisi bile danışanın trans derinliğini azaltmakta ve eğer tuvalet molaları da gerekiyorsa, terapistin derin hipnozun önceki seviyesine çabucak geri dönebileceğinden emin olması gerekmektedir. Birçokhayatlar arası regresyon terapisti danışanlarının bu çalışma öncesi çözülmesi gereken herhangi bir blokajı olup olmadığından ve danışanlarını derin transın istenen seviyesine götürüp o seviyede tutup tutamadıklarından emin olabilmek için hayatlar arası regresyon seansından önce en az bir kez danışanıyla görüşmekte ısrar eder.

Bu ön seanslarda danışanlarımı derin transa götürmeyi ve kendi seçtikleri anahtar kelimeyi çıpalamayı, sonrasındaki izleyen seanslarda çabucak derin transı tetiklemek ve onları o gereken seviyede tutabilmek açısından son derece faydalı buluyorum. Bu anahtar kelime, her ne zaman isterlerse, regresyon dışındaki nedenlerle oto-hipnoza girmek için – şekerleme yapma, meditasyon, genel gevşeme, huzursuzluk ve stresle başa çıkma, uykusuzluk vb. - danışanlarca kişisel olarak da kullanılabilir.

Kendi kendine hipnoz konusunda dikkatsizliği önlemek için anahtar kelime yüklenirken verilen telkinlerde, bunun danışanın oto-hipnoza niyetlendiği zaman, yani onun için bunu yapmak uygun ve güvenliyse etkili olacağına ve danışanın hipnozda istediği süre boyunca kalacağına dair vurgulama yapılması gerekir. Normalde danışanlarıma oto-hipnozda olacakları bir zaman sınırı belirlemelerini ve translarını sonlandırmak için bir 'çıkış' ya da 'aciliyet' sözcüğünü yerleştirmelerini söylüyorum. Aslında kendi deneyimlerimden içsel beden saatlerimizin gayet etkin çalıştığını ve neredeyse bir çıkış sözcüğüne gerek olmadığını biliyorum. Fakat örneğin bir danışanı acilen derin bir transtan çıkarmam gerekirse, bu sözcük kullanılabilir.

Anahtar sözcüklerini yerleştirmeden önce hipnozda ne kadar derine gideceğiniz size bağlıdır. Eğer onları gerçek somnambulizme yönlendirecekseniz o zaman bu genellikle bir ön-koşullanma gerektirecektir. Verdiğim aşamalı gevşeme CD ni defalarca dinleyerek başarıyla hipnoza giren danışanlarımdan aldığım bilgiler, gereken trans derinliğine ulaşmada hiç bir sorun çıkmayacağı konusunda bana güven veriyor. Seans başlangıcında yönlendirmeli telkin veya ön-indüksiyon denemeleri bir diğer önlemdir ve her zaman danışanla hızlı veya ani indüksiyonu seçerseniz (bütün bu tekniklerle ilgili daha fazlası için 5. Bölüme bakınız) uygulanmalıdır.

Eğer niyetiniz gerçek somnambulizme ulaşmaksa aşağıda belritildiği gibi amnezi için test yapmakta fayda vardır ancak genellikle bu trans derinliğine ihtiyaç duyulmaz. Normalde gerçek somnambulizmin hemen üzerindeki trans seviyesi hayatlararası regresyon için ve biraz daha hafifi de regresyon terapisi için yeterlidir.

Danışanın anahtar kelimesinin yerleştirilmesine dair aşağıda belirtilen aşamalar, Institute of Clinical Hypnosis[1] de James R. Ramey'in Ultra Depth™ eğitimine katıldıktan sonra benim tarafımdan uyarlanmıştır:

EBEDİ RUHU DÖNÜŞTÜRMEK

1. Danışanınıza derin hipnoz/oto-hipnoz için yerleştireceğiniz kelimeyi seçmesini söyleyin ve bir de hipnozdan çıkış için kullanacağı kelimeyi. Bunları not alın!

2. Danışanı derin transa yönlendirmek için dilediğiniz bir indüksiyon yöntemini kullanın. Bu en sevdiğiniz aşamalı gevşeme indüksiyonu veya hızlı indüksiyon olabilir.

3. 1 den 10 a kadar saymak gibi her hangi bir derinleştirici kullanabilirsiniz. Ya da 1 den 5 e kadar her sayıda daha derin gevşeyeceklerini söyleyerek sayabilir, sonra 1 den 5 e kadar sayarak bu rahatlamanın ikiye katlanacağını söyleyebilir ve en sonunda 1 den 5 e kadar sayarken her bir sayıda rahatlamanın üçe katlanacağını belirterek devam edebilirsiniz.

4. Kol-düşürme derinleştirme tekniğini kullanın. Danışanınıza söyleyin: **Şimdi sol/sağ kolunu kaldıracağım.** Sonra ne kadar rahatladığını test etmek için yavaşça yatay olarak daire çizin. Eğer aktif olarak size yardım ettiklerini ve dolayısıyla yeterince gevşemediklerini fark ederseniz, kolunu tamamen sizin kaldırmanıza izin vermesini isteyin ve sanki kollarının 'kurşun gibi ağır' olduğunu hissetmelerini teşvik edin. Kollarının gevşediğini fark ettiğinizde: **Kolunu kucağına geri bıraktığım zaman 10 kez daha derinleşmeye izin verebilirsin... 10 kez daha rahat, gevşemiş derinliğe... 10 kez daha derin gevşemeye.** Sonra kollarını ölü gibi düşüp düşmediğini görmek için bırakın. Diğer kola devam edin.

5. 'Derin bir şekilde rahatla' anahtar sözcüğünü yerleştirin: **Her ne zaman DERİN BİR ŞEKİLDE RAHATLA dersem senden gözlerini hemen kapamanı istiyorum...Ve neredeyse otomatik olarak, hatta hiç düşünmeden rahatlamaya izin ver... Şimdi bulunduğun bu rahat duruma geri dönmek için... Her seferinde daha derinlere gitmene izin ver... Her seferinde daha da çok keyif alarak... Talimatlarıma**

tam olarak uyduğundan emin olarak... Ve her şekilde harika hissederek. Aynı talimatları güçlendirmek için tekrar edin.

6. Danışanı transtan çıkarıp tekrar her seferinde daha derin transa geçirin: **Şimdi seni yüzeye çıkarmak için 3 ten 1 e kadar sayacağım... ve 1 dediğimde, daha önce değil, gözlerini açacaksın... Ve şimdi 3, yavaşça geliyorsun...2, daha çok ve daha çok...1, gözler açık, her şekilde müthiş ve harika hissediyorsun. Şimdi gözlerini kapa** (elinizi aşağıya doğru hareket ettirin) **ve DERİN BİR ŞEKİLDE RAHATLA ... DERİN BİR ŞEKİLDE RAHATLA ... sadece gömülüp kal...boş...gevşek...ve rahatlamış.**(Danışanı geçici olarak uyandırdığınızda, tam olarak uyandırıncaya kadar 'uyanık' veya 'tamamen uyanmış' demekten kaçınmaya dikkat edin)Sonra her iki kola kol düşürme derinleştiricisi uygulayın. Daha sonra bütün bu altıncı adım sürecin iki kez tekrar edin.

7. Altıncı adımı üçüncü kez tekrar edin ve 1 den 10 a kadar her sayıda iki kez rahatlama derinleştiricisini kullanın.

8. Şimdi alternatif olarak amnezi için en sevdiğiniz yöntemi uygulayın. Örneğin şöyle diyebilirsiniz: **Şimdi öylesine rahatsın ki...zaman senin için tamamen önemsiz...saatin kaç olduğu umurunda bile değil...veya hangi gün olduğu...öyle rahatsın ki hiç bir şey umurunda değil...senin için önemsiz...bugünün ne olduğunu UNUTUYORSUN...bugünün ne olduğunu UNUTUYORSUN...şimdi bugünün ne olduğunu hatırlamaya çalış... ve eğer gerçekten çok rahatlamışsan...ne kadar uğraşırsan o kadar az hatırladığını fark edeceksin.**

Ya da şöyle diyebilirsiniz: **Az sonra elini tutacağım ...ve**

EBEDİ RUHU DÖNÜŞTÜRMEK

üç dediğimde elini kucağına bırakacağım...elin kucağına değer değmez...öyle derin gevşediğini hissedeceksin ki...kendi ismin aklından silinecek...ellerin kucağına değer değmez...kendi adını hatırlayamayacaksın...kendi adını hatırlayamayacaksın...ellerin kucağına değer değmez... Kendi adını hatırlayamayacaksın... Tamamen aklından çıktığı için... Tamamen aklından silindiği için... Hazır, şimdi, 1...(yavaşça danışanın elini sallayın) 2...(yine yavaşça danışanın elini sallayın)3...gitti! Danışanın elini kucağına bırakın ve hemen: **Şimdi...Adın ne demiştin?** Diye sorun.

Eğer danışan tarihi veya ismini hatırlamaya çalışır fakat başaramazsa, somnambulizmde olduğunu teyit eden hipnotik amnezi durumu var demektir. Daha fazla beklemeden hemen: **Peki, hatırlamaya çalışma ve sadece DERİN BİR ŞEKİLDE RAHATLA** deyin. Eğer danışanınızın gerçek somnambulizme ulaşmasını istiyorsanız ve hala ismini veya tarihi hatırlayabiliyorsa o zaman daha fazla derinleştirmeye ihtiyacınız vardır. Amneziyi: **Şimdi senin için çok net ve açık olduğu için...günü/ismini açıkça ve kolaylıkla hatırlıyorsun...**diyerek iptal etmeyi hatırlayın.

9. Şimdi danışanın seçtiği derinleştirici anahtar sözcüğü yerleştirin: ____ **sözcüğünü her ne zaman söylersem veya** ____ **sözcüğünü her ne zaman kendine söylersen ... otomatik olarak, hiç düşünmeden, hiç tereddüt etmeden...ve gecikmeden, sadece gözlerini kapa... ve zihninin ve bedeninin... şu anda keyfini çıkardığın duruma çabucak geri dönmesine izin ver...** Bunu iki kez tekrar edin. **Bu şimdi gerçekleşiyor...ve hayatının geri kalanında...her gün...istediğin sürece...bunu**

yapman güvenli olduğu sürece...şimdi ___ ... ___ ...
___.

10. Danışanı 3 ten 1 e kadar sayarak transtan çıkartın ve derinleştirici anahtar kelimesinin onu tekrar transa geçirdiğini test edin: **Şimdi seni uyandırmak için 3 ten 1 e kadar sayacağım...1 dediğimde, daha önce değil, gözlerini açıyorsun...şimdi 3...yavaşça ve ağır ağır geliyorsun...2 ...daha fazla ve daha çok... 1...gözler açık, her şekilde harika ve müthiş hissediyorsun...şimdi ___ deyin.**Danışana gözlerini kapamasını hatırlatmak için elinizle işaret edin ve derinleşmeleri için en azından 20 saniye bekleyin. **İşte böyle, daha derine ve daha çok derine gidiyorsun...gevşek...rahat...ve yumuşak...çok rahatlamış...çok gevşemiş.** Danışanı her seferinde uyandırarak iki kez tekrar edin ve sonra anahtar kelimelerini söyleyerek onu tekrar geriletip derinleştirici bir kaç kalıp ilave edin.

11. 'Derin bir şekilde gevşe' transın derinleşmesi için kullanılmıştı ve transın belirli bir aşamasını çıpalamak için kullanılmamıştı. Dolayısıyla bunun kaldırılması gerekebilir. Anahtar kelimeyi yukarıda anlatıldığı gibi üçüncü kez tekrar ettikten ve danışanı derinleştirdikten sonra şöyle söyleyerek bunu iptal edin: **Sana ne zaman DERİN BİR ŞEKİLDE GEVŞE dersem artık bunun hiç özel bir anlamı olmayacak...ne zaman sana DERİN BİR ŞEKİLDE GEVŞE dersem bunun senin için hiç bir özel anlamı olmayacak.**

12. Danışanı transtan çıkarmak için 5 ten 1 e kadar geri sayın ve ona kendini nasıl hissettiğini sorun. Sonra ona derinleştirici anahtar kelimesini tekrar söyleyin ki kendi seçimi olan anahtar kelimenin açığa çıkmasını

EBEDİ RUHU DÖNÜŞTÜRMEK

programlayabilesiniz: **Her ne zaman yeniden bir kez daha rahatlama durumunda olursan...tıpkı şimdi olduğu gibi, hatta daha da derin...ve sana... veya kendine... ____ kelimesini söylersen ...bu sanki ben 5 ten 1 e kadar geri sayıyorum anlamına gelecek... tamamen uyanık duruma geleceksin...yenilenmiş hissedip...her şekilde harika hissederek... ve bu...bugün olacak... Ve her gün...hayatının geri kalan kısmında... Sen istediğin sürece... Bu şimdi içinde bulunduğun rahatlama seviyesinde gerçekleşecek... Ve o sırada deneyimlediğin her hangi bir seviyede... Şimdi____... ___... ___.** Danışanın gözlerini açtığından ve tamamen uyandığından emin olun. Eğer değilse, bütün bu adımı daha yüksek sesle tekrar edin.

Uygulamada bu çıpalama tekniğinin kullanılması ile ilgili faydalara dair bir kaç örnek şöyle:

Peter benimle bir hayatlar arası seansı yapmak istemişti. Bu yüzden ona dinlemesi için benim hazırladığım gevşeme CD den bir kopya gönderdim ve daha önce hiç geçmiş yaşam regresyon deneyimi olmadığı için bir ön seans ayarladım. Geçmişte hipnoz kullanarak sigarayı başarıyla bırakmıştı ve pre-hipnotik çalışmalar onun telkine oldukça açık olduğunu gösteriyordu. Ön görüşme sırasında hayatlar arasıseansından önce üzerinde çalışması gereken stres ve kendine inanmak ile ilgili çalışılması gereken birçok sorun olduğu ortaya çıktı ve bu toplamda üç seans gerektirecekti. Bu yüzden ilk terapi seansının başlangıcında Peter'ın seçtiği bir anahtar kelime ve bir de çıkış kelimesi yerleştirdim. Böylece daha sonraki seanslarda derin hipnoz sağlamada zaman kazanacaktık. Hem Peter ne zaman kendini stresli hissederse rahatlamak için evde de bu kelimeyi kullanabilecekti. Ayrıca gün boyunca kendini ne zaman yorgun hissederse daha canlı hissedebilmek için çıkış kelimesini de nasıl kullanabileceğini Peter'a açıkladım.

Carol, hayatlar arası regresyonu isteyen genç bir kadın, iki gün artarda iki seans için randevu aldı. Çözülmesi gereken her hangi bir sorunu olmayan harika bir hipnoz yapısındaydı fakat sık sık tuvalete gitmesini gerektiren sistit rahatsızlığı vardı. Bu yüzden geçmiş yaşam regresyonu yapmadan önce ilk seans boyunca Carol'u her tuvalet molasından sonra çabucak hipnoza geri götürebilmeme yarayacak bir derin hipnoz anahtar kelimesini yerleştirmeye karar verdim. Böylesi dört molaya ihtiyaç olduğundan, regresyon boyunca bu harika iş gördü!

Duyguları Çökertme – Tüketme

Regresyon seansları sırasında düzenli olarak kullandığım tekniklerden biri 'Eye Movement Desensitization and Reprocessing' (EMDR) (Göz Hareketleriyle Duyarsızlaştırma ve Yeniden İşlemek) adlı tekniğin bir türevidir. Bu süreç, California, Palo Alto'daki Mental Research Institute'da kıdemli araştırmacı psikolog Francine Shapiro tarafından geliştirilmiştir. [2]

Francine, 1987'de rüzgârlı bir günde dışarıda yürür ve bazı rahatsız edici konular hakkında düşünürken, çevresinde düşen yaprakları fark etmiş. Yürüyüşünü bitirdikten sonra bu rahatsız edici düşüncelerinin yok olduğunu, üstüne üstlük bunların duygusal yüklerini de kaybettiklerini hayretle fark etmiş. Yürüyüşü sırasında bilmeden yaptığı göz hareketlerinin buna sebep olduğunu varsayarak, kendisinin bizzat deneyimlediği etkiyi yeniden yaratıp yaratamayacağını görmek üzere gönüllüler üzerinde deneyler yapmış. Olumlu sonuçlar alınca tekniği geliştirmeye devam etmiş ve majör travma yaşayan bazı insanlarla birlikte PTSD (Travma Sonrası Stres Bozukluğu) yaşayan Vietnam gazilerinde bu teknikle başarılı sonuçlar almıştır. Travma yaşayan gönüllülerin rahatsız edici görüntüleri imgelerken veya travma nedeni olayı yeniden yaşarken gözlerini hızlıca bir yandan diğer yana hareket ettirmelerini istemiş ve söz konusu anılar bu şekilde giderek daha az rahatsızlık verici olmuştur.

Sonunda diğer türlü bilateral (beynin her iki lobunun) uyarımların da aynı şekilde iyi çalıştığı keşfedilmiştir; örneğin bedenin değişik bölgelerinde sağ-sol vuruşlar, başın sağ ve sol yanında değişen şekilde ses kullanmak. Bu da göstermiştir ki bu sürecin etkisi sadece ilk farz edildiği gibi uyuduğumuzda deneyimlediğimiz hızlı göz hareketlerinin bir sonucu değildir.

EMDR'nin nasıl çalıştığı hala kesin değildir ancak Dr. Shapiro ne olduğunu anlatmak için 'İntibak Edici Bilgi İşleme' (Adaptive Information Processing) adını verdiği bir teori oluşturmuştur. Travmatik bir anı beyin tarafındantam olarak işlenemez ve daha sonra günlük yaşamda rahatsız edici belirtiler göstermeye yol açan tortular bırakır. Burada düşünülen şu: Eğer travmatik anıya sahip bir kişi tüm duyularını kullanarak bu anısını hatırlamaya teşvik edilirse ve bilateral uyaran kullanılırsa, doğal bilgi işlem sistemi harekete geçecektir. Bu zihin-beden çağrışım özgürleştirici süreçtir ve beynin hem sağ hem de sol yarı küresini harekete geçirir. Fiziksel anının depolanmasını etkileyerek travmatik anının kalıntısının artık daha fazla rahatsız edici olmasına engel olur.

Bir terapiseansı boyunca her biri üç dakika veya daha fazla süren bilateral uyarımlar birçok kez tekrarlanır ve anının işlenmesini sağlamak üzere standart kurallar izlenir. Genel olarak bir kaç seans gerekir ve danışanın eğitimli bir terapist tarafından dikkatle izlenmesine ihtiyaç gösterir.

Fred Friedberg tarafından geliştirilen basitçe kısaltılmış olarak EMT (Eye Movement Technique) (Göz Hareket Tekniği) diye adlandırılan bir teknik vardır. Sadece EMDR kurallarına aşina olmayan terapistler tarafından değil, terapistlerce evde kendi kendine yardım etmek üzere öğretilen danışanlarca da uygulanabilmektedir. Bu basitleştirilmiş yöntem günlük stresi azaltmakta, duygusal çatışmaları çözmekte ve hatta uykusuzluk için yardımcı olmak üzere kullanılabilir.

EMT nispeten kolaydır ve her seferinde yaklaşık üç dakika süren, saniyede iki vuruşla parmaklarla sol-sağ arasında değişen vuruşlu bir devre içerir. Danışanın kendi uyluklarına parmaklarıyla vurması istenebilir veya izin alarak elinin arkasına veya omzuna siz parmak vuruşu yapabilirsiniz. Bir devre boyunca tekrar eden soldaki bir vuruşu çabucak sağdaki bir vuruş izlemelidir. Eğer üç devre vuruş sonunda her hangi bir gelişme görülmezse o zaman göz hareketleri devresine geçilebilir.

Benim uyguladığım süreç Friedberg'in kitabında tam olarak anlatılmaktadır:[3]

1. Danışandan gözlerini kapamasını ve her hangi stresli bir görüntü, his veya düşünceye odaklanmasını, (10 en stresli olmak üzere) bunun şiddetine 0 la 10 arasında bir değer vermesini isteyin.

2. Strese odaklandıklarındabağlantılı her hangi bir fiziksel duyarlılığı – baş ağrısı, sıkılmış çene, karnında rahatsızlık duygusu, hızlı kalp atışı, terleme, her hangi bir fiziksel gerginlik – fark etmelerini isteyin.

3. Danışanınıza değişimli olarak parmaklarıyla uyluklarına üç dakika boyunca saniyede iki vuruş olarak vurmasını söyleyin, yani sağ elin parmaklarıyla sağ uyluk ve sonra sol uyluk, tekrar sağ uyluk vb. Danışanın bir veya daha çok parmağını kullanmasının bir önemi yoktur.

4. Derin bir nefes aldıktan sonra danışandan stres seviyesini yeniden belirlemesini isteyin.

5. Eğer şiddeti azalıyorsa 1 veya 0 a ulaşıncaya kadar devreyi devam ettirin. Eğer yeni bir stres ortaya çıkarsa, onu

EBEDİ RUHU DÖNÜŞTÜRMEK

temizlemek için bu konuda vuruşlara devam etmek gerekir.

6. Eğer her hangi bir azalma yoksa danışanınıza parmağınızı izleyerek bir yandan diğer yana 25 – 30 hızlı göz hareketi yapmasını isteyin. (Danışanınıza evde bu işlemi yaparken odaklanmak için görüş sahasının en solunda ve en sağında nesneler seçmesini ve bakışını bu iki nesneye bakarak sürdürmesini söyleyin.)

7. Eğer iki devrelik hızlı göz hareketinden sonra gelişme olursa, 1 veya 0 a ulaşıncaya kadar devam edin.

8. Eğer her hangi bir gelişme olmazsa danışanınızdan stresiyle bağlantılı her hangi bir fiziksel duyarlılığa odaklanmasını ve sonra derin bir nefes alarak parmak vuruşu devresini tekrarlamasını isteyin.

9. Eğer hala bir değişiklik yoksa danışanınıza fiziksel duyarlılığa odaklanırken iki devre göz hareketi yapmasını söyleyin.

10. En sonunda hala bir gelişme yoksa danışana 'gevşe' kalıbını uygulayın. Nefes alırken uzun bir 'geeeev' ve nefes verirken uzun bir 'şeeee' düşünmelerini isteyin. Sonra üç dakika veya daha fazla süreyle parmak vuruşunu ekleyin. Ancak her hangi bir olumsuz düşüncenin müdahalesi varsa uygulamayı durdurun.

11. Danışanın deneyimlediği her değişimi fark edin. Her hangi bir pozitif değişim uyandırılabilir. Bu konu bir sonraki bölümde açıklanacaktır.

Vuruşlar sırasında doğal olarak gevşemeyi teşvik etmek için, uykusuzluğun üstesinden gelmek için veya eğer danışan EMT yi evde uyguluyorsa ve her hangi bir travmatik anı ortaya çıkmışsa bunun duygusal yükünün azaltılması için 'gevşe' kalıbı kullanılabilir. Eğer teknik halka açık bir yerde kullanılıyorsa danışan kendini kucaklıyor gibi sarılıp kollarının üst kısmına vuruş yapabilir ve hatta ayakkabılarının içinde ayak parmaklarını da kimseye göstermeden yere vurabilir. Eğer danışan EMT yi kendi kendine – yardım için kullanacaksa, bunun mutlaka sadece günlük stres için kullanılması gerektiği, travmatik anıların deneyimli bir terapiste (yani siz!) ihtiyaç gösterdiği muhakkak vurgulanmalıdır. Regresyon terapisi için geçerli olan karşıt-belirtilerin aynısı EMT için de geçerlidir.

Regresyon terapistleri, eğer bir danışan Hayatlar arası seansına beklenmedik şekilde stresli gelmişse veya ansızın derin transa gidemeyeceğine dair kendisinden kuşkulanıyorsa, EMT bilgisini faydalı bulabilir. İşte bir örnek:

> Mary uzun Hayatlar arası seansına geldiğinde oldukça kaygılıydı. Karayolu üzerindeki ciddi bir trafik kazasının toparlanma çalışmalarına tanık olmuş ve trafik açılıncaya kadar 45 dakika gecikmişti. Üç devreli EMT vuruşu ve regresyon seansına geçmeden önce bir devre 'gevşe' kalıbının kullanıldığı vuruşlarla, kazanın onda bıraktığı duygusal etkiyi ve geç kalmasından kaynaklanan stres duygularını dağıtmayı başarabildik. Eğer EMT uygulanmasaydı, Mary'nin duygusal durumu derin transa girmesine engel olabilir veya seansı başka türlü yollarla kesintiye uğratabilirdi.

Regresyon seansı bitiminde bitmemiş işlerinin varlığının anlaşıldığı durumlarda danışana EMT uygulanması ile ilgili bir başka örnek:

> Sophie'nin şimdiki yaşam regresyon seansında pek çok konu başarıyla çözümlenmiş olmasına rağmen, Yüksek Benliği ile yapılan son parmak işareti kontrolünde hala çalışılması gereken bir sorun olduğu anlaşılmıştı. Mary bunun bir arkadaşıyla yaşadığı tartışmayla ilgili olduğunu anlatabildi. Bir sonraki danışanımın randevusundan önce sadece on dakika kaldığından, kısa bir durum değerlendirmesinden sonra söz

EBEDİ RUHU DÖNÜŞTÜRMEK

konusu soruna odaklandığında ellerinin üstüne iki devre EMT vuruşu yaptım. Bu, sadece bu tartışmayla açığa çıkan duygusal yükü temizlemek içindi ve sorunun geri kalanıyla ilgili çalışıp tam çözümleyebilmekiçin yeni bir randevu tarihi belirledik.

Eğer çözülmemiş sorunun içeriğini bilmeseydim, çalışılması çok uzun süre alabilecek travmatik anıları tetikleyebileceği için bir seansın sonunda EMT uygulamaktan kaçınabilirdim. Dolayısıyla eğer bitmemiş bir işin içeriğini bilmiyorsanız, gelecek randevularından önce rahatsız edici düşünce ve duyguların ortaya çıkması halinde kullanmaları için danışanlarınıza sadece 'geeev – şeee' kalıbını vuruşlarla uygulamayı öğretmeniz daha emniyetli olur.

Pozitif Kaynakların Entegrasyonu – Pozitif Uyandırma Vuruşları

Danışanlarıma sık sık uyguladığım diğer EMDR bağlantılı bir diğer teknik 'kaynak vuruşu'. Bu teknik Laurel Parnell tarafından geliştirilip olağanüstü kitabı *Tapping In*'de detaylıca açıklanmıştır.[4] Kaynak vuruşu pozitif şifalandırıcı bir kaynağın güçlendirilmesi ve zihin-beden anısına entegre edilmesine odaklanır. Ancak vuruşlar çok kısa sürdüğü için her hangi bir serbest akış işlemi gerçekleşmez. Altıdan on ikiye kadar devrelerle sol-sağ vuruşlar uygulanır ve her hangi bir rahatsız edici düşünce veya olumsuz anı açığa çıkarsa durdurulur. Danışanların evde uygulayıp istenen kaynağı yeniden harekete geçirmeleri için öğretilmesi son derece kolaydır. Bu teknik başlangıçta travmatik anılarla EMDR tekniği ile çalışmadan önce danışanlara 'güvenli yer' kalıbını yerleştirmek için uygulanmış ve sadece yönlendirmeli imgelem kullanılmasına oranla daha etkili olduğu anlaşılmıştı. Parnell bu tekniği herkesin sahip olduğu birçok pozitif kaynak ve doğuştan gelen meziyetleri de kapsayacak şekilde daha ileriye taşımış ve şimdi kaynak vuruşu tek başına bir yöntem olarak tanınmıştır.

Şimdiki yaşam, geçmiş yaşam veya hayatlar arası regresyon seanslarında herhangi bir pozitif iç görü veya deneyimi yerleştirmek için kaynak vuruşu kullanılabilir. Danışanlarıma evlerinde tekrar edecekleri bir olumlama vermek ya da pozitif duyguyu çıpalamak yerine seansın entegrasyon ve tamamlanma kısmında bunu yapmalarını söylüyorum. Geleneksel çıpalamaya göre vuruşları daha etkili buluyorum çünkü vuruş ritmi sinir sistemi üzerinde sadece sakinleştirici ve yumuşatıcı bir etki bırakan gevşemeyi desteklemiyor, ayrıca beyin hareketliliğini güçlendirerek kaynağın depolanmasını ve geri çağrılmasını da kolaylaştırıyor

Örneğin bir danışanın hatırlamaya değer bir anısı varsa, Bilge Varlıklardan veya ruhsal rehberlerinden gelen pozitif bir deneyimi varsa, bir güç hayvanından özel nitelikler alıyorsa veya içsel-çocuk güçlendirici nitelikler ve kaynaklar ediniyorsa, bütün bunlar vuruşlarla yerleştirilebilir.

İşlem son derece basittir. Vuruşlar EMT ile aynıdır ancak daha kısa devreli ve daha yavaş ritimlidir:

1. Vuruşları nasıl yapmak istediğinizi danışanınıza gösterin ve gerekli ritme alışmaları ve bedenlerinde nereye vurulmasından en çok rahat edeceklerine (örn.üst bacaklar veya kollar) karar vermeleri için denemelerine izin verin.

2. Danışanı hızlıca gevşeme durumuna getirin.

3. Seçtiği kaynağı aklına getirmesini isteyin.

4. Ne kadar gerekiyorsa o kadar hayal güçlerini kullanmalarını ve bu çok önemli, anı/deneyim/niteliğin olabildiğince canlı olması için bütün bedende bunu hissedene kadar tüm duyularını kullanmalarını teşvik edin.

5. Danışana kaynağın duygusuyla gerçekten temasta olduğu anı

sorun ve sonra ritmik olarak ve yavaşça, sol-sağ, altıdan on ikiye kadar değişen bir devrelik vuruşlara başlamasını söyleyin. Pozitif duygulara odaklanmasını ve bunu artırmalarını teşvik edin. Eğer her hangi bir negatif duygu veya düşünce gelmeye başlarsa durmalarını söyleyin.

6. Altıdan on ikiye kadar sol-sağ vuruş devresinden sonra eğer kaynak güçleniyorsa, bunu tam olarak mühürlemek için bir iki devre daha yapması için danışanı teşvik edebilirsiniz.

7. Eğer danışan arzu ederse, kaynağa kolay geçiş için bir ipucu kelime seçilebilir (örneğin 'rehber' veya 'emniyetli yer') ve danışan bu kelimeyi vuruşlarla yerleştirebilir.

8. Danışanı 'şimdi ve buraya' geri getirin. Şimdi yüklediği kaynağa ne zaman girme ihtiyacı duyarsa bütün yapması gerekenin gözlerini kapamak (ve/veya ipucu kelimesini söylemek) ve sadece altıdan on ikiye sol-sağ vuruş olmak üzere yavaşça vuruşa başlamak olduğunu açıklayın. Hala pozitif hissettikleri sürece bir kaç devrelik vuruş daha yapabilirler.(*)

Eğer danışanınızla henüz çözümlenmemiş çalışılması gereken travmatik anılar için ilave regresyon seansları yapacaksanız, sizinle olmadıkları zamanlarda bu travmatik anıları harekete geçirmemek için sadece çok kısa devreli kaynak vuruşu yapmaları gerektiğini hatırlatmanız gerekir.

Uygulamada bu tekniğin kullanılmasının yararlarına dair bir kaç örnek:

Petra bana bağımlılıkları hakkında yardım almak için gelmişti. İçeriklerine bağlı olarak bir kaç haftalık bir süre boyunca çeşitli seanslar gerekeceği hakkında mutabık kaldık. Mutsuz bir çocukluk geçirdiği için şimdiki yaşam ve içsel-çocuk çalışmasının onun için çok faydalı olacağına karar vermiştim. Fakat bu ancak Petra duygusal olarak terapiye cevap verirse başarılı olabilecekti. Bu yüzden ilk seansta onu hafif bir transa geçirdim ve kendini sakin, rahat ve emniyette hissettiği kendi özel yerini bulmasını istedim. Daha sonra kollarını çaprazlayarak kollarına vuruş yapmasını söyledim. Bundan sonra ne zaman stresli veya kaygılı hissetse, bağımlılığına yönelmek yerine bir kaç sakin vuruşla yeniden tam olarak temas edebileceği bu kendi özel yerinin kaynağını kullanabilecekti. Onun kendini daha hafif hissetmesini sağlayan bu ilk seanstaruhsal eklentiler de temizlenmişti.

İzleyen seanslarda bağımlılıklarının sebebi olarak görünen çocukluk anılarını yavaş yavaş Petra duygularını yaşayabildikçe regresyon terapisi ile çalıştık. Ona ayrıca kıvranmasına yol açacak açığa çıkabilecek suçluluk veya stres duygularını serbest bırakması için vuruşları nasıl kullanacağı ile gevşemesine ve uyku problemlerine yardımcı olması için 'geeev-şeee' kalıbını nasıl kullanacağını gösterdim.

Petra'dan şu mesajı almak çok sevindiriciydi: 'Son seans için teşekkür ederim. Daha hafif, daha kaygısız hissediyorum ve yıllardır ilk kez bu vuruşları uyguladıktan sonra bütün gece uyudum!' Bunları yazdığı sırada hala çözümlenmesi gereken çocukluk olayları vardı ancak Petra'nın bağımlılıkları üzerindeki kontrolü inanılmaz derecede gelişmişti. Regresyon terapisi seansları arasında vuruşları kullanmayı çok faydalı buluyordu.

Chloe yeni ilişkilere girme ihtimalini bloke etmesi hakkında bana gelmişti. Kendisinin ve asker arkadaşlarının birlikte kaldığı evde yaşayan kız arkadaşına âşık olup, kız arkadaşa askeri sırları aktaran bir asker olduğu geçmiş yaşama geçti. Üst düzey subaylar içlerinde bir hain olduğunu fark ettiler ve genç asker subayların bu hatanın kendisinden kaynaklandığını bildiklerini düşünerek intihar etti. Ruhsal boyutta dönüşüm sırasında Chloe kız arkadaşının kimseye her hangi bir sır vermediğini anladı. Ruhsal rehberi o geçmiş

EBEDİ RUHU DÖNÜŞTÜRMEK

yaşamın güven üzerine döndüğünü açıkladı. Sezgilerine güvenmesi, hislerine güvenmesi ve neyin ne zaman doğru hissettirdiğini fark etmeyi öğrenmesi mesajını aldı.

Chloe'ya şimdiki yaşamında ne zaman bir şeyin doğru geldiğini hissedip buna inanıp güvendiğini hatırladığını sorduğumda, kızının bebek olduğu bir zamanı hatırladı. Dolayısıyla o anı tekrar hatırlamasını ve oradaki hislere odaklanmasını istedim. Bu aşamada boğazında ruhsal bir eklenti olduğu belirlenen bir duyarlılığın farkına vardı. Bunun ortadan kaldırılmasından sonra, Chloe'nun bir şeyi doğru olduğunu hissettiği zamanın kaynağına girebileceğine inanmasının önemli olduğunu hissettim. Bu yeteneği onun kalbini açması ve gelecekte arzuladığı ilişkilere adım atması için istekli olmasına temel teşkil ediyordu. Bu yüzden Chloe'ya kollarını çaprazlamasını, kızıyla deneyimlemiş olduğu hisleri yeniden farkındalığına getirmesini, onların yoğunlaşmasına izin vermesini ve sonra kendine vuruşları uygulamasını söyledim.

Israrla, kaynak vuruşunu çıpalama ve dolayısıyla pozitif deneyimlere, duygulara ve niteliklere giriş için olağanüstü kolay ve etkili bir teknik olarak bulmuşumdur.

Özet

Danışanların daha sonra kendilerine yardım için kullanabilecekleri her hangi bir tekniği regresyon çalışmasına eklemek her zaman faydalıdır. Hemen derin transa erişmek için bir anahtar kelime yerleştirmek ve kaynak vuruşu, bu açıdan terapistlere danışanlarının anıları ve duygularıyla çalışmasına yardımcı olabilecek kısa yollar veya ek yöntemler sağladığı kadar, 'hayat araçları' olarak da düşünülebilirler.

Yazar Hakkında

Chris Hanson BSc, DHP, MCH, GQHP, Dip RT

Chris, 1971'de Leeds Üniversitesi'nden tıp ile ilgili Biyokimya bölümünden mezun oldu. Bolca yurt dışı seyahatinden sonra 1999'da Klinik Hipnoz Enstitüsü'nden klinik hipnoterapist diplomasını aldı ve yedi yıl sonra Master Hipnoterapist ünvanı verildi. James Ramey'in Ultra Depth™ (Ultra Derinlik) eğitimini 2000'de, ileri geçmiş yaşam regresyon kursunu 2001'de bitirdi. EMDR, EMT, EFT ve psikolojik kinesiyoloji kurslarına katıldı. Chris 2006'da ruhsal hayatlar arası regresyon terapisti olarak ve 2010'da regresyon terapisti olarak mezun oldu. 2012'de *Past Life Regression Academy*'nin eğitmenlerinden oldu. Özel çalışmalarını Surrey'de sürdürmektedir. Daha fazla bilgi için web sitesi: *www.chrishansonhypnotherapy.com* ve e-posta: *chrisyhanson@hotmail.com* ile iletişim kurabilirsiniz.

Referanslar

1. Ramey Hypnosis Association, website: *www.ultradepth.com*
2. Shapiro, F., Ph.D. *Eye Movement Desensitizing and Reprocessing – Basic Principles, Protocols and Procedures*. The Guildford Press, 2001 (2. baskı).
3. Friedberg, F., Ph.D. *Do-It-Yourself Eye Movement Technique for Emotional Healing*,New Harbinger,2001.
4. Parnell, L., Ph.D. *Tapping In*, Sounds True, 2008.

EBEDİ RUHU DÖNÜŞTÜRMEK

8

RUHSAL ACİL DURUMLARIN ÜSTESİNDEN GELMEK

Janet Treloar

Bütünkaosta bir kozmos, bütün düzensizlikte gizli bir düzen vardır.
Acı çekmeksizin bilincine varılan hiç bir şey yoktur.

Carl Jung

Giriş

Gençliğimde yaşadığım ruhsal acil durumun hayatımın üzerinde çok çarpıcı bir etkisi olmuştur. Bu beni duygularımın en uç noktalarına ve çıldırmanın eşiğine getirmişti. Bu tür deneyimler çok etkileyici ve ürkütücü olmakla birlikte, eğer iyi anlaşılır ve desteklenirse, çöküş yerine başarılı bir hamle yapma imkânı sağlayan derin bir dönüşüme yol açabilir. Çoğu zaman yanlış anlaşılan bu alanın öncüleri Stanislav ve Christina Groff, bu tür durumlarda söz konusu olan hem tehlike hem de fırsatı belirtmek üzere ruhsal acil durum terimini kullanmışlardır.

EBEDİ RUHU DÖNÜŞTÜRMEK

Ruhsal acil durum nedir?Ruhsal bilince uyanma sırasında dönüşüm sürecinin kontrol edilemez hale gelmesi ve bir kriz noktasına varması ruhsal acil durumolarak tanımlanır. Şamanik öğretilerde buna *ruhun karanlık gecesi, mistik psikoz, kriz* denmekte ya da *Kundalini uyanışı* olarak adlandırılmaktadır. Ansızın kedere boğulma, bilincin değişik hallerinde aşırılık, duyuların kaotik bir şekilde aşırı yüklenmesi, aşırı enerji akışı ve psişik farkındalık ruhsal aciliyetin kriz durumunu simgeler. Bu aşamalara genellikle egonun ya da psikolojik olarak ölümün ve yeniden doğumun, evrenle veya doğayla bir olma hisleri ve birçok ilahi veya mitolojik varlıkla karşılaşmalar gibi ruhsal temalar eşlik eder.

Ruhsal uyanış ise belli bir dönem boyunca yavaş yavaş gelişen veya yoğun olağanüstü bir deneyimin ardından gelebilecek doğal bir süreçtir. Genellikle akışkandır ve kişinin kendi ruhsal gelişim ve uyanışının hızı ve yoğunluğuyla uyum içindedir. Bir uyanış diğer insanlarla, doğayla ve kozmosla daha derin bir bağlantının farkındalığına yol açar

Ruhsal acil durum döneminde, kişi aşağıda belirtilenlerden bazılarını ya da hepsini deneyimleyebilir:

- İçsel deneyimlerle bombardımana tutulmak.
- Eski inançlarda ve varoluş şekillerinde zorlanmak.
- Günlük hayatın gerekleriyle uğraşmakta zorlanmak.
- Hayali iç dünyadan dış dünyanın günlük gerçeğini ayırt etmekte zorlanma.
- Bedendeki güçlü enerjilerin fiziksel duyumlarının deneyimlenmesi.
- Deneyimleriyle iletişim kurmak için güçlü bir dürtü hissedilmesi.
- Gerçekle bağlantısı olmayan, nereden geldiği belli olmayan veya ilahi ses çınlamaları.

Tam bir kriz patlaması yaşayan kişinin fırtınalı sularda tek başına yol alması oldukça zordur. Sancılı ve kafa karıştırıcı deneyimlere katlanmak zorunda kalırlar. Bunların ne zaman ortaya çıkacağını bilemezler. Genellikle ruhsal acil durumla bağlantılı yoğun korkuyla baş edemez ve kontrol edemezler. Destekle, anlayışla, bazı teknikler ve stratejilerle, bir kriz daha dengeli ve kontrollü bir uyanışa evrilebilir. Böylece şifalanma ve dönüşüm süreci, kişinin kendi seçimine bağlı olarak güvenli bir hız ve yoğunlukta devam eder.

Ruhsal acil durum, bazıları için oldukça özgürleştirici bir deneyim olabilir. Sosyal ve kültürel koşullanmalara itiraz edilir ve güçlü bir şekilde reddedilir. Çoğu kendi egolarını nasıl ezip geçeceklerini ve egonun ötesinde büyüyebileceğini keşfeder. Bu süreçte, hemen ardından parlak ve yeni olarak ortaya çıktıkları, korkunun yerini yeni bir duygusal özgürlüğe bıraktığı bir ego ölümü ve kendini kaybetme hali deneyimleyebilirler.

Bazıları için bu deneyim sanki sürekli bir kâbus gibidir. Zihin, beden ve ruhlarını bir arada tutmaya çalışıp, sağ kalmaya yarayan deneyimleriyle mücadele ederlerken, ödül hemen bir adım ötelerindedir. Bir kez ele geçirildiğinde, dünya çok farklı bir yer gibi görünür. Öncelikler ve hayat koşulları değişirken eski hayat tarzlarına daha fazla katlanılamaz olur. Hayatlarının her alanında içsel olduğu kadar dışsal dönüşüm de gerçekleşir. Nasıl ki yeni günün doğuşu yeni bir hayatı müjdeler, yeni değişiklikler ve değişim için fırsatlar da bilincin doğuşunu müjdeler.

'Acil durum'dan 'uyanış'a geçiş, daha önceki ani deneyimlerin rastgele doğası ve kaotik hali olmaksızın farkına varılan bilinçliliğin daha geniş anlaşılmasına ve şükran duyulmasına yol açar. Bir yandan öğrenir, iyileşir ve büyürken şimdi bu yükselip genişlemiş bilinçliliği güvenle keşfedip üzerinde fiilen çalışabilirler. Bu, sadeleştirici ve huşu uyandırıcı bir yolculuktur. Yol uzun ve engebeli olabilir fakat uzaklarda parlak bir ufuk vardır.

ÇağlarBoyuncaRuhsal Acil Durumlara Yaklaşım

Çağlar boyunca birçok dinde ve kültürde *ilahi delilik* neredeyse bir tür geçiş ayiniydi. Sonrasında kendi topluluğu ve onlardan önce bunu deneyimlemiş olanlarca kişiye destek verilirdi. Bilgelik, rehberlik ve yardımı, dönüştürücü deneyim yoluyla açığa çıkarırlardı. Kuşaklar boyunca bilginin doğal döngüsü öğretmenden öğrenciye geçerdi. Zengin bir bilgi ve anlayışla, uyanışa geçiş başından sonuna kadar desteklenirdi. Böylesi bir uyanış yaşayanlara saygı, sevgi ve destek sunulurdu. Birlikte yaşadıkları toplum bilirdi ki özel ve dönüştürücü bir şey, ilahi kaynaktan bir armağan gerçekleşmekte. Kişiyi yolculuğunda desteklemek üzere bütün gayretler ortaya konur, hatta yolculuğun tamamlanışı ve topluma geri dönüşleri kutlanırdı. Öncekinden daha farklı oldukları kabul edilir ve daha aydınlanmış bir şekilde yeniden doğuşları kutlanırdı.

Geçtiğimiz bir kaç yüzyılda dünya bilim sayesinde fizik hakkında daha çok şey öğrendi. Bilimle kanıtlar el ele gidiyor ve laboratuvar koşullarında bilimsel olarak kanıtlanamayan şeylere inanmayı reddeden Batı kültürünün bir parçası haline geliyor. Buna çağlar boyunca ruhsal acil durum kapsamında aktarılan bilgi ve ruhların bu durumdan geçişine yardımcı olmaya yönelik uygun yöntemler de dâhildir. Bütün dinlerde ve kültürlerde ruhsal uyanışı ve bu sırada yaşanılan kriz noktalarını belgeleyen çok geniş bilgi bulunmaktadır. Yazın dünyasının devleri Shakespeare ve Wordsworth'un yazdığı gibi bu, sanatta da tanınma zamanıdır.

Ne yazık ki günümüzde ruhsal uyanış yaşıyor olan ve bir kriz noktasına gelen ya da ruhsal acil durum yaşayanlar, belirtiler benzer olduğu için kendilerini tıp uzmanlarınca hatalı bir şekilde akıl sağlığı bozukluğu veya düzensizliği tanısı konulmuş bulabiliyorlar. Doktorlar ve akıl sağlığı uzmanları DSM'de (Akıl Hastalıklarının Teşhis ve İstatistiksel El Kitabı) tanımlanan şekline katı bir şekilde bağlı kalarak ve teşhis sırasında herhangi bir ruhsal ya da aşkın kişilik durumlarını hiç dikkate almaksızın bu durumları psikoz, kuruntulu davranış veya şizofreni gibi uzayıp giden bir listeyle tanımlayabiliyorlar.

Uzun araştırmalardan sonra son zamanlarda Amerikan psikolog David Lukoff DSM IV'e *dini veya ruhsal problem* tanımıyla yeni bir teşhis başlığı ekletti. Bu, akıl sağlığı konusunda çalışanların zamanla ruhsal acil durum hakkında farkındalığını yükseltmelerine ve bu konuyu algılama ve mustarip olanları daha iyi anlamalarına yardımcı olacak kayda değer bir değişim sağlayabilir. Bu da, akıl sağlığı uygulamalarında ilacın minimum kullanımını ve hiç bir faydası olmayan damgalayıcı etiketleme yerine belirtileri sakinleştirip dengeleyici yeni tedavi planları ve stratejileri geliştirilmesine olanak sağlar.

Gezegenimiz tekâmül ediyor ve biz de öyle. Titreşimlerin hızlanmasının etkisi, muhtemelen ruhsal uyanış ve dolayısıyla ruhsal acil durum vakalarının sık rastlanır olmasıyla sonuçlanacak. Hem akıl sağlığı uzmanları hem de terapistlerin ruhsal uyanışın tamamlanma sürecinde iyileşmeyi ve pozitif dönüşümün gerçekleşmesi için bir krizin ortasındaki kişiye etkili bir şekilde nasıl yardımcı olacağını öğrenmeye ihtiyacı var. Eğer ruhsal bir acil durum ilaç tedavisi ile bastırılır veya anlayış ve destek eksik kalırsa, sonsuza kadar iyileşmeyebilir ve artan bir zihinsel, duygusal ve fiziksel sağlık problemi riskine yol açabilir.

Ruhsal AcilDurumunSebepleri

Aşağıda belirtilen çok sık rastlanan konular, ya zamanla ya da bir anda ruhsal bir acil duruma sebep olabilir:

Geçmiş Yaşam Deneyimleri
İçerik şifalanmaz ve çözümlenmezse bu krize yol açabilir.

Ruhsal Eklentiler
Bunlar enerji alanına müdahale ederler ve bulundukları bedeni etkilerler.

Ölüme Yakın Deneyimler ve Doğurmak
Ölüm ve yeni hayat deneyimleri insanları kendi fiziksel ölümlülüğüne ve onların bunu aşma yeteneğine uyandırır.

Uyuşturucu-uyarımlı Değiştirilmiş Bilinç Halleri
Zihin genişleticilerin kullanımı: Alkol ve afyon içeren uyuşturucular, geleneksel yerli kültürlerinde kullanılan mantarlar, Peru ayahuaskası gibi halüsinojenler, LSD ve DMT gibi zihin bükücüler, eğlence kabilinden alınan marihuana (bazı türleri paranoya ve kriz durumuna yol açmaktadır).

Psişik Açılma Krizi
Değiştirilmiş bilinç halleri, beden dışı deneyimler, psişik deneyimler, kanal olma, telepati, duru görü, duruişiti, uzaktan algılama.

Ruhani Uygulama ve Anlık Mistik Deneyim
Meditasyon ve dua gibi yoğun dini ya da ruhani uygulama. Ayrıca kişinin kendini her zamankinden canlı ve bütün hissettiği doruk deneyimler. Doruk deneyimlere aşırı duygusal ve fiziksel uyarımla ulaşılabildiği gibi bunlar mistik ve ilahi deneyimler de olabilir.

Kundalini Uyanışı
Kıvrılmış yılanın uyuyan enerjisini harekete geçirmek, kişinin sanki yanıp kül oluyor gibi duyumsamasına neden olan aşırı fiziksel duyumlarla yüklenmesine yol açar.

Şamanik Kriz
Alt dünyaya yolculuk sırasında ölümle ve yok olmayla ilgili hoş olmayan deneyimlerle karşılaşma.

Ego Ölümü ve Ruhun Karanlık Gecesi
Benliğin çözülüp kaybolması, ego ölür ve yeniden doğuş çabaları sürerken sonu gelmeyen ölüm deneyimleri.

Temel Arketip vasıtasıyla Psikolojik Yenilenme
Kötüye karşı iyinin güçlerine ve kozmik güçlere, sonucun dünya için tehlikeli olabileceğine inanarak abartılı anlam yüklenmesi.

Dünya Dışı Kaçırılma ve UFO veya ET ile Yakın Temaslar
Bunlara eşlik eden stres ve genellikle korku dolu düşünceler.

Aşırı Stres, Fiziksel veya Duygusal Şok veya Travma
Bloke olmuş enerji patlarcasına açığa çıktığı için bu bir anda ruhsal bir krize yol açabilir.

Batıda ruhsal uyanışların artışının bir sebebi de bütün dünyadaki ruhsal geleneklere duyulan ilginin artışıdır. Bu da destekleyici ve güvenli bir ortamdan uzak, yüksek düzeyde tecrübeli eğitimcilerin rehberlik ve desteği olmaksızın, 'kendi kendine yap' yaklaşımına yol açabilmektedir.

Mistisizm ve Psikoz

Sorulması gereken bir soru, bir psikozla bir ruhsal acil durum arasındaki farkın nasıl ayırt edileceğidir. Psikoz teriminin tanımı tam olarak yapılmadığı için net bir ayırım her zaman mümkün olmayabilir. *Benlik için Fırtınalı Arayış*[1] adlı kitabında psikiyatrist ve bu alandaki öncülerden Stanislov Grof, ruhsal acil

EBEDİ RUHU DÖNÜŞTÜRMEK

durum belirtilerinden mustarip danışanlara ne zaman tedavi uygulanacağını ve ne zaman bir akıl sağlığı uzmanına yönlendirilmesinin uygun olacağına dair bir yönerge sunmaktadır. Ruhsal acil durum içerisindeki kişiler, düşünebilirve bunu kontrol edemez gibi görünmekle birlikte kendi içsel deneyimlerinden kaynaklanan deneyimsel dünyanın farkındadırlar. Şaşkın ve kafaları karışık olabilir fakat tavsiye ve yardım almak konusunda isteklidirler. Örneğin, 'Tekrar doğuşa inanmamama rağmen sanki içinde yeniden yaşadığım bir zamandan ve kültürden geliyor gibi görünen görüntüler var. Bazen parlak ışıklar ve ruhlar ve hayaletler görüyorum. Bana neler oluyor? Çıldırıyor muyum?'

Psikotik olanlar ise bir paranoid durumdan ya da halüsinasyondanmustarip olabilirler ve bunun etkisi altında hareket ederler. Düşünemezler ve hatta bazı yönlerden ruhsal acil durum gibi görünse de onlara herhangi bir terapi veya tavsiye ile erişilemez. Örneğin, 'Dünya insanlarına mesajımı iletmem gerek. Uzaylılarla bir ana gemide çalışıyorum ve benim programımın gösterilebilmesi için tüm TV kanallarını kapatacaklar. Onları dün gece ziyaret ettim ve bu işi yapmanın sonuna yaklaştılar. Dünyayı korumam gerek ve hiç kimse bunun aksine beni inandıramaz'.

Eğer herhangi bir kuşku varsa, işlem yapmadan önce bir doktora danışılması her zaman tavsiye edilir. Bazı danışanlar olası akıl sağlığı etiketlenmesi, ilaç tedavisi veya ayrımcılığa uğrama korkusu nedeniyle doktorlarıyla konuşmaktan kaçınabilirler. Utanabilirler ve deneyimleri hakkında düşüncelerini ifade etmekte zorlanabilirler. Uygun yardımın alınması ve tıbbi kontrolün yapılması, farklı bilinç durumları olarak bilinen organik rahatsızlık ihtimalini ortadan kaldırmakta önemlidir. Bunlar beyin zarı iltihabı, menenjit veya diğer enfekte rahatsızlıklar, beyin damarlarında sertleşme, geçici tümörler, üre ve tıbbi tedavi gerektiren diğer hastalıklardır. Bunların ayrıca akıl sağlığı açısından da değerlendirilmesi gerekebilir.

Ruhsal Bir Acil Durumun Tanımlanması

Ruhsal bir acil durumun tanımlanmasında ve danışanla çalışmanın uygun olup olmadığının değerlendirilmesinde büyük bir özenle davranılmalıdır. Eğer bir terapist doktor veya akıl sağlığı uzmanı değilse, danışanın kendi doktoruna danıştığından emin olunması gerekir. Aşağıdaki bilgiler Grof'un *Benlik İçin Fırtınalı Arayış* kitabından alınmıştır. Bunlar, ruhsal acil durumı ruhsal uyanıştan veya diğer aşkın ya da benlik ötesi deneyimlerden ayırt edici ölçütlerdir:

- Deneyimin derinliği ve yoğunluğu, danışanın günlük yaşantısında işlev görebilme derecesi ve akışkanlığı.

- Olan bitene karşı tutumları. Sürecin heyecan verici ve değerli ya da ürkütücü ve bunaltıcı olarak görülüp görülmediği.

- Toplumun geri kalanının bir parçası olmakla baş edebilme yeteneği.

- Kiminle konuşabileceklerine dair fark gözetme derecesi ve kullandıkları dil.

Ruhsal bir acil durumun, bir danışanla çalışmanın uygunluğunun belirlenmesi açısındantıbbi rahatsızlıklar ve akıl hastalıklarından kesin bir şekilde ayırt edilmesi şarttır. Bir ruhsal acil durumla karşı karşıya olup olmadığımıza karar vermek için en iyi belirtiler şunlardır:

- Bu olaydan önce içinde bulunulan makul psikolojik koşullar.

- Sürecin kişinin kendi psişesinden kaynaklanabileceğine dair düşünme yeteneği.

- Yeterli güven ve iş birliği için uyum ile davranış ve sınırlamaların temel kurallarının kabul edilmesinde isteklilik.

Şu tür durumlardan kaçının veya dikkatli olun:

- Sosyal uyumda ve psikolojik sıkıntılarda ömür boyu süregelen bir öykünün varlığı.

- Deneyimlerin karmaşık ve başarısız şekilde sıralanması, şizofreni belirtileri, güçlü mani ögeleri, yansıtmanın sistematik kullanımı veya yargılayıcı sesler ve hayaller.

Kendi Ruhsal Acil Durum Deneyimim

Ruhsal uyanışın kişi tarafından ne kadar uzun bir dönem boyunca hissedilebileceğini ve dış dünyaya nasıl gözüktüğünü anlatabilmek için kendi deneyimimi eklemekteyim.

Büyüyen bir çocuk olarak iki dünya arasında yaşıyordum, ya da bana öyle geliyordu – biri ailemin görebildiği ve diğeri onların göremediği. Enerji değişimini hissediyordum ve diğer zaman ya da boyuta dair dönemler gibi görünene nüfuz edebiliyordum. Her titreşim düzeyinden ruhlar evimde görünürdü ve çoğu iletişime geçmek isterdi. Favorim, atalarımdan başında şapkası ve omuzunda bir maymunu olup her gece yatarken bana sirk öyküleri anlatan kaçık biriydi. Bununla ilgili ilk anım, annem gelinceye kadar bebek yatağımın kenarında 50lerden kalma şık bir kadın giysisiyle mırıldanarak beni rahatlatmasıydı. Yıllar sonra bunun çok uzun zaman önce ölen bir akrabam olabileceğini keşfettim. Ruhsal uyanışımın ne zaman başladığını bilmiyorum. Dolayısıyla sadece böyle doğmuş olduğumu farz ediyorum.

Bu size bu dünyanın dışında bir çocuklukmuş gibi gelebilir. Açık ve alıcı bir şekilde doğmuştum, içgüdüsel olarak zamanın, uzayın ve ölümün sınırlarının var olmadığının farkındaydım. Ruhsal iç görü ve bilgelik, anlamını anlamasam da ya da kelimelere dökemesem de bana indirilmiş veya kelimenin tam anlamıyla zihnime akıtılmıştı.

Ailemin bu deneyimleri paylaşmadığını çabucak fark ettim. Bir şeylerin yanlış olduğunun farkındaydım ve farklı olmaktan ötürü huzursuzdum. Başlangıçta aşırı aktif hayal gücüne sahip olduğum, hayalperest olduğum, aşırı duyarlı veya basitçe sadece aptal olduğum söylendi. Giderek deneyimlerimi kendime sakladım ve ancak çok etkileyici ve gizlenemez olanları paylaştım. Bu noktada ailemin tepkisi daha da kötüleşti. Uydurduğuma, çocukça ya da aptalca olduğuma dair imalar kendimi anormal hissettirdi. Benden çekindiklerini, yokmuşum gibi hatta daha da kötüsü tiksinme veya korkuyla baktıklarını hissediyordum. Geriye dönüp baktığımda, ailemin bu tür şeylerle ilgili bilgisi yoktu, böylesi tuhaf davranışları cesaretlendirmek istemiyorlardı ve inkâr etmenin en iyi hareket şekli olduğunu düşünüyorlardı. Çünkü özellikle temel inançlarını sarsabilecek ve dünyanın işleyiş biçimini anlayabilecekleri muhtemel kanıtlarla yüzleşmekten kaçınıyorlardı. Beni seviyorlardı ama nasıl yardım edeceklerini bilmiyorlardı.

Kendime söylediklerimin *gerçek* veya gerçek olmayanları arasında dikkatli bir dengeyi sürdürerek büyüdüm. Deneyimlerim giderek sıklaşıyor ve gerçek dünyadan ayırt etmek giderek zorlaşıyor olmasına rağmen, sadece ailemin ve arkadaşlarımın gördüğü dünyada yaşamaya çalıştım ve bu deneyimlerimden hiç kimseye söz etmedim. Geriye baktığımda, stres çok aşikârdı. Dokuz veya on yaşlarımda okul ödevlerime odaklanamıyordum ve notlarım korkunçtu. Bütün kirpiklerimi yolmuştum ve bir sonraki şeyin ne olacağı korkusu ile yaşıyordum. Sanki ruhlar bile bana karşı gibi hissediyordum.Arkadaş canlısı olanlar hiç gelmediler, sadece benim kadar korkmuş görünen bazı ıstırap

EBEDİ RUHU DÖNÜŞTÜRMEK

içindekiler vardı. Görünmez parmaklar beni itip dürtüyorlardı ve hatta birisi merdivende bana çelme taktı.

Uyanışım bir acil duruma dönüştü. İki dünyam tek bir dünyaya doğru iç içe geçti. Duru görüler başıma bela oldu. Odamda gözlerim açık şekilde yatağımda yatarak sanki odamda oluyormuş izlenimini veren bir orman yangınını ya da bir helikopter kazasının aynı görüntülerini sadece bir kaç gün sonra haberlerde izliyordum. O zamanlar farkına varmasam da, kendi bölünmüşlüğüm ve yoğun enerjim kendinden öç almaya başlamıştı. Bir odaya giriyordum ve nesneler titreşip sallanmaya başlıyor, sıkıca kapalı pencerelerdeki perdeler havalanıyordu. Kısacası anlamadığım olaylardan ve aklımın başında olup olmadığından ürkmüş, kendi gölgemden korkar olmuştum.

Sonunda bir arkadaşıma isimlerin ve tarihlerin sürekli aklıma gelip durduklarını itiraf ettiğimde, ne kadar önemsiz ya da rastgele de olsa bunları not almamı önerdi. Sonra bir gün, uzak akrabalardan postayla bir aile ağacı kaydı geldi. Ailem bu kayıtları dikkatle gözden geçirdiğinde benim isimlerini, doğum ve ölüm tarihlerini – Sarah, anne ve Richard, oğul – yazmış olduğum iki atamızın 1700lere kadar uzanan sülale kayıtlarını buldular. Haftalarca zihnimde onları ve evlerini gördüğüm için net olarak resimleyip detaylı olarak tarif edebiliyordum. Babam oldukça büyük olan aile evinin resimleri ve fotoğraflarının bulunduğu bir kitap buldu. Artık benim vizyonlarım gerçekti, hepsinin sadece benim kafamın içinde olmadığı gerçekti ve inkâr edilmesi güçtü.

O sıralarda iki ürkütücü deneyim yaşadım. Birincisi bir başka boyutta tuzağa düştüğüm ve saldırıya maruz kaldığımda ölüme çok yaklaştığımı hissettiğim zamandı. Donup kaldığım ve yeniden uyumaya korktuğumda, ailem de görünür şekilde sarsılmıştı. Tam o sırada annemle babam rüyalarında benim çok yakın bir tehlike altında bulunduğumu ve bana yardım edemediklerini görüyorlarmış. İkincisi bir arkadaşımın evinde kaldığım sırada bir varlığın bütün bedenimi kontrolü altına aldığı zamandı. Bir erkeğin enerjisinin sesimi kullanarak okuldan bir arkadaşıma mesaj vermek istediğinde yatakta kaskatı kesilmiş ve hareket edememiştim. Arkadaşımı taciz etmiş ve ayrılmadan önce ondan özür dilemek istemişti. Ne yaptığına dair bazı anıları bana gösterdi ve ben onu durduramayacak kadar güçsüzdüm. Bunlar bırakın deneyimlemeyi, bir çocuğun görmemesi gereken görüntülerdi. Doğaüstü deneyimler birileriyle beraberken ya da yalnızken, uykudayken ya da uyanıkken kesintisiz olarak sürdü. Annem babamla konuşurken ya da televizyon seyrederken oynanan oldukça canlı karşılıklı deneyimleri görmezden gelmekte ustalaşmıştım. Dışarıya karşı sessiz ve gergin, tam anlamıyla kendi dünyamda görünüyordum. İçsel olarak deneyimimi normalleştirme konusunda umutsuzdum. Bir başka dünya veya boyut kendini benim üzerimde üst üste çakıştırıyor ve ben bir şekilde ikisinde birden yaşıyordum.

Bir gün oturmuş ödevime konsantre olmaya çalışıyordum. Önceki bir zamanda daha düşük derecede deneyimlediğim bir orman sahnesi gördüm. Bu kez içindeydim, tam olarak ve bütünüyle. *Gerçek* dünyam yavaşça geriye çekildi ve asla geriye gelemeyeceğim korkusu içimde yükseldi. Yavaşça merdivenlere yöneldim, ormanı görerek fakat gerçek olduğunu hissettiğim evin seslerine ve duvarlarına odaklanmıştım. Korkmuştum ve deliliğin sonunda beni ele geçirdiğine inanarak anneme bir akıl hastanesine gitmeye ihtiyacım olduğunu hissettiğimi söylemiştim. Kendim ve diğerlerinin güvenliği için bir odaya kilitlenmem gerektiğini hissettiğimi hatırlıyorum. O anda bir şekilde kendimi kaybettim, gerçeğe dair tüm duyularımı ve insan olarak içinde yaşadığımız tüm kalıpları ve fikirleri kaybettim. Allahtan annem şok olmasına rağmen, ne kadar korkmuş olduğumu anlayıp durumun daha fazla görmezden gelinemeyeceğini kabul etti. Beni doktora ya da bir psikiyatri kliniğine götürmek yerine, bir komşuya, çok saygı duyulan,

EBEDİ RUHU DÖNÜŞTÜRMEK

doğduğum günden beri bu günü beklediğini açıklayıp beni sıcak bir şekilde karşılayan 90 yaşındaki medyum komşumuza götürdü. Ruhsal acil durumumun daha sakin bir hale dönüşmesi ve kendime güvenimin artması için bir üç ay daha geçti.

Medyum, nazik ve sakin bir şekilde tarih boyunca tüm kültürlerde ve dinlerde pek çok insan için bunların ne kadar normal olduğunu açıklayan bilge ve aydınlanmış bir ruhtu. Bu kadın bunların ne olduğunu, neden bunları yaşadığımı, ruhsal boyutların temel yapısını ve bilincimizin aşkın deneyimlerini anlamama yardım etti. Sayısız fincan çay içimi sırasında deneyimlerimin gerçekliğini onayladı, annemi rahatlattı, sıcak ve esprili, her şeyden önce doğal bir şekilde çok büyük bir iç görü ve bilgelik paylaştı.

Hemen ardından SAGB (Spiritualist Association of Great Britain- İngiltere Ruhçular Derneği)'nin yardımını sağladı. Genel müdürlüklerinde deneyimli bir grup medyumla yapılan toplantıda enerjetik olarak apaçık bir *armağandan* başka bir şeyim olmadığı anlaşıldı. Nazikçe bana eğitim vermeyi teklif ettiler. Benim kadar genç biri için biraz sıra dışı gibiydi ancak yaşadıklarımı düşününce uygun görünüyordu. Telaşla bu armağanımı kapadım ve hiç bir eğitim istemediğim konusunda ısrar ettim. Enerjinin uzun bir süre bloke edilmesi ya da baskılanmasının zihin, beden ve ruh için zararlı olabileceğinden beni kararımdan döndürmek için uğraştılar. Bu deneyimleri önleyebileceğimi öğrendiğimde çok rahatladığımdan uyarıları tamamen görmezden geldim.

Ne zaman ki rahatlayıp onlara güvenmeye başladım, o zaman benimle her geçen gün daha fazla çalışmaya başladılar. Meditasyon, imgeleme, bloke etme ve koruma alıştırmalarını, bana yardımcı olunmasını istediğim dualar izledi. Bunları sabah akşam çalıştım ve sonunda enerjimle duyu dışı algılarımı kontrol etmeyi başardım. Bununla birlikte dipte yatan korkum yüzünden, hiç bir şeyin nüfuz edememesi niyetiyle enerji alanıma düşüncesizce sürekli bir betondan kalkan oluşturmuştum.

Ruhsal deneyimler geçmişte kalmıştı. Ölçüsüzce rahatlamış ve vasat bir genç kız olmuştum. Ancak haftalarca neden olduğunu bilmeksizin geceleri ağlardım. Hayatımın bu kısmına kapıları kapamış, geçmişin pişmanlık ve utanç verici bir olayı olarak dışarıda bırakmıştım. Zamanla bütün deneyimlerin sadece hayal olduğuna kendimi inandırmaya ve hatta tam tersi açıkça ortadayken kanıtları görmezden gelmeye çalışmıştım. Şimdi, kim olduğumu anlamam gerekiyordu.

Sonraki bir kaç yıl bilinmeyen olaylar canlı ve dolu dolu deneyimleri tetikleyecekti. Bloke etme ve koruma seviyemi artıracak ve bir kez daha olmasın diye dua edecektim. Hayatımın bu kısmı yokmuş gibi davranıyordum ve bu yüzden bu deneyimler hakkında konuyu bilen birileriyle konuşmak yerine görmezden gelmeyi seçmiştim.

On altı yaşımda okulu bıraktım. 1980lerdi ve Londra'nın finans merkezinde işlerin patlama yaptığı zamandı. Önde gelen bankaların birinde güvenilir bir iş bulmuştum ve hayat güzeldi. Uzun süren bir soğuk algınlığının ardından Kronik Yorgunluk Sendromu teşhisi koyuluncaya kadar geçen iki yıl boyunca normal hayatım devam etti. Dinlenmekle kolay kolay geçmeyen bunaltıcı bir zihinsel ve fiziksel yorgunluktu bu. Kendimi berbat hissediyordum ve bu belirtiler yaklaşık iki yıl boyunca sürdü. Geriye baktığımda, alternatif sağlık konusunda öğrendiklerim ve enerjimin tıkanıp kalmış olduğunu fark edişimle bu aslında bir dönüm noktasıydı. Kronik yorgunluk ve bitkinlik sendromununruhsal acil durum ile bağlantılı olduğu vakalar bulunmaktadır. Benim durumumdabitkinliğim, hiç bir taze enerjinin içeri veya dışarı geçişine izin vermeyen inatçı enerji blokajım sayesinde büyüyordu. Enerjimin çıkışı veya açığa vurulması için hiç bir çıkış yolu yoktu.

İlerleyen yıllarda beni araştırmaya ve enerji, psişik gelişme, ruhsal şifa, kanal olma, dünya enerjileri, enerji temizliği ve regresyon terapisti olmayı da içeren pek çok eğitim almaya ve gelişmeye yönelten doğaüstü olaylar gerçekleşmeye devam etti. Bütün bunlar benim yeniden kriz durumuna dönme riskimi ortadan kaldırmaya ve aynı zamanda başkalarına yardım etmeme de yaradı. Kendi metamorfozumdan çok şey öğrenmiştim – neyin iyi iş gördüğünü, neyin görmediğini, tuzakları ve ihtiyaç duyulan destekleri. Ruhsal acil durumdan geçen danışanlarla giderek daha çok karşılaşmaya başlamıştım. Kendi kişisel deneyimim ve Stanislav - Christine Grof'un çalışmalarına dayanarak bir çerçeve ve ruhsal acil durum yaşayan danışanlara yardımcı olabilecek bir rehber düzenledim.

Ruhsal Acil Durumun Üstesinden Gelmek İçin Teknik ve Stratejiler

Deneyimi Normalleştirin

İlk iş bu deneyimlerin varlığını kabul ve tasdik etmektir. Kriz geçirenlerin çoğu, diğerlerinin hiç böyle bir deneyimi yaşamadığını düşünür. Diğer insanların krizler sırasında benzer deneyimler yaşadığını bilmek gerçekten güven verir. Süregelen destek ve yaşananlar üzerinde konuşabilmek, kişinin neyin olabileceğine ve neden olabileceğine dair farkındalığa ulaşmasına zaman sağlamak açısından oldukça faydalıdır.

Ruhsal Uygulamalara Son Verin

Danışanın enerjisi ve kriz sakinleşinceye kadar, bütün ruhsal uygulamaları durdurmak iyi olur.

Davetsiz Enerjileri Temizleyin

Davetsiz enerjileri yoklayın ve mümkün olduğunca danışan fark etmeden temizleyin. Eğer danışan dengesiz bir durumdaysa, 2. Bölümde anlatılan karanlık enerji temizleme tekniği veya ruhsal rehberlerden yardım istemek gibi danışanın uyumlanmasını gerektirmeyen sezgisel teknikleri kullanmanızı öneririm. Enerjetik olarak dengesiz durumdayken danışan vasıtasıyla ruhsal bir eklenti ile konuşmaya kalkışmayın.

Enerji Yönetimi

Yaşarken bedenlerimizi dinlendirme, tazeleme, temiz tutma, besleme ve maddelerden koruma eğilimi gösteririz. Aynı şey enerji bedenlerimiz için de geçerlidir. Enerjimizi göremesek de ancak her tür fiziksel, duygusal, zihinsel ve ruhsal rahatsızlık ve dengesizlikler ortaya çıktığında fark ederiz. Enerji sürekli olarak beden enerjisi, ruhsal benlik ve dışsal enerjetik etkiler arasında ince bir dengeye ihtiyaç göstererek içimizde ve çevremizde doğal bir şekilde akıştadır. Ne kadar çok açık ve farkında olursak, bu ince dengeyi yumuşak bir şekilde veya sarsıcı şekilde etkileyebilecek bütün enerjilere, bütün titreşimlere olan duyarlılığımızı da artırırız.

Uyanışın ve daha hafif bir enerji bedenine geçişin dünya çapında gerçekleşeceği düşünülmektedir. Enerji bedenlerin hafiflemesiyle muhtemeldir ki tuzaklar ve fırsatların her ikisiyle de enerjetik olarak aynı anda karşılaşılacaktır. Belki de bu, neden çok sayıda artan ruhsal acil duruma tanık olduğumuzun bir diğer sebebidir.

Enerji Yönetimi enerji bedenlerimizin bakımına ve gözetilmesine odaklanır. Otomatik olarak fiziksel beden ihtiyaçlarımızla ilgilendiğimiz gibi enerji bedenlerimize de aynı seviyede dikkat, özen ve saygı göstererek davranmamız akıllıca olur.

Burada öncelikle bir enerji krizini dengelemek ve yardımcı olmak için elzem olan topraklanma ve korunma hakkındaki anahtar ölçütlere odaklanacağım. Kendinizi alıştırmak isteyeceğiniz diğer enerji yönetimi alanları temizlik, dengeleme, şifalandırma, çakra enerji merkezleriniz hakkında farkındalık ve enerjetik olarak açılma ve kapanmadır. Sue Allen'ın *Spirit Release:A Practical Handbook* [2] (Ruhsal Salıverme: Pratik El Kitabı) kitabında harika bir Enerji Yönetimi bölümü bulunmaktadır.

Topraklanma

Topraklanma tam anlamıyla bizi dünyayla bağlantımızı yeniden inşa ederek ve dikkatimizi şu ana odaklayarak yeniden dünyaya bağlamayı hedefler. Böylece bedenimizde oluruz. Fiziksel ve ruhsal bedenlerimiz arasındaki dengeyi korumamıza yardım eder. Topraklanmadığımızda bağlantısız hisseder ve uzaklarda oluruz. Topraklanmadan enerjetik bakımdan açık olmak bence sadece problemleri çağırır. Fiziksel bedende insan hayatları yaşıyoruz ve bu yüzden de hem fiziksel hem de ruhsal sağlığımız bu enerji dengesinin sürdürülmesini gerektiriyor.

Topraklanma özü itibariyle Sanskritçede Muladhara denilen omuriliğin en dibindeki enerji bölgesindeki kök çakranın enerjisiyle bağlantılıdır. Bu çakra boyunca enerji akış yolları bizi aşağıya yere bağlayan bir ağacın köklerine benzer. Toprak elementiyle, koku alma duyusuyla ve dışkılama hareketiyle ilişkilidir. İşlevi bir barometre gibi çalışmak ve kişisel var oluşumuza, fiziksel sağlık ve sıhhatimize, topraklanma, denge ve güvenlik duygumuz ile ilgili her hangi bir sorunumuza tepki vermektir. Herhangi biri dengede değilse belirti olarak zihinsel konsantrasyon güçlüğü, boşlukta olma hissi, zihinsel tembellik, sakin durmakta güçlük ve hedeflere ulaşmakta zorluklar ortaya çıkabileceği söylenir. Topraklanma eksikliği nedeniyle her an bir problem çıkacağı aşikârdır. Kök çakra şimdi ve burada merkezlenmenin önemini vurgular.

Kendi topraklanma tekniklerinizi seçip geliştirirken topraklanma sürecine yardımcı olmak ve tamamlayıcı olması bakımından kök çakranızla bağlantılı taraflarla işbirliği yapmak isteyebilirsiniz. Bölümde daha sonra önerilen topraklanma alıştırmaları içerisinde bunların niteliklerinin çoğunu eklemiş bulunmaktayım.

Topraklanma ve Ruhsal Acil Durum

Dengelenmek ve ruhsal acil durumu bir uyanışa dönüştürmeyi başlatmak için topraklanma elzemdir. Bu, sağlam bir yapı inşa edilirken inşaatın geri kalanının üzerinde yükseleceği yapı taşlarıdır.

Ruhsal acil durum ya da kriz zamanlarında enerji beden bölünmüş, kararsız, enerjiyi emen ve kusan bir yapıdadır. Çakralar ve enerji bölgeleri uyumluluk içinde değildir, dünyayla bağlantımızla ilişkili kök çakra bloke olmuş veya tam olarak çalışmıyordur ve başımızın en tepesindeki tepe çakra muhtemelen tamamen açıktır. Genellikle bir kriz sırasında enerji fazlası fiziksel olarak hissedilir. Bu enerjiyi deneyimleyenler, bunu bir nabız atışı hissi veya yoğun elektrik şoku ya da bütün bedenleri boyunca yankılanan titremeler şeklinde tanımlamaktadırlar. Enerji beden aşırı duyarlı ve her çeşit enerji kalıntısını toplayabilecek şekilde davetsiz enerjilere ve çevreye karşı saldırıya açık durumdadır. Bilgisayarların elektromanyetik radyasyonundan, cep telefonlarından fazlasıyla etkilenebilecek ve nesnelerin titreşimlerinin izini sürmek üzere enerji nakil hatlarına fazlasıyla uyumlanmışlardır. Enerjiyi kendi enerji alanlarına

EBEDİ RUHU DÖNÜŞTÜRMEK

çekerek dolaylı olarak fırtınanın gözü gibi davrandıklarından, başkalarının duygu ve düşüncelerini aşırı düzeyde hissedebilirler.

Çoğumuz geçmişte bunların daha yumuşak versiyonlarını deneyimlemişizdir: kalabalık insan gruplarında, işten dönen insanlarla ağzına kadar dolu bir metroda ya da örneğin bir kuyrukta beklerken. Ansızın öncesine göre daha fazla negatif duygu hissettiğinizifark edersiniz. Belki gergin veya sinirli. Çevrenizdeki insanların kolektif duygularına kapıldığınızıfark edersiniz. Şu ana gelerek vekendinizi topraklayarak bu duygudan kurtulur ve yeniden kendiniz olursunuz. Kriz durumunda olanlar için bu deneyimler yüz kez hatta bin kez daha yoğundur ve fazlasıyla bunaltıcıdır – kafa karışıklığı, korku ve panik, başkalarının duygularının bombardımanına eklenir. Eğer bunu nasıl yöneteceklerini bilmez ve enerjiyi topraklamazlarsa, bu döngü doğal olarak devam edip genişleyecektir. Daha sonra anlatacağım enerji koruma, enerji yönetiminde önemli bir rol oynar ve bu tür durumların yaşanmasını önlemek için topraklama ile el ele gider. Birinci ve hayati adım enerjinin topraklanmasıdır.

Ruhsal acil durum dönemleri korkutucu ve kafa karıştırıcı olabilir. Kendinden geçme veya aşkın olma dönemleri de bulunabilir. Böyle durumlarda krizdeki bir kişinin topraklanma ihtiyacından söz ederken altta yatan korku veya dirençle karşılaşabiliriz. Ruhsal acil durumun derinlerindeyken bile bir danışan tamamen bedeninde olmaktan kaçınabilir veya istemeyebilir. Bu, aydınlanmaya dair ender duyular ve izlenimlerin kaybedilmesi hakkında endişeden kaynaklanabilir veya belki çözümlenmemiş fizikseltravma, korku veya taciz nedeniyle kendilerini bedenlerinde güvende hissetmiyor olabilirler.

Özellikle, kundalini enerjisini uyandırmak gibi enerji bedenlerinin atıl duran kısmını geliştirmek ve duyularını açmak için aktif olarak çalışanlar topraklanmaya ve enerjilerini yönetmeye direnç gösterebilirler. Nihayetinde bu onların kararıdır, topraklanma kimseye zorla dayatılamaz. Yine de bir ruhsal acil durumu uyanışa doğru başarıyla yönlendirmenin en iyi yoludur. Böyle olursa korkuları yatıştırın ve düzenli olarak topraklanmanın hem sağlıklarına, hem enerji çalışmalarının kalitesine ve hem de kontrol altına alındığında yaşayacağı emniyetli uyanışa sağlayacağı uzun dönemli faydalara ve pozitif taraflara odaklanmasını hedefleyin.

Bir kriz içerisinde olan kişiye hangi topraklanma alıştırmasının uygun olacağını değerlendirmeden önce, farkındalığın topraklanmadaki rolüne ve basit bir süreç olmayıp zihin bir başka deneyimde uzaklarda kalırken neden alıştırmaların tam olarak etkili olmasını sağlayacak bir bileşen olduğuna bir bakalım.

Farkındalık

Farkındalığın temelleri Budist felsefeden doğar ve şimdiki anın gerçekliğinin dikkatle bilincinde olunmasıdır. Birçok durumla baş edebilmek için bir araç olarak basitliği ve etkililiği ana akım Batılı sağlık sistemine girişini kolaylaştırmıştır ve şimdi İngiltere ve ABD'de sağlık sistemi içerisinde kullanılmaktadır. Topraklanmayla bir araya getirildiğinde farkındalık pek çok durumda inanılmaz etkilidir. Özellikle kişilik çözülmesi, panik, güçlü tepkisel dürtüler, geri dönüşler, şiddetli kaygı ve yoğun duygusal keder gibi durumlarda yardımcı olmakla ünlüdür. Bir ruhsal krizde bunların hepsi veya bazıları söz konusu olabileceğinden, temel farkındalık talimatlarını eklemek, topraklanma teknikleri öğretilirken tanık olunan sonuçları oldukça iyileştirecektir.

Farkındalık ne kadar sıradan ve önemsiz olursa olsun beş duyumuzun tamamını içinde bulunduğumuz an hakkında her şeyi deneyimlemek üzere odakladığımızda ortaya çıkar. Örneğin araba yıkama gibi rutin bir işle uğraştığınızda farkındalığı kullanırsanız sadece elinizdeki işe odaklanırsınız. Bütün duyular şimdiki andadır ve başka bir şey düşünmezsiniz. Sabunlu suyun sıcaklığına odaklanın, ıslak süngeri arabanın üzerinde gezdirirken nasıl bir his veriyor, ayaklarınız bastığınız yeri hissediyor, hareket ettikçe ve uzandıkça bedeninizin hareketi, çevrenizdeki sesler, temizlik malzemesinin kokusu ve hatta arabanızı parlatırken boyanın ışıltısı. Farkındalığınız yalnızca şimdiki anda ve bütün düşünceleriniz duyularınızın algıladığı detaylarda odaklandığında, zihninizi bölen diğer düşünceleri dışarıda bırakarak kendiliğinden bütünleşirsiniz.

In Case of Spiritual Emergency[3] (Ruhsal acil duruma Karşı) adlı kitabında Catherine Lucas yıllarca süren kendi acil durumuylabaşa çıkmada farkındalığın hayati öneme sahip olduğunu belirtiyor ve başkalarına da kendi kriz ve uyanışlarından başarıyla geçebilmeleri için farkındalık tekniklerini kullanmalarını öneriyor. 'Farkındalık, yaşadığımız acıları sakinleştirebilir' diyor ve özellikle ruhsal krizlerle başa çıkmada topraklanma unsurunun ve derin korkularla çalışmanın en önemli yanı olarak düşünüyor.

Daha fazla bilgi edinmek ve topraklanmanın ötesinde günlük hayata uygulanabilecek yöntemler için lütfen bölümün sonuna eklenen tavsiye edilenler listesine bakınız.

Topraklanma Uygulamaları

Danışanlarımı topraklanmayı günlük hayatlarının bir parçası yapmaları için teşvik ediyorum. Daha fazla uygulama yapıp teknikleri uyguladıkça daha dengeli ve düzenli olurlar. İşte bazı popüler topraklanma alıştırmaları. Danışanlarıma çok çeşitli alıştırmaları uygulamalarını öneriyorum. Böylece ihtiyaçları olduğunda ellerinde yapabilecekleri çok şey bulunsun. Birincisi evrensel ve basit bir alıştırma.

Ayaklarınızı yere basın ve ayaklarınızla parmaklarınızı esnetip gerdikçe ayağınızın altındaki yere basmanın getirdiği duyulara odaklanın. Etrafınızda yürüyün, isterseniz ayaklarınızı yere vurun. Bütün duyuları kavrayın. Altınızdaki yere odaklanın, ne kadar katı hissettiğinizi fark edin ve bunu yaparken bir kaç kez yavaşça derin nefes alın ve enerjinin tüm bedeniniz tarafından içinize doğru çekilmesine izin verin. Bunu hissedebilirsiniz ya da olması için sadece niyet edebilirsiniz. Bir denge duygusu oluşuncaya kadar devam edin. Başlangıçta bir kaç dakikanızı alabilir fakat uyguladıkça bir kaç saniyede tamamlayabilirsiniz.

Bir krizin ortasındaki kişiler buna enerji veya duygulanım fazlasını bedenden aşağıya ve ayaklardan dışarıya doğru serbest bırakmayı da ekleyebilirler. Süreci kolaylaştırmak için **gevşe, gevşe, gevşe** gibi sözcüklerin içsel veya dışsal olarak söylenmesi iyi olur. Ayaklar kadar avuç içleri de yere veya toprağa konularak enerjinin salıverilmesi mümkündür.

Bu alıştırma her yerde yapılabilir ancak kriz anında dışarıya çıkmak ve doğada olmak, enerjinin doğrudan toprağın kendisine boşaltılması ve topraklanma için daha faydalı olacaktır.

Aşağıdakilerden her hangi biri ihtiyaç duyuldukça eklenebilir. Çeşitlilik ve uyumlama aracı olarak farklı duyuların kullanılmasıyla ilgili alıştırmalar da eklemiş bulunuyorum.

Fiziksel

- Kollarınıza hafif hafif vurun. Bu, meridyen hatlarına bağlantı sağlar ve son derece merkezlendirici bir alıştırmadır. Omuzunuzdan başlayarak bileğinize kadar önce sol kolunuza sonra sağ kolunuzahafif hafif vurun. Sonra her bileğinizin iç tarafına vurun. Bacaklara geçin, tepeden en alta kadar düzenli ve hafif nefeslerle devam edin.

EBEDİ RUHU DÖNÜŞTÜRMEK

- Ellerinizin ve kollarınızın yarattığı seslerden ve daha fazlasından edindiğiniz duyulara ilişkin farkındalıkta kalarak ellerinizi çırpın.
- Bir bardak su ya da biraz bisküvi ile sıcak bir şeyler için. Sıcak yemek ve kök çakrayla bağlantılı olan protein ve et gibi gıdalar topraklanmaya yardımcı olurlar.
- Farkındalıkta kalarak biraz bahçede çalışın; çiçek dikerken ya da toprağı kazarken toprağı hissedin
- Temizlik yapmak veya dekorasyon gibi diğer fiziksel ev işlerieğer her bir işin farkındalığına odaklanırsanız, ilk önce ayaklarınızdan enerjiyi çekmeniz halinde topraklanmaya yardımcı olur.
- Eksersizler yine farkında olmak kaydıyla topraklanmak için iyi bir yoldur. Bir parkta veya bir sahil veya orman gibi doğal bir çevrede hafif bir koşu ya da uzun bir yürüyüş yapın.
- Doğadayken onunla bağlantı kurun, bir ağaca sırtınızı yaslayın ya da eğer isterseniz ona sarılın! Avuçlarınızı ve ayaklarınızı dünya ile bağlantıda olma hissine odaklanarak kullanın.
- Basitçe yere uzanın ve bütün bedeniniz boyunca var olan bağlantıyı hissedin.

Yoğun bölünmüşlük ve keder anlarında yeniden bütünleşmek ve topraklanmak için belki de en iyi yol fiziksel olarak dokunma duyusunun kullanılmasıdır. Topraklanmanın son derece güç olduğu zamanlarda soğuk bir duş almak veya bileğe takılan bir lastiğin çekilerek bırakılması alternatif olabilir. Lastiğin bileğe vuruşu dikkati çabucak bedene, buraya ve şimdiye getirir.

Görsel

Ayaklarınızla yer arasındaki bağlantıyı bir kez kurduğunuzda, görsel olarak yamulmuş bir resim çerçevesi kadar önemsiz bile olsa her şeye dikkat ederek görsel olarak çevrenizdeki her şeyi içinize çekin ve zihinsel olarak gördüğünüz her şeyi kaydedin.

İşitsel

Görsel tutumda olduğu gibi önce yerle bağlantıyı kurup sonra çevrenizde dikkatinizi çeken her sesi dinleyin. Nüanslara, sesin katmanlarına vb. dikkatinizi verin.

Kokusal

Geçmişte histeri olarak bilinen durumla baş etmek için tuz koklamak sık kullanılan ve etkili bir yoldu. Güçlü yoğun bir koku size çabucak şimdiye ve buraya getirebilir ve koku duyusu kök çakrayla bağlantılıdır. Topraklanmak için kök çakranızı canlandırmak üzere sedir ağacı, misk ve lavanta gibi koku ve yağları denemenizi öneririm. Bunlardan her hangi birisi faydası olmayan anıları tetiklerse en iyisi bunlardan kaçınmaktır. Başka kokuları da denemek isteyebilirsiniz fakat tehlikeli olabilecek veya değişik bilinç hallerine sokabilecek sentetik kimyasalları kullanmamaya özen gösterin.

Doğal Malzemeler ve Çareler

- Kristaller. Ayağınızın yanına bir Kristal koyun veya elinizde tutun ve topraklanmanız için yardımını isteyin. Boji taşlarını, hematit ve dumanlı kuartzı deneyin. Hepsi topraklanma ve çıpalama için harikadır. Kök çakrayı dengelemekle ilişkili olan diğer kristaller kaplan gözü, agate, kan taşı, lal, rubi ve oniksdir.
- Uçucu yağlar ve tütsüler. Bir yağ karışımının özellikle topraklanmak için kullanımının etkili olabilmesi için odaya sıkabilir veya doğrudan teninize sürebilirsiniz

- Homeopatik ve Bach Flower terapi topraklanma için doğal ilaçlar ve çareler sunmaktadır.

Yaratıcı İmgeleme ile Bütünleştirmek

Yoğun kriz dönemlerinde farkındalıkla topraklanarak, diğer her şeyi dışarıda bırakmak üzere beş fiziksel duyuyu kullanmanız önerilir. Ayakların tabanından ilerleyen bir ağacın kökleri gibi imgeleri canlandırırken sembolizmi ve yaratıcılığı kullanmak zihnin yaratıcı kısmı harekete geçtiği için kriz sürecini engelleyebilir. Yine de daha sakin dönemlerde imgeleme kullanmak faydalı olur, keyif verir ve kişinin süreçle aktif etkileşimini içerir.

- Ayakların dünyaya bağlandığı birinci alıştırmayı takiben, ayaklarınızın tabanından dünyanın derinlerine doğru inerek köklerinin yayıldığını hissedeceğiniz kadim bilge bir ağacın köklerini hayal edin. Dünyanın denge ve sükûnet hissi getiren, emniyet ve güvende olma duygusunun sizi kendisine bağladığını hissedin. Dünyanın derinlerine doğru inen köklerinize odaklanarak, tüm gerginlik ve enerji fazlasının bedeninizden kökleriniz boyunca dünyaya salıverilmesi için niyet edin. Her nefesle ayaklarınıza odaklanmaya devam edin ve enerji fazlasının giderek azaldığını ve tamamen topraklandığınızı hissedin. Hazır hissettiğinizde ayaklarınızı hareket ettirin, gerinin ve güne devam etmeden önce bir kaç kez düzenli nefes alın.

- Bir diğer yöntem Lita de Alberdi'nin *Channelling*[4](Kanal Olma) kitabında tarif edildiği gibidir. 'Omurganızın sonundaki kök çakranızdan dünyanın derinlerine doğru inen bir ışık huzmesi hayal edin. Bağlantının kurulduğunu hissedin. Gezegenin bağlandığınız noktasının merkezinde bir kristal hayal etmeniz faydalı olur. Işığın kristale doğru gidip tekrar size döndüğünü fark edin.'

Krizde olanlar ve bedeninde olmaya alışkın olmayanlar için başlangıçta zihinlerinin dolanıp durması doğaldır. Her seferinde sebatla ve sakince zihni yapılması gereken işe geri getirdiklerinde zihin daha az dağılacak ve tamamen odaklanmış ve bütünleşmiş olacaktır. Bağlantıda olma, topraklanma ve fazla enerjiyi atma hedeflerine ulaşılacaktır.

Eğer temeli doğru oluştururursanız gerisi gelir. Hepimizin topraklanmayla ilgili ihtiyacını harika şekilde özetleyen şu olumlamaya rastlamıştım – *Dünya Ana'yla bağlantıdayım ve şu anda, gerçeğe merkezlenmiş olmanın verdiği güveni hissediyorum.*

Enerji Koruması

Enerji koruması nedir ve neden buna ihtiyaç duyarız? Eğer dışarıda yağmur yağıyorsa ıslanmaktan korunmak için şemsiye veya yağmurluk kullanırız ve aynı zamanda soğuk algınlığı, üşütme gibi durumlara hassas oluruz. Aynı durum enerji korumasında da geçerlidir. Fizik ve enerji bedeni yoğun enerjilerden korumak için bir kalkandır.

Bu enerjiler tıpkı yağmur gibi düşünülebilir. Böyle düşünüldüğünde enerji koruması basit bir sağduyudur. Korku temelli koruma kullanılmasını öneren bazı insanlar vardır ve çekim yasası gereği sadece daha fazla korkuyu kendimize çekeriz. Sadece korkuya yönelik koruma uygulamaya zorlanan kimseler için bu, neler olabileceğinin eksiksiz bir temsili olabilir. Enerji korumasının buyolla yapılmasını veya bunun sebebini savunmuyorum ancak ruhsal krizler yoğun korku seviyesi içerebildiği için korumanın korkuyla bağlantısına bakılması gerekir. Korunmanın mantıklı, doğrudan işlevli, daha çok

EBEDİ RUHU DÖNÜŞTÜRMEK

yağmurda giyilen bir yağmurluk gibi görülmesi, buna dair korku temelini ortadan kaldırır.

Enerji korumasına ihtiyacı olanlar sadece kriz geçirenler değildir. Danışanlarımın birçoğu ruhsal eklentilerden kuşkulanmayı akıl etmeyen kurbanlar olarak enerji koruma eksikliğinden kaynaklanan problemlerle karşılaşmışlardır. Bu yüzden kendimi çoğuna temel enerji korumasını öğretirken buluyorum. Topraklama konusunda olduğu gibi bunun da öğrenilmesi basit ve hızlı ancak eğer düzenli olarak uygulanır ve desteklenirse etkili olacaktır. Açık ve temiz bir niyet her şeyde olduğu gibi en önemlisidir.

Kriz geçiren birinin bulunduğu duyarlılık ve kırılganlık düzeyi yüzünden, enerji koruması davetsiz enerjilerin süreci aksatmasına ve enerji bedenini zayıflatmasına engel olmak için elzemdir. Geçmişteki korunma ihtiyacına öylesine korkuyla bağlantı kurulmuştur ki; bu kafa yapısını tersine çevirmek, kişiyi güçlendirmek, kendi enerjilerinin doğuştan hakları olduğunu ve neyin içeri girip neyin giremeyeceğine kendilerinin izin verdiğini onlara hatırlatmak önemlidir. Korunma davetsiz enerjiler için doğal ve basit bir bariyerdir. Ruhsal gelişimi sınırlamaz veya engel olmaz.

Çok sayıda korunma yöntemi vardır. Ben danışanlarıma kendimin de kullandığım basit balon yöntemini öğretiyorum. İşte en kolay hali:

Oturun veya uzanın. Gözleriniz kapalı, başınızdan ayaklarınıza rahatça bedeninizin yaklaşık altmış cm. uzağına kadar size saran bir ışık balonu içinde olduğunuzu hayal edin. Görün ve bu harika ışık balonunu ve bunun içinde olmaktan gelen güven duygusunu hissedin. *Bu balondan yalnızca pozitif enerjinin ve sizin en yüksek hayrınıza olan şeylerin bu balondan geçebileceğine dair niyetinizi belirtin.Düşük titreşimli tüm enerjiler her an kendiliğinden balonun dışına çıkabilirler.*

Kendinizi balonunuzun içinde gerçekten hissedebilmek için kendinize bir kaç dakika tanıyın; deneyimin ve bunun getirdiği huzurlu güvenin tadını çıkarın. Enerjiniz niyetinizle bir kez uyumlandığında güne devam etmeye hazırsınızdır. Enerji korumanızı düzenli olarak güçlendirip güncellemeniz iyi olur. Bazı insanlar balonlarını kendilerine özel kılarlar, korunma sembolleri ekleyip renkler seçebilirler.

Görselleştirmenin yanı sıra piramitler, pelerin ve kalkan gibi diğer bariyer yöntemleri veya kişisel çakraları, sembolleri, renkleri, kristalleri, yağlar ve spreyleri içeren diğer teknikleri kullanmak veya Baş melek Mikail ya da ruhsal rehberler gibi ışık varlıklardan destek istemek de kullanılabilir

Hangi yöntem kullanılırsa kullanılsın enerjinin tamamen kapatılması doğal değildir ve enerjinin serbest akışına sağlık ve iyileşme için hala ihtiyaç duyulur.tamamen geçirimsiz bir bariyer inşa etmek, tıpkı gençken enerji alanıma hiç bir enerjinin giremeyeceği ve çıkamayacağı betondan bir kafes oluşturduğumda fark ettiğim gibi hastalıklara veya diğer problemlere yol açabilir.

Enerji bedeninizin titreşimleri daha hafifledikçe enerji korunma yönteminizi değiştirmek gerekebilir. Bu tamamen normaldir. Eğer bir yöntem iyi iş görmüyorsa, bir diğerini deneyebilirsiniz.

Topraklama uygulamaları ve düzenli korunma, kriz geçirenler için güçlendirici olur ve enerji bedeninin yönetimine hâkim olunmasını sağlar. Elimizdeki bu araçlarla ruhsal acil durumla baş etmenin bir sonraki adımına geçmeye hazırız.

Açılma ve Kapanma

Bir danışanın enerji alanı çok uzun bir süredir çok açık olduğunda çok yorgun olurlar ve dışsal uyaranlara aşırı hassastırlar.

EBEDİ RUHU DÖNÜŞTÜRMEK

İradeyle *açılmayı* ve *kapanmayı* öğrenmek özgürleştirici ve hayat kurtarıcı olabilir. Enerjiyle çalışanlar veya bir ruhsal uyanış yaşıyor olanlar için bu basit tekniklere paha biçilemez. Niyet önemlidir ve en basit şekliyle açılırken enerjinin genişlemesini ve kapanırken daralmayı gerektirir. Ancak *kapanma* sözcüğünü kelimenin tam anlamıyla almamak gerekir. Enerji alanında bir çekilme ya da enerji merkezlerinin dönüş hızında bir yavaşlama, gerçekten kapanmak sağlıksız ve çok sayıda probleme yol açacağı için daha iyi bir tanımdır.

Danışanlarla görüşmeden önce her zaman topraklanır, korunur ve kendimi açarım. Görüşmeyi bitirdiğim zaman da kapandığımdan emin olurum. Arkadaşlarımla aramızda, kapandığım zaman bir tuğla kadar sezgisel olduğumla ilgili bir şakamız vardır! Bu seçimi yaparım ve niyetimin çalıştığını görürüm. Böylece enerjim dinlenebilir, yeniden dolabilir ve ben tekrar kendimi açmadığım sürece dalgınlığıma gelip te başkalarının müdahalesine maruz kalmaz. Enerjiyi kullanmanın görgü ve adabının dikkate alınması önemlidir. Kişisel olarak davetsiz bir şekilde diğer insanların enerjilerini ihlal etmeyi riskli buluyorum. Sadece tehlikeli değil, çok da kaba olur bu!

Ruhsal acil durum açısından öncelikle odaklanmamız gereken topraklanma ve korunmadır. Dolayısıyla başlangıçtaki kriz dönemleri kontrol altına alınmadan açılmayı ve kapanmayı öğretmeniz tavsiye edilmez. Durağan bir dönemdeyken enerjilerinin öncelikle kapanma ve daralmasına vurgu yapılarak ilkeler öğretilebilir. Zaman geçtikçe, enerji çalışması için bir kez güvenli bir enerji alanı yaratıldığında bu bölümün sonraki kısmında sözü edilen açılma yöntemleri de öğretilebilir. Karşılaşılan krizin seviyesine göre denetimsiz uygulama öncesi etkili bir kapanma ve açılma için birebir yönlendirme tavsiye edilir.

İçsel Güvenli Alan

İçsel bir güvenli alan yaratımı, ego güçlendirici ve enerji çalışması için güvenli bir muhafaza oluşturmak için kullanılır. Uyanış sırasında bir farkındalık, iç görü, gelişme ve şifalanma süreci yaşanır. Muhtemel iniş ve çıkışlar olacaktır ancak, alınan bütün bilgi sindirilir ve fiilen iş görür. Şimdiden veya geçmişten gelen çözümlenmemiş deneyimler acil dikkat gerektiren yoğun duygularla birleşerek ansızın ortaya çıkabilir. Enerjetik dışavurum bir anı olabilir veya sembolik, arketipsel, mistik ya da doğada ilahi bir şey. En münasebetsiz zamanlarda ortaya çıkabilirler – bir otobüste veya bir süpermarkette. Bu döngü geçebilir fakat sorunlar bir sonraki zamanda yüzeye çıkıncaya veya bilinçte patlayıncaya kadar bastırılmış olarak kalır.

Çözümlenmemiş sorunları keşfedip dönüştürmek için güvenli bir alan yaratılıp kullanılabilir. Enerjiyle çalışan birçok insan kendi çalışmaları için *güvenli bir alan* kullanır. Bunun ruhsal acil durumun ötesinde kullanımı ve faydaları vardır. Yıllarca uzaktan enerji çalışması yapmak veya üst boyutlardan ışık varlıklara kanallık etmek için kendi güvenli alanımı, bir meşe ağacı bulunan bir çayırı kullanmıştım.

Şiddetli ve uzun süren ruhsal aciliyet durumlarında bu mümkün olmayabilir. Kişinin kendi güvenli alanını yaratmak veya bu alana hâkimiyetini sürdürebilmek için gereken enerjetik yeteneği bulunmayabilir. Grof'lar on yıllarca ruhsal aciliyetin aşırı vakalarıyla çalışmışlar ve tüm enerji çalışmalarının askıya alınmasını tavsiye etmişlerdir. Bunun yerine, tamamlanıncaya kadar ne kadar sürerse sürsün yaşananın bastırılması yerine her ne açığa çıkıyorsa bunun tam olarak ifade edilmesine izin vermişlerdir. Bu yaklaşım destek gerektirdiğinden, bu şiddette günler veya haftalarca geçirilebilecek bir dönem boyunca kişinin temel ihtiyaçlarının ve güvenliğinin sağlanması açısından 24 saat bakım hizmeti ön görülmüştür.

EBEDİ RUHU DÖNÜŞTÜRMEK

Güvenli Bir İçsel Alan Yaratmak

Bu, sonrasında da enerji ve terapi çalışmaları için kullanabilecekleri, içinde rahatlayıp yalnızca huzurlu ve dingin bir ortamda olmaktan keyif alabilecekleri güvenli bir alan yaratılması amacının danışana açıklandığı bire bir seansla gerçekleştirilir. Her ne kadar bedenle bütünleşmek için topraklama ve korunmanın da dâhil edildiği doğrudan ya da dolaylı telkinler içeren kinestetik girişli hipnoz da gayet güzel iş görse de, ben yönlendirmeli imgelemi tercih ediyorum. Sadece hafif bir trans yeterli oluyor.

Yönlendirmeli imgeleme alışkın olanlar için; danışanınız için rahatlatıcı ve harikulade bir resim boyama yöntemini de kullanabilirsiniz. Nefes almayı ve rahatlamayı, enerjiyi ayak tabanları ve omurilik boyunca topraklamayı, bütün çevrelerine bir ışık yastığı şeklinde koruma almalarını çalışmaya eklediğinizden emin olun. Güvenli alanlarına doğru yolculuklarına devam etmeden önce kendi içsel benlikleriyle bağlantı kurmalılar.

İdeal bir güvenli alan doğada bir yer olmalıdır. Hâlihazırda bu yerle ilgili bir fikirleri de olabilir, belki tropikal bir kumsal veya bir ormanda arınmak gibi. Bu, seans boyunca değişebilir. Dolayısıyla onların kendi imgeleri ve kendilerini en rahat hissettikleri şeyle birlikte akışta olun. Bir kez tüm görülenler, sesler, dokular ve kokuların çağrıldığı yer bulunduğunda; bu duyumları tamamen ve bütünüyle hissedebilmeleri için onları teşvik edin. Kendi güvenli alanlarının tüm nitelik ve özellikleriyle şekillenebilmesi için bolca zaman tanıyın. Daha fazla keşfettikçe bu yerin güvenli ve korunaklı olduğunu vurgulayın.

Danışanlarımdan iki yer oluşturmalarını istiyorum. Birincisi şifalanma için. Bu bir Kristal mağara veya bir şifa gölü veya her ne isterlerse o oluyor. İkincisi bir tapınak. Bu basit bir taşla çevrili daire alanı olabileceği gibi süslü bir tapınak da olabiliyor. Tekrar ediyorum, her ne yaratırlarsa ve kendilerini en iyi hissederlerse o onlar için en iyisidir. Seans boyunca bu yerlerin pozitif enerjileri keşfedilip ve keyfi çıkarılabilir. Sonrasında bunlar faydalı birer araç olacaklar: şifalanma yeri öz-açıklayıcı, tapınak ise içsel tefekkür ve iç görü için. Ruhsal acil durumların doğası sebebiyle eğer bir deneyim aşırı bunaltıcı ise, bu, güven ve huzur verici bir şifa verici ağ oluşturur.

Güvenli alan bir kez oluştuğunda, ekstra bir korunma ve güvenlik katmanı daha ilave etmeyi tercih ediyorum. Onlara dünyadan kendi güvenli alanlarının üzerine uzanıp bu alanı tam anlamıyla emniyete alan bir koruyucu kubbe algılamalarını veya hayal etmelerini isteyin. Buradaki niyet bu güvenli alana sadece davet ettikleri enerjinin girebilmesidir. Eğer korunma balonu tekniğine aşinalarsa kubbeyi nispeten kolayca oluşturabileceklerini fark edeceklerdir.

Seans sonrasında danışan güvenli alanın detaylarını daha sonra hatırlayabilmek için resim çizmek veya yazmak isteyebilir. Bu güvenli alan ne kadar sık ziyaret edilirse enerjetik olarak o kadar daha gerçek hissi verir. Eğer uygunsa, danışanın evde kullanabilmesi için seans kaydını verir ve şifa alanı ile tapınağı her gün bir kaç dakikalığına kullanmasını teşvik ederim.

Enerji ve Terapi Çalışmasında Güvenli Alan Kullanımı

Enerjinin sınırları topraklama, korunma ve güvenli alan kullanımı ile güçlendirilir ve bu da keşif sürecinin ve terapi çalışmasının gerçekleşmesini veya yeniden başlamasını sağlar.

Bilinçaltı, güvenli alan sayesinde halen bastırılmış olan sorunları yavaşça bilinçli dikkate getirir. Danışanlar genellikle burayı her ziyaret edişlerinde, farklı veya yeni ne olduğuna dair bir bakışta derin bir iç görü elde edebilirler. Örneğin daha önce anlamı gizlenmiş olan bir nesne veya olağandışı bir çiçek belirebilir. Kendi içsel benliklerini konuşmak için çağırabilir ve iç görüler edinebilirler.

Terapi sırasında güvenli alan bütün çalışmaların giriş noktası olmaktadır. Ruhsal acil bir durum yüzünden gelen danışanların ruhsal eklenti temizliği, şifalanma ve regresyon terapi seanslarını etkili bir şekilde ve güvenle bu şekilde gerçekleştiriyorum. Güvenli alanı ve özelliklerini kullanarak her ne çıkarsa çıksın ifade etmeye, keşfetmeye, dönüştürmeye ve şifalandırmaya devam edebiliyoruz. Bir kez kriz durumu sona erdiğinde, ideal olarak güvenli alanı da kullanarak yeniden ruhsal uygulamalar ele alınabilir. Birçok kişi burada ruhsal rehberleri ve güç hayvanlarıyla da buluşmaktan hoşlanır.

Örnek Olay - Melanie

Bazen dengeli gibi görünen bir ruhsal uyanış sırasında tıpkı Melanie'nin yaşadığı gibi bir kriz, ansızın ve yoğun şekilde ortaya çıkabilir. O sırada yanındaydım ve patlamaya doğru giden bir kriz sarmalı oluşturmadan birlikte dengeleyebildik. Bu ilginç bir vakaydı. Danışanlarınızla benzer bir durumla karşılaştığınızda derhal bu teknikleri uygulamak, krizi sakinleştirip sonrasında terapinin sağ salim devam etmesine imkân verir.

Melanie ile ilk tanıştığımda onun pırıltısından etkilenmiştim. Sorgulayan açık bir zihinle bir tomurcuk kadar parlaktı ve kendi seçtiği öğretmenlik mesleğini sürdürüyor olması sebebiyle bilgiye açlık çekiyordu. Melanie'nin enerjiye güçlü bir ilgisi ve anlayışı vardı. İçgüdülerine ve ilhama dayalı olarak aynı zamanda en son bilimsel bulgulardan da yararlanarak ruhsallığının merkezinden doğan bir şifalanma kitabı yazmıştı. Bir başkasının enerjisini okuyabiliyor ve üzerinde durulması gereken duygusal sorunu tanımlayabiliyordu. Onlara yardım etmeye düşkünlüğü daha sonra bir regresyon terapisti olmak üzere eğitim almasına

neden olacaktı.
Eğitimin ilk bir kaç ayı dönüştürücü zamanlardı. Yetenekleri hakkında konuşabileceği insanları buluyor ve edindiği yeteneklerinden ötürü danışanlarındaki gelişime tanık olurken bir yandan da daha yüksek bilgiye doğrudan kanal olmasına açık olan doğal yeteneğini daha fazla araştırıp keşfediyordu. Eğitimin ikinci kısmına bilgiye, enerjiye ve sürece tamamen açık olma niyetiyle gelmişti.

Bir önceki sefer Melanie titiz kurallar çerçevesinde, yükselmiş Işık Varlıklara güvenli bir şekilde kanallık etmişti. Ancak bu sefer bu Varlıklar onun vasıtasıyla ansızın konuşmaya başlamışlardı. Diğer insanların duygularını yoğun olarak hissediyordu ve bu durum grup üyelerinden birinin kötü bir haber almasıyla zirveye ulaştı. Melanie titremeye başladı ve kontrolsüzce ağlayarak endişeli paniğin eşiğine kadar geldi. Bütün varlığıyla her düzeydeki acıyı ve kederi hissettiğini ve neler olduğunu anlamadığını söyledi. Öncesinde tamamen kontrollü ve ahenk içinde olduğu için şimdi bu durum onu korkutmuş ve kafası karışmıştı.

Bu noktada Melanie ruhsal bir uyanıştan ruhsal bir acil duruma geçmişti. Hemen durumu anlamak için dışarıya doğaya çıkardım ve onu etkileyen enerjiyi serbest bırakmak üzere topraklanmaya ve farkındalığa odaklanmasına yardım ettim. Ani ruhsal acil durumun niteliği açığa kavuşmuştu ve birlikte bunu tetikleyen ihtimalleri keşfettik. Melanie bu kursa geldiğinde taşıdığı, varlığını her türlü enerjiye tamamen açma niyetinin katkısının bulunduğunu fark etti.

Daha fazla topraklanma ve düşünce alış verişinden sonra o gün öğleden sonrası için Melanie'nin enerji alanının yeniden dengelenmesi ve dönüşümün emniyetli şekilde ve korunmuş bir atmosferde gerçekleşebileceği güvenli bir enerji alanı oluşturulması için bir seans planladık. Davetsiz enerjiler ve ruhsal eklentiler açısından kontrol yapıldı fakat hiç birine

rastlanmadı.
Çevrelenmek, topraklanmak ve enerjinin yeniden dengelenmesi Melanie tarafından hemen hissedildi. Kendine 'güçlü ve güvenli' geldiği için *güvenli alanını* bir kale olarak yarattı ve bunları kullanmaya alıştığı için diğer tüm yetenek ve nitelikleri biliyordu Birlikte Melanie'nin halen kullandığı enerji korumasını kontrol ettik. Bu güncellendi ve gelecek günler ve haftalar için düzenli olarak topraklamanın kullanılması ve enerji korumasının güçlendirilmesi vurgulandı.

Melanieruhsal acil durum deneyimlerini şöyle anlatıyor:

Çok genç yaşlardan beri insanların enerjilerini okuyup hissedebiliyordum. Bunun normal bir şey olduğunu ve herkesin yapabildiğini düşünürdüm. O zamanlar bu zordu. Küçük bir çocuk olarak yeterince olgunlaşmadığım ve yeterli yaşam deneyimim olmadığı için neyi okuduğumu anlamıyordum.

İhtiyacım olduğunda veya tavsiye istediğimde de kafamda beni rahatlatan sesler duyuyordum. Bunun garip olduğunu düşünür ve konuşanın benim kendi iç sesim olduğuna inanırdım fakat cevaplar çok hızlı geliyordu. Onları uydurmaya zamanım yoktu ve sezgisel cevaplardı.Bu rehberlikle büyümek, hayatımdaki seçimlerimde bana yardım etti.

Tam güzeller güzeli kız kardeşim doğduğunda bu şeyler daha fazla yoğunlaştı. Enerjiyi daha doğru okuyabiliyor ve içsel sesim vasıtasıyla daha çok bilgi alıyordum fakat bu kez sadece kendimle değil başkalarıyla da ilgiliydi. Çevremde varlıklar hissetmeye başladım ve dikkatimi onlara verdiğimde onların da enerjilerini okuyabiliyordum. Bu varlıklar geceleri 'Selam, ben buradayım' dercesine beni uyandırınca uyumakta zorluk çekmeye başladım. Kızım da doğduğu andan itibaren uyumakta zorluk çekiyordu. Çevremizde bir şey olduğunu biliyordum çünkü bunu hissedebiliyordum. Bu yüzden neler olduğunu daha iyi anlayabilmek için cevapları aramaya karar verdim.

Bir sürü kitap okudum ve sonunda regresyon terapisi eğitimi almaya karar verdim. Eğitim boyunca ve regresyon sırasında, ansızın bir Işık Varlığa kanal oldum ve bana yeteneklerimi anlatan bir dolu önemli geçmiş hayatımı gördüm. Çok yoğun ve bunaltıcı bir deneyimdi. Kanallık sonrası grup toplandığında birisine üzücü bir kötü haber ileten bir telefon geldi. O anda haberin ne olduğunu bilmiyorduk fakat onun acı dolu çığlıklarını duymuştuk. İşte tam o anda duygusal bir titreşimin odaya ve bedenime girdiğini hissettim. Duruma hiç bir şekilde müdahale edemiyordum. Duygu bedenimi ele geçirmişti. Büyük bir keder içindeydim ve bu hissi durduramıyordum. Janet, eğitim asistanımız, gelip beni rahatlattı ve iç çekişlerim arasında söyleyebildiğim tek şey 'Bana ne oluyor?!' du. Janet bana bir kaç derin nefes almamı ve odaya geri gelip nerede olduğumu fark etmemi söyledi. Elimi tuttu ve onun varlığı benim her şeyin yoluna gireceğine dair güvenimi sağladı. Dışarıya çıktık ve ben enerji fazlasını atıp kendimi topraklayabildim.

Daha sonra Janet bana bu titreşimlerin bedenime girmesini bir pelerin gibi niyete bağlı bir korunma kalkanıyla nasıl bloke edebileceğimi anlattı. Bu arada bir trans medyum olduğumu keşfettim ve gelen bilgiyi duymamın sebebi buydu. Sonra Janet kanal olmamla ilgili ve kendi rehberlerim veya Işık Varlıklarla konuşabilmek için nasıl bir güvenli alan yaratabileceğimi öğretti. Hipnoz yardımı ve yüksek benliğimin yardımıyla kocaman duvarlarla çevrili kristal bir kale oluşturdum. Bu duvarların enerjilerin girebileceği pek çok kapısı vardı fakat bu kapıları açabilecek anahtarlara sadece ben sahiptim. Yüksek benliğim duvarları güçlendirip kalenin *çatısına bir kubbe inşa etme konusunda bana katıldı ve güvenli alanımın tam olarak emniyette olduğunu teyit etti.*

Bu yapılar benim enerjiyi daha iyi kontrol etmemi ve bana aktarılan bilgiyi daha iyi idare etmemi sağladı. Janet'in yardımı kendimi daha güçlenmiş hissetmeme ve yeteneklerimden korkmaktan çok kim olduğumu kabul edip onaylamama olanak sağladı.

Melanie'nin öyküsü ani bir ruhsal acil durumın erken fark edildiğinde nasıl etkin bir şekilde halledilebileceğini anlatmaktadır. Bu deneyimden çok değerli iç görüler edindi ve dersler aldı. Pek çok insan için bu tür acil durumlar kendi gelişimlerinin ve kendi ilahi varoluşlarını fark ederekher şeyle bir ve bütün olmanın önemli bir parçası olarak görülür

Örnek Olay - Daniel

Daniel ile ruhsal eklenti temizliği için beni aradığında tanıştım. Bir süredir yaşadığı sırasıyla bir ruhsal eklentinin, depresyonun, öz saygı eksikliğinin, öfke ve endişenin eşlik ettiği belirtiler üzerine konuştuk.

Bana eski bir ruhu hatırlattı. Dünyanın karşı karşıya bulunduğu problemler için derin düşünen bir bilgeydi ve yapabileceği her ne varsa kendini sorumlu hissediyordu. Ne var ki on dokuz yaşındaki Daniel için, enerji ve fikirlerin bir araya gelmesinden çok yorgunluk, bezginlik, davetsiz düşünceler, hisler ve beden duyumları ile sanki dünya kaldıramayacağı kadar ağırmış gibi mağlubiyet duyguları söz konusuydu. Kolejden atılmıştı ve ne yapacağı hakkında hiç bir fikri ve planı olmaksızın çalkalanıyordu. Dikkatini toplayamıyordu ve genellikle karmakarışık ve üzgün hissediyordu.

Uyarıcı ilaçlar, marihuana ve benzeri madde alımı öyküsü bulunmaktaydı. On üç yaşındaki ilk denemeden sonra hızla bir bağımlılık haline gelmiş ve nihayet altı ay öncesinde bırakabilmişti. İki yıl önce bir araba kazası geçirmiş, başını vurmuş ve burun kemiğini çatlatmıştı. Dahası Dünyaya dair düşünceleri onu endişelendiriyor ve derin kaygıya yol açıyordu. Yaptığı her şeyde mümkün olduğunca etik ve ekolojik davrandığından emin olmak istiyordu. Ne var ki bu hiç bir zaman yeterli görünmüyordu. Onu rahatsız eden 'Hiç bir yere varamadım', 'Çok geç bıraktım', 'Kim olduğumu bilmiyorum' gibi tekrar eden istemsiz düşünceleri vardı. Doktoru yardımcı olabilecek bir anti-depresan kullanmasını önermişti.

İlk seans sırasında bazı ruhsal eklentileri temizledim. Uyuşturucuyla tetiklenen bir paranoyası olan dengesiz bir arkadaşının (son aylarda Daniel'e cephe almış görünüyordu) bir süredir devam eden ısrarlı psişik atakları ile uğraştım. Aşağıda sıraladığım belirtiler, beni Daniel'in bir ruhsal acil durumun tam ortasında olduğunu düşünmeye sevk etti:

- Ergenlikten beri uyuşturucu kullanımı, özellikle marihuana ve skunk.
- Baş bölgesinde hasar.
- Ruhsal eklentiler karşısında zafiyet ve amansız psişik atak dönemi.
- Dünyaya karşı yoğun duyarlılık, ona zarar veren şeylerin yapılmasına eşlik eden sorunları çözmek için hiç bir şey yapamadığı duygusu.
- Uyarılmış bilinç. Daniel kitaplardan ve internetten bulduğu zihin genişletici uygulamaları denemişti
- Denemeler sırasında farklı bilinç hallerindeyken deneyimledikleriyle gündelik hayatına oturtmakta güçlük çekiyordu. Hissettiği üzerine eklenen psişik ataklar birlikte

hepsi onun için çok fazlaydı ve bu yüzden hayattan ve dünyadan uzaklaşmıştı.

Daniel'le ruhsal acil durum ihtimali üzerine, ne olduğu ve neden onun etkilenmiş olduğunu düşündüğüme dair konuştuk. Deneyimlerini, düşüncelerini ve duygularını ele aldık. Bir sonraki seansın hedefi Daniel'in enerjisinin daha dengeli olduğu bir noktaya varması, egosunun güçlendirilmesi ve güvenli alan aracılığıyla regresyon terapisi sayesinde daha derin dönüşümsel çalışmaya doğru ilerleyebilmesini sağlamaktı.

O sırada yapabildiklerim bütün davetsiz enerjileri temizlemek ve psişik atağın bir daha geri gelmemesini teminen enerji çalışması yapmaktı. Daha sonra hedef enerji bedeninin dengelenmesi ve şifalanması oldu. Evinde ve izleyen seanslarda kullanması için ona güvenli bir alan oluşturuldu. Topraklanma ve korunmanın bağlantısı ve önemi üzerine konuştuk ve evde teknikleri uygularken hatırlatıcı olması için ona bir el kitabı verdim. Sonrasında kaygı ve stresi yatıştırmak için bir hipnoz seansı aldı. Dengelendiği zaman güvenli alan aracılığı ile bir regresyon seansı uygulandı.

Daniel uzakta bir yerde yaşıyordu ve bir terapinin güvenli şekilde uygulanmasına devam edilmesi için hazır olduğunda onu evine yakın harika bir terapiste yönlendirdim. Daniel ilerleme konusunda istekliydi ve aynı zamanda doktoruyla da görüştü. Doktoru onu konuşma terapisine yönlendirdi ve bunun ücretsiz olacağına dair Daniel'e güvence verdi. Hem şimdiki yaşam hem de geçmiş yaşamdan kaynaklanan çözümlenmemiş derin sorunlarla ve gizli kalmış bir enerjetik eklentinin salıverilmesiyle geçen üç seanstan sonra Daniel dikkate değer şekilde iyileşme gösterdi.

Terapiye gelmesinin amacı daha pozitif bir bakış açısı edinmek, geleceği hakkında karar vermek üzere adımlarını atabilmek, depresyonundan ve fiziksel baş ve göğüs ağrılarından kurtulmaktı. Terapi sonrası Daniel Hindistan'a gitmeye karar verdi ve ailesinin evinden taşındı. Açıkça kendi hayatında yol alıyordu.

Hindistan'a yaptığı dönüştürücü yolculuktan dönüşünde Daniel ile buluştum ve bir bütün olarak deneyimi ile bunun onu nasıl etkilediği hakkında fikrini sordum. Aşağıdaki cevabı verdi:

Hindistan'a gittiğimde henüz yüzde yüz kendimde değildim ve bir dolu şey hakkında endişeleniyordum. Daha çok Racastan, Delhi, Agra, Puşkar, Bombay ve Goa'da bulundum. NGOlara (kar amacı gütmeyen kamu dışı insani yardım kuruluşları) sokak çocuklarının rehabilite etmekte yardımcı oluyordum. Onlara her çeşit şey öğrettim. İnanılmaz bir deneyimdi ve şimdi Londra Üniversitesi'nde Goldsmiths Kolej'de Antropoloji okumayı planlıyorum

Sizi görmeye ilk geldiğimde bir şeylerden koptuğumu hissediyordum. Beni bunaltan kaygının ve bir perspektif noktasına nasıl ulaşamadığımın farkına vardıkça birçok şey yüzeye çıktı.

İlk seanslarda bu durumdan kopabileceğimi fark ettim. Şifalandırıcı güvenli alan yardımcı oldu. Önceleri seanstan sonra etkisi azalır ve çalıştıkça geri gelirdi. Endişenin etrafından dolanabileceğimi ve bunun dışına çıkabileceğimi anladım.

Anti-depresana ve stresimle öz-saygı konularıma gelince, onları şifalanma sürecinin birer katmanı olarak görüyorum. Bir perspektif inşa etmeme yardım edildiğini hissettim ve farklı şeylerin beni nasıl etkilemiş olduğunu anladım. Hayatın nasıl olmasını istediğimi görmemi sağladı bu. Mustarip olduğum aşırı yorgunlukla ve önceleri yaşadığım fiziksel baş ve göğüs ağrılarımla uğraşıldı. Sizinle yaptığımız çalışmalar kadar

EBEDİ RUHU DÖNÜŞTÜRMEK

konuşma terapisi seanslarım da ailem hakkında konuşarak ve beni gerçeğe merkezleyerek işe yaradı. Korunma alıştırmalarını ve enerji ile yeniçağ düşünceleri hakkındaki bilgileri özellikle değerli buldum. Teknikleri kullanabiliyorsun ve gündelik hayatında hiç bir şey içeri sızmıyor. Çalışma tamamlandığından tüm yardımlarınız için size regresyon terapistine teşekkür etmek isterim. Bir daha ruhsal eklenti veya her hangi bir konuda hiç bir problem yaşamadım.

Daniel'in öyküsü ruhsal bir acil durumun bir insanın hayatını ilerlemekten nasıl alıkoyduğuna dair bir örnektir. Dünyaya ilişkin deneyimleri öylesine bunaltıcıydı ki, hayatta kalma içgüdüsü onun daha da zarar görmesine engel olmak için her şeyden gizlenmesine neden olmuştu. Enerjetik olarak saldırıya maruz kalıyordu ki bu da problemi büyütüyordu. Sürekli uyuşturucu kullanımı, hassas bir yapı, ruhsal eklentilere karşı zafiyet ve baş bölgesindeki hasar ayrıca katkıda bulunmuştu. O sırada gözetimsiz olarak ve çözümlenmemiş kişisel problemleriyle değişik bilinç seviyelerinin derinlerine girmiş, bu da hem ruhsal uyanış hem de ruhsal acil durumu birlikte yaratacak formülü hazırlamıştı. Genellikle bir kişinin doğal zafiyeti ile bir aciliyet durumunu gösteren yoğun huzursuzluk duygu ve düşünceleri arasında çok ince bir çizgi vardır.

Ruhsal acil durum yaşayanların bir ilaç tedavisi ve genellikle anti-depresan aldıklarına sıkça rastlanır. Bazı terapi çalışmalarına engel olsa da, doktorun yönergesine bağlı olarak uygun zamanda dozajın azaltılmasına danışan ve doktor birlikte karar verinceye kadar tedaviye devam edilmesi önerilir. Topraklanma, farkındalık, korunma ve içsel güvenli alan yaratmakla ilgili bütün teknikler, hafiften orta etkiliye kadar değişen anti-depresanlarla birlikte uygulanabilir.

Daniel'in değişik terapiler ve terapistlerle çalışması, onun uyanmış bilincinin açılıp gelişmesine yol açarak hayatına sahip çıkma noktasına varmasını sağladı.

Örnek Olay - Nico

Nico, çarmıha gerilmeye dayanan İsa olarak yaşadığı lusid rüya sırasında aklını kaybedeceğine dair duyduğu esaslı bir endişe duyduğu korkutucu deneyimden sonra bana başvurdu. Bu olayın daha az fakat hala oldukça rahatsız edici hallerinin psikoz ataklarına işaret edebileceği yoğun ve psikotik doğasının farkındaydı. Anlaşılır bir şekilde çokça endişeli ve oldukça korkmuştu.

Nico ile konuşunca ruhsal uyanışının erken yaşlarda başladığı anlaşıldı. Bazı deneyimleri pozitif olmakla birlikte, sezgileri kendisine en yakın olanlar hakkında bazı acı verici iç görüler ve açılımlara yönlendiriyordu. Dolayısıyla ruhsal yolda olanların çoğu gibi kabul ile reddetme arasında gidip geliyordu.

Çok sayıda önemli olay Nico'nun hayatını danışmanlık ve terapi eğitimi almaya yöneltmişti. Başarılı bir iş adamı olarak bir yanda iş ve ev hayatı, diğer yanda kendi terapileri ve eğitimlerinin bir parçası olarak deneyimlediği şifalanma ve açılımların heyecan dolu yeni dünyası olarak bu iki dünyayı ayrı tutabileceğini umuyordu. İçsel bir kavga bitmeksizin sürüyor ve kendini sürekli olarak önceki katı düşüncelerini sorgular ve yeniden değerlendirirken buluyordu. Bu Nico için oldukça meydan okuyucu olmakla birlikte muazzam dönüştürücü bir dönemdi.

Öyküsünü daha fazla keşfettikçe başına bir şey gelmesinin an meselesi olduğu da daha anlaşılır hale geliyordu. Nico geçmişte iki kez ciddi kafa yaralanması geçirmişti. Ruhsal uyanışa bu tür yaralanmalardan sonra beyine verilen hasardan ya da gizli bir potansiyelin açığa çıkmasının neden olduğuyla ilgili birçok belge bulunmaktadır. Açıklaması her ne olursa olsun birçok insan bir kafa travması sonrası bir ruhsal deneyim ya da genişlemiş bir bilinç durumu bildirmiştir. Doğal ruhsal uyanışı hayatının farklı dönemlerinde hem kucaklanmış hem de reddedilmişti. Kafa travmaları ve deneyimlediklerini düzenli hayatından ayrı tutmak konusundaki ısrarı bir içinde bir çatışma ve stres yaratmıştı. Bir şeyin ödün verilmesi gerekiyordu ve verdi.

Sonunda Nico'nun uyanışı bir kriz durumuna dönüştü. Hayatının kontrol edebildiği alanları her zamanki gibi ilgili kutucuklara konmuştu fakat o gece, üzerinde hiç bir kontrolünün olmadığını hissettiği olaylara dair rahatsız edici bilgilerle dolu ürkütücü ve korkunç rüyalar deneyimledi. Ruhsal eklentilerden çabucak etkilenir hale gelmiş ve onları çözümlenmemiş sorunlarının etkisi altına girmişti. Durumun vahameti, Nico için çarmıha gerilmiş İsa olmanın o derin deneyimi ile açık hale gelmişti ki bu noktada benimle görüştü.

Bir kaç seans boyunca duygularını, düşüncelerini ve deneyimlerini onaylayarak ve en önemlisi ona güven telkin ederek mümkün olduğunca açıklayıp öğreterek yaşadıkları hakkında konuştuk. Davetsiz enerji temizlendi ve toprakına ile korunmaya odaklanarak enerji yönetimi üzerine çalıştık. Nico'nun ruhsal eklentilere karşı zafiyeti içindeki enerji kancaları iyileşinceye ve çözümlenmemiş konularının çoğunluğu çözümleninceye kadar devam etti.

Düzenli bir korunma yöntemi onu davetsiz enerjilerden ve ruhsal eklentilerden uzak tuttu. İlginç olan şu ki; Nico'nun enerjisi uyanış durumuna geçtikten sonra davetsiz enerjilerin kendi enerji sistemine ne zaman girebildiğini oldukça netlikle hissedebiliyordu. Ruhsal eklentilerin temizliği ve onların öykülerini işitmek neden bu enerjilerin Nico'ya çekildiklerini anlamak açısından anahtar rol oynadı.

Enerji yönetimi alıştırmaları Nico'ya el kitabı olarak

verildi. Bir krizin ortasındaki insanların dikkatini toplayıp tüm bilgiyi yeniden hatırlaması zor olduğundan, onlara evde de başvurabilecekleri yazılı bilginin verilmesi faydalı olur. Ayrıca başlangıç seansları da nispeten kısa ve birbirine yakın tutulmuştu.

İmgeleme yoluyla ve hafif transla içsel güvenli alan oluşturuldu ve evde kullanması için ona bunun ses kaydı verildi. Acil durum krizi çabucak ortadan kalktı ve Nico güveni bir uyanış durumuna geri döndü. Çözümlenmemiş sorunlara dair anılarla çalışmak üzere güvenli alan kullanımıyla terapi seanslarına geçildi. Bunu izleyen dönemde Nico için oldukça meydan okuyucu dönemler oldu. Ruhsal uyanışın kendisi önceki inançlarla yüzleşmek, kendini sorgulamak ve direnme sebebiyle kendi içinde güç olabilir. Öğretilen tekniklerle aciliyet durumunun yeniden yaşanmasını önleyebilmişti.

Nico kendi yolculuğunu anlatıyor:

Gençken, belki on iki ila on yedi yaşlarımdayken, sadece yaşıyor olma konusunda başarılıydım ve 'saçma sapan konuşma' dediğim şeyi yapardım. Bu bir tür saçma sapan bebek konuşmasıdır ancak ben saçma sapan konuşurken bu beni mutlu ederdi. Bunu neredeyse her gün yapardım. Bu fiziksel egzersizlerden sonra endorfin salgılanmasına çok benzeyen bir kendinden geçme duygusuydu. Bu saçma sapan konuşmanın birçok ses tekrar edildiği için bir tür yapısı olduğunu fark ettim. Duyduğum kıvanç o kadar güçlüydü ki sadece sürsün istedim fakat asla tekrar tetikleyemedim. Her zaman kendiliğinden oldu.Hayatımda kendi temel ilkelerime ters gelen bir şey yaptığımı hissettiğim (Tanrıya karşı) bir olaydan sonra bu durdu ve bir daha hiç geri dönmedi. O zamanlar yalnızca bana verdiği kendinden geçme duygusundan hoşlanmakla beraber daha sonra bu saçma

EBEDİ RUHU DÖNÜŞTÜRMEK

sapan konuşmanın 'otomatik konuşma-bilinçdışı konuşma'(*)olduğunu fark ettim. Bubittiğinde, artık bunu hak edebilmek için yeterince masum olmadığımı düşündüm. O sıralarda, gerçek olan rüyalar da görüyordum. İlerleyen yıllarda tam çok tutkulu bir ilişkinin ortasındayken bir gece, kız arkadaşımın belalı bir şey yapmış olduğu bilgisiyle uyandım. Ertesi gece onu gördüğümde bunu kabul etti. Buna rağmen bir gece iş arkadaşlarımızdan biriyle geceyi dışarıda geçirinceye kadar birbirimizi görmeye devam ettik. Bir sebepten elimi arabasının tavanına koydum ve o anda kız arkadaşımın arabada başka biriyle seks yapmış olduğunu anladım. Daha sonra bunu doğruladı. Bunun bir koku veya başka bir şey olabileceğini düşünerek aklileştirdim fakat içimde bu şeyleri bana anlatan sesi bilinçli olarak kapattım. Çünkü gelen bilgi fazlasıyla acı vericiydi. Kısa süre önce kişiliğimin daha bağımlı bir hale dönüşmesine neden olan ciddi bir kafa travması geçirmiştim. Bu ana kadar hayatımda büyük bir avantaj olan zihinsel yeteneklerimin bir kısmını kaybettiğimidüşünüyordum. O zamana kadar odaklandığım her şeyi elde etmiştim ve her zaman her şeyin en iyi sebeplerle gerçekleştiğine inanmıştım. Kafa travmama yol açan kazaya kasten bir başkasının sebep olma ihtimali çok düşüktü. Düşüncelerim daha çok olumsuz görüşe doğru değişti ve bundan sonra eskiden olduğu gibi iyiyi aramak yerine insanlara güvenmemeye başladım.

Bir sonraki önemli olay yine ciddi bir kafa travması geçirdiğim araba kazasıydı. Kazada dumana boğulmuş ve öleceğimi düşünmüştüm. Bu bende travma sonrası stres yarattı. Bu yüzden bilişsel davranış terapisi seansları araştırdım ve bu sonunda bana kişisel danışmanlığın ve sonra da terapi eğitiminin yolunu açtı. Bilişsel davranış terapisi günlük normal hayatımı sürdürmemi sağladı fakat ilk kafa travmamda hissettiğime benzer şekilde hayatımda tıkanmama yol açan bir dezavantajım olduğunu hissediyordum. İlk eğitimimde eğitmen kazanın sebep olduğu klostrofobimi regresyon terapisi uygulayarak iyileştirdi. Bilişsel davranış terapisi belirtileri bastırıp kontrol altına almama yardımcı olmuştu ve şaşırtıcı bir farkla sadece tek bir regresyon seansında meselenin temel sebebi dönüştürülmüş ve enerjisi dağılmıştı. Hayatımdaki sonuçları aniydi. Seans sonrasında evime doğru araba kullanırken önceki kadar sinirli olmadığımı fark ettim ve MRI taramaya gittiğimde girdiğiniz bir tüp içine sıkışmış olduğum hissinden çok kendimi oldukça rahat hissettim. Aslında yılda 40.000 mil yol yapan bir şoför olarak bu büyük bir özgürlüktü. Sadece üzerinde durulan klostrofobi değil, yavaşça diğer konular da çözülmeye başladı.

O sıralarda birçok olağandışı, canlı rüyalar görmeye başladım. Bazıları keyifliydi fakat birçoğu geçmiş yaşamlar veya kehanet rüyalar etkisi bırakıyordu. Bazıları ise oldukça korkunçtu. İki tane tekrarlayan rüyam vardı. Biri bir geminin kafeteryasındayken en azından 40 metre yüksekliğinde bir dalga ve diğeri de bir başka araba kazası. Anlaşılan o ki; bir araba kazasında ölen ruhsal eklentiyi çekmiştim ve onun geçmiş yaşam deneyimlerini kapmıştım.

Kendi dışımdaki enerjilere hala direniyordum. Bu yüzden yaşadıklarımdan oldukça rahatsızdım ve kendi zihin sağlığımdan endişe ediyordum.

Bu zaman zarfında gece görülerim gittikçe ciddi bir hal aldı ve bazen son derece tatsızdı. Kesinlikle normal rüyalarda olduğu gibi üzerlerinde hiç bir kontrolüm olamıyordu. Bazıları doğada geçen geçmiş hayatlarken birçoğu dünya felaketleri ve diğer katastrofik olaylardı. Şiddetli uykusuzluk günlük hayatımı ve neler olduğuna dair idrakimi olumsuz etkilemeye başladı.

Bu kontrol kaybı ansızın kendimi içinde buluverdiğim çarmıha gerilen İsa deneyiminde doruğa çıktı. Bu deneyim

EBEDİ RUHU DÖNÜŞTÜRMEK

tümüyle karşı durulamaz bir şeydi ve aynı anda kendimi geçmiş hayatın gerçekliğinde kaybettiğim korkusu vardı. Sanki bütün varlığım bu deneyim tarafından çekiliyormuş gibi son derece canlı bir şekilde hissettim bunu. Diğer daha hafif geçmiş hayat yaşantılarımın aksine beni ıstırap ve bir felaket geleceği duygusuyla doldurarak tamamen kuşattı. Yaşamam ya da varmam gereken büyüklüğü karşısında sanki eziliyormuş gibiydim ve bu beni deliliğe sürüklüyordu. Sürecidurdurmam gerektiğini aksi takdirde kendimi tamamen ve sonsuza kadar kaybedeceğimi düşündüm. Ondan sonra artık bir yarımla deneyimin içindeydim, diğer yarımla da aklımı yeniden ele geçirmeye uğraşıyordum.

Bunu yaşadığımda akşamdı ve kendi varlığımı kaybedeceğim korkusuyla uyumaktan korkuyordum. Kurallara uygun bir danışmanlık metodolojisi eğitimi almış biri olarak kolayca kendime bölünmüş kişilikli bir psikotik teşhisi koyabilirdim. O sıralarda kendimi çıldırmanın eşiğinde hissediyordum. Bunu dünyanın gözü önünden gizlemeliydim. Kesinlikle doktorumla görüşemezdim çünkü geleneksel teşhislerden korkuyor ve psikiyatrik bir tanıma uyabileceğimi düşünüyordum. İşin garip yanı gün boyunca normal bir iş adamı gibiydim. İlişkilerini sürdüren, görevlerini yapan, faturalarını ve diğer şeyleri halleden biri. Akşam gerçeği elinde tutmak için savaşan bir kişiliği yaşıyordum.

Şansıma o sırada kendisi de benzer deneyimlerden geçmiş Janet ile tanıştım. Yaşadıklarımı dengelemeye, gece görülerimi ve sığınmak isteyen ruhsal eklentileri kontrol altında tutmama yarayacak çok sayıda tekniği bana öğretti. Teknikleri öğrenmek ya da uygulamak zor değildi. Güvenli alan oluşturmak içsel olarak terapi seanslarıma devam etmeme yaradı. Bunu meditasyon için de kullanmamı tavsiye etti.

Bu bana fazlasıyla yardımcı oldu. Yıllardır yaşadığım sıra dışı deneyimler ruhsal uyanış olarak tanımlandı. Zamanla bu hızlanmış ve ruhsal acil duruma dönüşmüştü. Kontrol altına alınan acil durumla ilgili kriz noktası geçti ve hem günlük hayatıma hem de arzuladığım gibi terapi seanslarıma devam edebildim. O dönemden beri psikotik şeyler yaşamıyorum. Hayatımın ve kişiliğimin yeni taraflarıyla hala uğraşıyorum ve bütün bu alan benim için önümde açılıyor. Şimdi hayatı bir şeye katlanılacak gibi değil de, daha çok bir macera gibi yaşıyorum. Sonrasında önemli bir karar aldım. Hayatımın ruhsal yanına daha fazla açık olmaya karar verdim. O zamandan itibaren farkında olmaksızın pek çok şey değişmeye başladı. Değişim oldukça derin ve bazı alanlarda zordu. Hayatın içinde yerli yerine oturduğunu düşündüğüm pek çoğu parçalanıyordu. Hayatımın eskide kalmış bazı tarafları temizleniyor, bazı önemsiz veya geride kalmış gibi görünenler ise sanki birincil öncelik kazanıyordu. Bu değişim zaman zaman acı verici oluyor ve korkarım hala pek çok şeyin kabul edilmesi gerekiyor. Bu farkındalığımın doğuştan geldiğini fark ettim ve ruhsal uyanış genellikle meydan okuyucu olmasına rağmen, zamanla buna alışıp ona karşı pozitif olmayı öğreneceğim.

Nico'nun vakasında egonun güçlendirilmesi, deneyimlerin kabullenilmesi ve eğitim kadar, kendi aşkın deneyimleri ve şifalanması için kullanabileceği bir güvenli alanın oluşturulması da onun dönüşümünde anahtar rol oynamıştı. Onun öyküsü, bir farkındalık durumunun diğer faktörlerin de etkisiyle nasıl zamanla bir acil durum haline dönüşebileceğini gösteriyor. Nico için bu doğal bir açık olma hali ve çocukluğundan beri kanal olma yeteneği idi. Kafa travmaları psişik farkındalık sağlamıştı. Hayatının farklı alanlarını birbirinden ayrı tutmaya çalışmak, yeni ve çelişkili bakış açılarına ve inançlara karşı direnç göstermek ise stres yaratmıştı. Kendini şifalandırması sayesinde uyanışını sağlamak mümkün oldu.

Nico'nun ruhsal acil durumını neyin tetiklediği açık olmamakla birlikte çok çabuk daha güvenli olan uyanık farkındalık haline geri döndü. Dengeli olmaktan uzak olsa bile farkındalık hali doğal olarak sürekli değişiyor. Nico bununla ilgili olarak o zamandan beri'hayatın ruhsal tarafına daha açık olmaya dair önemli bir karar verdim' diye söz eder. Nico ve onun gibi diğer insanlar yolculuklarına iç görü, gerekli terapiler ve kendi doğalarının ve hayatlarının gayet gerçek olan ruhsal ve enerjetik parçalarını kabul ederek güvenle sürdürebilirler.

Sonra Neler Oluyor?

Amacımız kuşkusuz ruhsal acil durumı tutunduğu yerden çözmek ve dengeli bir uyanık farkındalık durumuna geri getirmek. Bazıları için özellikle bu Melanie'nin vakasında olduğu gibi eğer çok hızlı gelişmişse uygun tekniklerin ve telkinlerin kullanılması sayesinde kolayca ve çabucak sağlanır. Bazıları içinse daha uzun zaman alır. Nico örneğinde olduğu gibi kabul ile çabucak geçip gitmesi isteği arasında genellikle ince bir çizgi vardır. Çaresizliğin kuyusundan yeniden su yüzüne çıkanlar ise Daniel'de olduğu gibi yeni bir hayata ve meydan okuyuşlara doğru yol alırken belli belirsiz fark edilirler. Ruhsal acil durumın üstesinden gelip yaşamaya devam edenler için bu hikâyenin sonu değil başlangıcıdır. Gün doğmadan önceki koyu karanlık gibi, ruhsal acil durumın üstesinden gelmek yeni bir varoluş ve yaşam tarzının doğuşunun habercisidir.

Son olarak, danışanlar için ruhsal acil durumı arkalarında bırakmalarına yönelik bir kaç ipucu. Bunun tekrarlamaması için fiziksel ve enerjetik bedenlerine özen göstermeleri gerekiyor. Yaşamlarını sağlıklı bir çevrede sürdürmeleri ve çekildikleri her hangi bir yolla; sanat, yazı, dans veya herhangi bir yol ile ifade edebilecekleri yaratıcı bir şekilde enerjiyi açığa vurmaları gerekiyor. Gerektiği kadar terapiye devam etmeleri, işaretlere dikkat etmeleri ve ortaya acil olarak çıkmadan önce çalışmaları gereken konulara eğilmeleri faydalı olur.

Ruhsal bir acil durumun üstesinden gelenler için genel bir tema da, diğerlerine hizmet etme ve deneyimleriyle başkalarına yardımcı olma isteği duymalarıdır. Hayatımda kabul ve anlayış, ruhsal acil durumum açısından önemli bir rol oynadı ve geçmiş yargılarımı bırakıp armağanımı başkalarının yararına kullanmam için bana imkân veren bir anahtar oldu. Sonsuz şahane bütünün bir parçası olmanın ve öz varlığımızın, ruhumuzun ölümsüz olduğunu bilmenin verdiği minnettarlık armağanıydı bu. Yaşadıklarımdan sağ çıktığım için kendimi kutsanmış hissediyorum ve seçtiğim yol bana çok şey öğretti. Ruhumuzun her günkü bu basit gerçeklerini unutmamak için çok çalışıyorum.

Zamanımız Kahramanının Yolculuğu

Ruhsal acil durum, mitler ve efsanelerdeki kahramanın yolculuğuna benzetilmektedir. Farklı aşamalar, ruhsal uyanış sürecindeki krizlerde yaşananları sembolize etmektedir. Her öykü gündelik olağan yaşamla başlar ve sonra bir macera için fırsat çıkar. Her ne kadar bilinmeyene dair korku veya olası tehlikeler devam etmeyi reddetmeye yönlendirse de, bir olay bu yolculuğu yapma ihtiyacını tetikler. Yolculuk boyunca kahraman ona yetenekler ve ilk engeli aşacak güveni veren bir rehber edinir. Yol boyunca kahramanımız testlerden geçer, dostlar ve düşmanlarla karşılaşır. Nihayet kahraman menzile varır ve aradığı ödüle kavuşmadan önceki son bir engeli aşması gerekir. Kahraman ödülüyle birlikte hiç bir zorlukla karşılaşmadan yeniden evine döner. Bunu başkalarıyla paylaşmak ister çünkü kendisi de faydalanacaktır. Kahraman, yuvaya dönüşün heyecanı ve coşkusu yatışıncaya kadar uyum sağlamak için zamana ihtiyaç duyabilir. Yuva farklı görünüp hissettirebilir; yuva değişmemiştir ama kahraman değişmiştir. Yeniden toplum içinde yaşayabilmek için birbirlerine uyumlanmaya ihtiyaçları olabilir.

Bir ruhsal uyanışın öyküsü de hemen hemen aynıdır ancak yolculuğun yoğunluğu ve kontrol edilemez oluşu ile bir kriz anında olabilecekler arada bir fark yaratır. Kahramanın yolculuğunun on iki unsurunun tam bir tanıtımı ve sembolik ifadesi için daha fazla bilgiye, Catherine Lucas'ın (Birleşik Krallık Ruhsal acil durumAğı - UK Spiritual Crisis Network kurucusu) *Ruhsal acil durumDurumunda (In Case of Spiritual Emergency)* adlı kitabında konuya ayırdığı ayrı bir bölümdeulaşabilirsiniz.

Uygulamaların Özeti

- Kriz deneyimini normalleştirin. Bilincin değişik seviyeleri hakkında açıklama yapın ve deneyimi onaylayın.

- Kriz dengeleninceye kadar tüm ruhsal ve farklı bilinç çalışmalarına ara verin.

- Mümkünse danışanın aktif katılımını gerektirmeyen teknikler kullanarak davetsiz enerjileri temizleyin.

- Ruhsal acil durumda topraklanma hayati önem taşır. Düzenli olarak farkındalıkla topraklanma alıştırmaları yapmaları için teşvik edin. Özellikle gerçekle bağlantılarının koptuğunu hissettiklerinde, istenmeyen bir atakla karşılaştıklarında ve en ideali günlük olarak bunu yapmalarını önerin.

- Bazı insanların başlangıçta topraklanmakta zorluk çekebileceklerini veya sürece direneceklerini de aklınızda bulundurun.

- Ruhsal bir kriz sırasında enerji bedeni davetsiz enerjilere karşı daha hassas ve savunmasızdır. Enerji alanına davetsiz enerjilerin girişine engel olmak, onları güçten düşürmek ve sürece engel olmalarını engellemek için enerji korunması hayati derecede önemlidir.

- Bilinçli enerji farkındalığının açılması ve kapanması ancak dengeli dönemlerde denenmelidir. Ruhsal bir kriz sırasında özellikle kapanmanın önemine vurgu yapılmalıdır.

- Bir kez bunalımlı dönem dengelendiğinde egonun güçlendirilmesi için, meditasyon – terapi - her türlü enerji çalışması sırasında güvenle kullanabilecekleri bir İçsel Güvenli Alan yaratın.

- Bilinçaltındaki güçlü duygusal yükler taşıyan unsurların bilince çıkmasını sağlayın. Enerji krizi dengelendiğinde ve teknikler yerli yerinde kullanıldığında bu unsurlar keşfedilip, şifalandırılarak dönüştürülebilir.

Yazar Hakkında

Janet Treloar Dip Hyp, Dip RTh, SAGB app, SRF accrd.

Janet genç bir kızken kendi Ruhsal acil durumunu deneyimledi. Üzerinde bıraktığı derin etkiler onu enerjetik krizler yaşayanlara yardım etmeye yöneltti. Tanınmış bir Ruhsal Şifacı, Ruh Temizleme Uygulamacısı, Regresyon Terapisti, Hayatlar arası Regresyon Terapisti, Hipnoterapist ve *Past Life Regression*

Academy'de yetkili eğitmendir. Janet ruhsal acil durum konusu da dâhil olmak üzere pek çok konuda uluslararası konuşmalar yapmakta ve çalışma atölyeleri düzenlemektedir. Daha fazla bilgi için lütfen: www.planet-therapies.com ve email: janet@planet-therapies.com.

Referanslar

1. Grof, Christina & Stanislav, *The Stormy Search for the Self*, Thorsons, 1991.
2. Allen, Sue, *Spirit Release: A Practical Handbook*, O Books, 2007.
3. Lucas, Catherine, *In Case of Spiritual Emergency*, Findhorn Press, 2011.
4. De Alberdi, Lita, *Channelling; What it is and how to do it*, Piatkus, 1998.

ÖNERİLEN OKUMA LİSTESİ

Regresyon Terapisi

Churchill, R., *Regression Hypnotherapy,* **Transforming Press, 2002.** Bu kitap fobiler, öz güven eksikliği, keder, başarıyı sabote etme, sağlıksız ilişkiler, taciz ve terkedilme korkusu dâhil olmak üzere çok çeşitli konularda eğitim malzemesi ve şimdiki yaşam regresyon tutanakları sunuyor. Yeni başlayanlar için harika bir rehber ve deneyimli terapistler için faydalı bir kitap.

Ireland-Frey, L., *Freeing the Captives,* **Hampton Roads Publishing Company, 1999.** Bu kitap, ruh temizleme terapisine dair derlenmiş pek çok örnek olayı okunabilir ve ilgi çekici şekilde sunuyor. Kitap davetsiz enerjilerle klinik olarak nasıl baş edileceğine dair açık bilgi verirken hipnoterapi ve regresyon terapisini de duygusal, zihinsel, fiziksel ve ruhsal sağlık açısından holistik modele bir adım daha yaklaştırıyor.

LaBay, M.L., *Past Life Regression – A Guide for Practitioners,* **Trafford Publishing, 2004.** Bu kitap, geçmiş yaşam terapisinin rehber danışmanlık kapsamında nasıl kullanılacağını ve kişinin hayat amacı ve karakteri ile ilgili tüm bilgiye ulaşmasının yollarını açıklayıp gösteriyor. Teoriyi özlü şekilde ve ilginç örnek olaylarla sunuyor.

Tomlinson, A., *Healing the Eternal Soul,* **(Ebedi ruhu şifalandırmak) From the Heart Press, 2012.** Hem geçmiş yaşamlar için hem de hayatlar arasıregresyon terapisi için vaz geçilmez bir referans çalışması. Andy değerli bilgisini detaylarıyla paylaşıyor, yaklaşımını ve tekniklerini somut örnek olaylarla gösteriyor. Bu kitap regresyon terapistleri için mutlaka okunacaklardan. Konuyla ilgilenen diğer herkesi de kendine bağlayacaktır.

Woolger, R.J.,*Other Lives, Other Selves*, Bantam Books, 1988. Bu kitap geçmiş yaşam terapisi vasıtasıyla kişisel dönüşüm hakkındadır.hastaların en derin anılarının sırlarını açığa çıkaran yeniden doğuş psikolojisi ile geçmiş yaşamlardan devralınan duygusal rahatsızlıkların nasıl çözümlenip tedavi edilebileceği üzerinde duruyor. Kitap boyunca psikoanalizin Jungiyen ilkelerine de değinilmektedir.

Woolger, R.J.,*Healing Your Past Lives*, Sounds True Inc., 2004. Bu kısacık kitap, şifalanma sürecinde geçmiş hayatları açığa çıkarmanın gücünü gösteren bir seri ilginç örnek olay aktarıyor. Şimdiki yaşamda görülen belirtilerin geçmiş yaşam travmaları ve donmuş anılarıyla nasıl bağlantılı olabileceğine dair iç görüler veriyor. Ayrıca okuyucuya şimdiki hayatlarında uğraştıkları gizemler ve soruları çözebilecek anahtar sunuyor.

Entegrasyon ve İlerleme

Carter, R.,*Mapping the Mind*, Orion Books, 2003. Nöropsikoloji hakkındaki bu kitap beyin ile psikoloji arasındaki bağlantıyı anlatıyor. Okuyucunun beynin farklı yerlerinde neler olduğunu ve bunların davranışlarla bağlantılarını görselleştirmesini sağlıyor. Okuyucunun baştan sona ilgisini canlı tutacak şaşırtıcı ve kolay okunur notlara ve beynin bütün bölümleriyle ilgili fonksiyonları gösteren çizimlere sahip bu kitap, çok karmaşık bir konuyu en kolay anlaşılabilir hale getirenlerden biri.

Gerber, R.,*Vibrational Medicine for the 21st Century*, Inner Traditions, 2000. Bu, şifalanmada en iyi entegre yöntemleri kullanan kitap olarak bilinmektedir.

Önerilen Okuma Listesi

Dr.Gerber, konuya dair bilgisi olmayan insanlara çok çeşitli açılardan kısa ve öz biçimde insanların yalnızca birer biyolojik makine olmadıklarını anlatıyor. Beynimiz ve bedenimiz arasındaki tamamlayıcı ilişkiyi ve duygusal enerjimizin denge düzeyinde sorun olduğunda bunun nasıl fiziksel değişime ve hastalıkların oluşmasına katkıda bulunacağınıbelirtiyor. Dr.Gerber çağdaş tıbbın alternatif tıp uygulamaları ile birleştirilmesinin bilimsel yararlarını kanıtlayan çalışmalardan örnekler sunuyor.

Danışanı Yetkin Kılan Teknikler

Friedberg, Fred, *Do-it-yourself Eye Movement Technique for Emotional Healing,* **New Harbinger Publications, 2001.**Bu harika kitapta ileri EMT tekniğinin stres altındaki koşullarda vuruşlar ve göz hareketleri ile birlikte nasıl kullanılacağı çok açık bir şekilde anlatılıyor.

Parnell, L.,*Tapping In – A step-by-step guide to activating your healing resources through bilateral stimulation,* **Sounds True, 2008.** Bu kitap kolay kullanılan EMDR tekniği ile bağlantılı kaynak tetikleme tekniğinin – pozitif kaynaklar nasıl vuruşlarla tetiklenir ve bu kaynaklara nasıl geçiş yapılır – etkili bir şekilde kullanımını açıklıyor.

Ruhsal Kontratlar ve Ruhsal Amaç

Baker, L.,*Soul Contracts: How They Affect Your Life and Your Relationships,* **Universe, 2003.** Yaratmayı ve deneyimlemeyi seçtiğiniz hayatın sebeplerinin ardındaki gerçeği anlamanıza yardımcı olacak mükemmel bir kitap. Derin fakat kolayca bağlantı kurup anlayabileceğiniz kişisel öykülerle dolu. Bu kitap ruhunuza dokunacak.

Jenkins, P.W., Winninger, T.A., *Exploring Reincarnation,* **Celestial Voices, 2011.** Yükselmiş üstadlar tarafından kanallık bilgisi olarak verilmiş, ruhlar olarak dersleri öğrenebilmek ve bilgi edinmek üzere nasıl bir dizi insan hayatı seçtiğimizi anlatıyor.

Jenkins, P.W., Winninger, T.A., *Talking with Leaders of the Past,* **Celestial Voices, Inc., 2008.** Vefat etmişonbeş dünya lideri temiz bir kanal aracılığıyla ruhsal sözleşmeleri hakkında tartışıyor. Bu aydınlatıcı ve şaşırtıcı kitap, onların doğmadan önce yaptıkları anlaşmaları ve öğrendikleri dersleri konu ediyor.

Lawton, I., *The Big Book of the Soul,* **RS Press, 2010.** Bu kitapbaşka birçok şeyin yanı sıra Joel Whitton, Michael Newton, Edith Fiore, Helen Wambach, Peter Ramster ve Dolores Cannon gibi hayatlararası regresyon öncülerinin araştırmalarının detaylı bir analizi ile 19.yy ortalarından itibaren kanal bilgileriyle müjdelenmiş olan bilgiyi içeriyor. Ayrıca hayatımıza nasıl baktığımıza dair, bu kanıtların ne anlama geldiği hakkında bir incelemeyi de kapsıyor.

Lawton, I., and Tomlinson, A., *The Wisdom of the Soul,* **RS Press, 2010.** Hayatlararası regresyonda on denek kendi Bilge Varlık – Rehberleri ile bir araya geliyor ve enerji eklentilerin, ele geçirilme (walk-in), yeniden doğuşun amacı, Atlantis gibi kadim uygarlıklar ve zamanın anlamı gibi çok değişik konuları kapsayan aynı dizindeki soruları soruyorlar. Daha sonra cevaplar tutarlılık açısından değerlendiriliyor.

Myss, C., *Sacred Contracts,* **Bantam Books, 2002.** Caroline Myss, dünyaya geliş amacınızı ve burada kiminle karşılaşacağınızı bulmanızı kolaylaştırmak üzere yaptığınız sözleşmeyi deşifre eden dâhiyane bir yöntem geliştirmiş.

Önerilen Okuma Listesi

Newton, M.,*Journey of Souls*, Llewellyn, 1994. Kitabın metni hayatlar arası regresyondaki 29 kişininanlatımına dayalı. Bu önemli öncü kitap ruhsal sözleşmelerle ilgili bir dayanak ve ruhsal boyutlara dair bir harita sunuyor.

Newton, M.,*Destiny of Souls*, Llewellyn, 2000. Hayatlar arasında altmışyedi yenivaka ile ruhsal boyutların harikalarının daha fazla keşfi; ölüm ötesindeki inanılması güç düzene dair anlayışımızı genişleten bir kitap.

Schwartz, R.,*Your Soul's Plan*, Frog Books, 2007. On tane sürükleyici örnek olayla neden yeniden doğduğumuza, ailelerimizi ve hayat derslerimizi seçtiğimize dair derinlemesine harika bir keşif.

Tomlinson, A.,*Exploring the Eternal Soul*, From the Heart Press, 2012. Andy okuyucuyu ölüm ötesi deneyimlere götürüyor ve Hayatlar arası Regresyon Terapisi ile ilgili geniş ve anlaşılır bilgi sunuyor. İçeriği izlenmesi kolay bir yapıda oluşturmuş ve neler olduğu kolayca anlaşılıyor. Hayat seçimlerimizi anlamaya yönelik ve ölümün ötesinde neler olduğunu merak edenler için hararetle tavsiye edilen bir kitap.

İçsel-Çocuk Şifalanması

Bays, B.,*The Journey*, Thorsons, 1999. Brandon'ın beyzbol topu büyüklüğünde bir tümörün karın bölgesinde bulunmasını izleyen kendi olağanüstü iyileşme öyküsü. İçsel-çocuk çalışmasının derinliklerini kapsıyor.

Bradshaw, J.,*Homecoming, Reclaiming and Championing Your Inner-Child*, Piatkus, 1991. John Bradshaw iyileşme ve işlevsiz aileler konusunda önde gelen isimlerdendir. İçsel-çocuk çalışması güçlü bir şifalandırıcıdır. Bradshow'un yazdığı harika birçokkitabın ilki olan kitapta konunun pek çok yönü ele alınmıştır.

Ford, D.,*The Dark Side of the Light Chasers*, Hodder and Stoughton, 1998. Debbie Ford sizi kendi içsel yolculuğuna götürüp kendimizin her yönüyle, aydınlık ve karanlık, nasıl arkadaş olacağımızı ve özgün hayatlarımızı nasıl yaşayacağımızı gösteriyor. İçsel-çocuk ve alt-kişilik çalışmasını daha fazla anlamak isteyenler için mükemmel bir yoldaş.

Ford, D.,*Why Good People do Bad Things*, Harper Collins, 2008. Bizi dualitenin kalbine götürüyor ve özgün benliğimizden ayrılmanın trajedisini göz kamaştırıcı şekilde ortaya koyuyor. Ayrıca içsel-çocuğun zamanda donup kalmış olmasının ardında yatan nedenler konusunda anlayışınızı derinleştiriyor.

Ruhsal Acil Durumların Üstesinden Gelmek

Grof, C. & S.,*The Stormy Search for the Self*, Thorsons, 1991.Ruhsal uyanış ve ruhsal acil durum hakkında öncü ve lider olanlarca yazılmış derinlikli ve detaylı bir kitap.90larda yazılmış olmakla birlikte hala işlevini koruyor ve psikozunakıl sağlığı açısından aşkın kişilik ile psikoz arasındaki gri alana rehberlik ediyor.

Lucas, C.,*In Case of Spiritual Emergency*, Findhorn Press, 2011.Catherine, Birleşik Krallık Ruhsal acil durumAğı'nın kurucusudur. Yıllarca yoğun bir ruhsal acil durumda yaşamıştır. Bu kitap onun ve onun gibilerinin iyileşmesinden doğmuştur. Son bilgilerin araştırmasıyla detaylı yazılmıştır ve bu alanda çalışan akıl sağlığı uzmanları ile ruhsal acil durumiçerisinde olanların ve onların dostları ile aileleri için rehber niteliğindedir.

Önerilen Okuma Listesi

Hassed, C.& McKenzie, S.,*Mindfulness for Life. How to Use Mindfulness Meditation to Improve Your Life,*Robinson, **2012.**Farkındalık ruhsal acil durumdan çıkmanın anahtar unsurudur. Gündelik hayatta da son derece yararlıdır ve gün geçtikçe tıp dünyasında daha fazla kullanılmaktadır. Bu iki uzman tarafından yazılmış, anlaşılması kolay, ipuçları ve uygulamalar veren, her bir bölümün sonunda özet yardımcı bilgi sunan bir kitaptır.

Courteney, H.,*Divine Intervention,* **Cico Books, 2005.** Hazel tanınmış bir sağlık yazarıdır. 1998'de daha sonra şiddetli ve geniş kapsamlı bir ruhsal acil duruma evrilen ölüme yakın deneyim yaşamıştır. Onu izleyen doktorların ve bilim insanlarının iyileşme süreci boyunca kaydedip test ettikleri ile birinci elden anlayış sunan sürükleyici bir kitap. Okunması ilham verici ve aydınlatıcı.

EBEDİ RUHU DÖNÜŞTÜRMEK

DİZİN

Aşırı terleme 108

Bağı kesmek 83
Beden hafızası 37
Bilge Varlıklar 32
Bütüncül sağlık 96

Cook çengeli 137

Çakra 41
Çıpa, enerji 24
Çıpa, geçmiş veya şimdiki hayat 13
Çıpa, ilahi öz 15
Çıpa, trans derinliği 159
Çıpa, uçucu yağlar 18

Direnç gösteren danışanlar 115
Duygu köprüsü, geçişi 125
Duyguları çökertme 166

Egzema 108
Elman indüksiyonu 124
Enerji akış kanalları 50
Enerji koruma 40 -203

Geçitler 43
Geleceğe uyarlama 20
Göz hareketi tekniği 168
Groff, Stanislova 177

Hedef belirleme 25

Hipnoz duyarlılık testleri 118
Huzursuz bağırsak sendromu 101

İçsel bebeğin şifalanması 86
İçsel çocuk, arketipler 61
İçsel çocuk, büyüme 85
İçsel çocuk, geleneksel şifalanma 62
İçsel çocuk, ruhsal şifalanma 57
İdeomotor, parmak işareti 15
İlahi bağlantı 13
İlahi delilik 180
İnatçı mide problemleri 97
İndüksiyon, ani 122
İndüksiyon, derinleştirme 163
İndüksiyon, hızlı 120

Karanlık enerji, danışandan temizlenmesi 36
Karanlık enerji, tanımı 33
Karanlık enerji, terapistten temizlenmesi 49
Karanlık enerji, tortular 48
Karanlık enerji, uzaktan temizlik 51
Karın ağrısı 103
Kaynak 13
Kozmik kaynak 40
Kristaller, çakra temizliği 141

Kristaller, danışanı rahatlatmak 140
Kristaller, ışıklandırmak 154
Kristaller, odanın titreşimini yükseltmek 153
Kristaller, sakinleştirmek ve yatıştırmak 148
Kristaller, temizliği 151
Kristaller, terapistin titreşimini yükseltmek 136
Kristaller, yüksek bilgi 146
Kulak çınlaması 105
Kundalini uyanışı 178

Mistik psikoz 178

Odanın temizlenmesi 151

Öz saygı 214

Parça terapisi 22-79
Pozitif uyandırma vuruşları 137
Psikosomatik tıp 95
Psişik açılım krizleri 182

Reiki 46-93
Ruh anlaşmaları 83
Ruhsal acil durum 177
- açılma ve kapanma 205
- enerji korunması 228
- enerji yönetimi 193
- enerjinin temizlenmesi 193
- farkındalık 197
- içsel güvenli alan 218
- normalleştirme 189
- psikoz 183
- ruhsal uygulamalar 192
- sebepleri 181

- tanımı 185
- tarihi 180
- teşhis edilmesi 185
- topraklanma 194
Ruhsal eklentiler 31-41
Ruhsal uyanış 178

Şifalanma konusuna bütüncül yaklaşım 26
Şükran 21

Tecavüz 34
Terapide balonlar 24-80
Tıkalı damarlar 8
Tıkanmış duygular 129
Titreşimsel tıp 26

Uçucu yağlar 18
Ultra derinlik 176

Vertigo 105

www.ingramcontent.com/pod-product-compliance
Lightning Source LLC
Chambersburg PA
CBHW070757020526
44118CB00036B/1854